幕末明治

不平士族ものがたり

Noguchi Takehiko
野口武彦

草思社

目次

装画　『鹿児島の賊軍　熊本城激戦図』（部分）永島孟斎
扉絵　『鹿児島城激戦之図』（部分）楊洲斎周延
ともに国立国会図書館蔵

プロローグ——士族反乱の季節——

明治の「新支配階級」は雑多な出自の人間たちの寄合所帯であった。明治維新の主体勢力は下級武士だったとよくいわれるが、その全部が全部、支配階級になったわけではない。権力を取った後、明治政府の高官に出世した種属だけが問題である。それと秩禄処分を金禄公債への切り換えで乗り切った旧大名華族、明治政府の殖産興業政策に便乗した政商などのグループが明治の支配層を形成した。

明治国家はよく仏教の顕密《けんみつ》二教の比喩で語られる（久野収・鶴見俊輔『現代日本の思想』）。「天皇ハ神聖ニシテ侵スヘカラス」という大日本帝国憲法第三条の条文は、その密教的核心と顕教的外郭との臍帯《さいたい》をなしている。

明治の天皇国家を用意した維新の志士たちは、みずから守り立てた天皇が「現人神《あらひとがみ》」であることを信じていなかった。「天子は誠の雲上人《うんじょうびと》にて、人間の種にはあらぬごとく心得るは、古道かつて然るにあらず」（吉田松陰『講孟剳記《こうもうさつき》』）、「主上《しゅじょう》の在す《いま》所を雲上といい、公家方を雲上人と唱え、竜顔《りゅうがん》は拝し難きものと思い、玉体《ぎょくたい》は寸地を踏み給わざるものとあまりに推尊《すいそん》奉りて……」（大久保利通『大坂遷都建白書』）といった具合である。このように自分では信奉していない価値体系を被治大衆に頭から信じこませる技術が顕密二重構造の使い分けである。

明治維新期には「民主主義」という言葉はまだなかった。啓蒙家たちは《デモクラシー》の訳語に「民主政体」「民政」という言葉を当てており、また政府内外の反対派は「公議政体」「民選政府」「民権自由」「民本主義」などと時期・党派によってさまざまに表現されている。

これらの諸党派の主張をまとめて「民権論」と呼ぶならば、明治政府は「国権論」をもってそれを圧伏してきたわけであるが、その明治政府にしても、初めはできるだけ公議政体論を生かしたかたちで議政機関の運営をするべく考えていた形跡も皆無ではない。明治元年（一八六八）一月に設置された貢士《こうし》と貢士対策所、そしてまた、翌二年（一八六九）三月の官制改革によってそれが改組された公議人と公議所がそれである。

これらの初期議政機関での討議は、存外——ただのイチジクの葉っぱではなく——明治政府が当面する基本的な課題の数々を案件にしている。たとえば「徳川慶喜処分案」（『公議所日誌』第一回、明治二年三月）、「御用金廃止の議」（国債を政府の借金と見なす論、同第三回、明治二年三月）、「非人えた廃止の議」（『議案録』第二、明治二年五月）、「御国体の議」（封建・郡県の特質を論じ、後年の廃藩置県の伏線になる。『公議所日誌』第十二回、明治二年五月）、「官吏兵隊の外廃刀の議」（同第十七回、明治二年六月）などの重要案件が審議されたのは、いずれもこの短命に終わった公議所においてであった。

短命に終わったというのは、明治二年七月、公議所は集議院と改称され、各藩代表の議員を集めて政府の諮問《しもん》に応じる機関に変わったからである。改称の理由は、公議人の大部分がまだ若くて抽象的な議論が好まれたり、諸藩選任の代議人がなお旧弊を保持したりして政府案が否決されることが多く、要するに、行政府が立法府に引きずり回される弊害が出ると政府が判断したからだという。明治四年以降は会議は全く開かれず、同年七月の廃藩置県によって、藩代表が多かった議員は選任母胎を失い、同月二十九日左院が設立されて集議院の機能はほぼ全部ここに吸収されてしまった。

わが国における議会制民主主義の未成熟には、あるいはそんな歴史が影響しているかもしれない。とにかく、明治政府がこうして早くに公議政体の芽を潰してからというもの、それまで明治維新という共通の政治目標を追っていた人々の間でも、どんな政体をめざしているのかの思惑はバラバラになった。

将来の展望が異なる上に、言論で意見を闘わせることもなくなった。言論戦も封殺されたとあっては、残る手段は力しかなかった。明治政府という国家権力を相手取って絶望的な抵抗戦がこころみられるゆえんである。

明治政府の要人、新しい権力者は、当初のうち、この新しいタイプの政敵をよく理解できずにいた。なぜなら、最初に反抗した人々は、まず、明治維新を達成する原動力そのものだったからである。

政府要人暗殺が頻発するにつれて、政府当路者《とうろ》には、自分たちを脅かす敵の実体がわかってきた模様である。明治四年（一八七一）一月十一日、右大臣三条実美《さんじょうさねとみ》が旅先の岩倉具視《ともみ》に送った急報には、参議（現職の大臣にあたる）広沢真臣《さねおみ》の遭難（自宅で暗殺された）によって只今の危機を察知した様子がよく伝えられている。

御用済みの上は速かに御東帰と存じ候えども、何分右らの異変相生じ、ほとほと心配まかりあり候。一刻も早く御帰京の様これありたく存じ候。日田・信州・陸羽辺も土民動揺の陰に煽動《せんどう》致し候者もこれあるべし。当地人心自ずから不穏、甚だもって心痛致し候については、くれぐれも神速御帰京を待ち奉り候。大久保・木戸両参議にも早々東帰の儀、申し達し置き候（『岩倉公実記』中巻）

明治社会は、維新の事業の総仕上げとしての廃藩置県になだれを打って向かおうとしていた。これで、維新革命の三要素、①政権担当者の交替（徳川幕府から明治政府へ）、②社会制度の変革（廃刀令や国民皆兵）、③財産の移動（俸禄の廃止と地租改正）の全過程が終了する。それは封建的現物経済が近代的貨幣経済へ移行するのが経済的《必然性》の産物だなどという悠長《ゆうちょう》なプロセスとしてではなく、武士身分の封建的特権への固執や過渡期に付き物の新しい生活様式への不安、議会開設要求などが未分化のまま形成されている反対派の動きを抑止しなければならず、今この特定の時点でなければうまくゆかないタイミングで選択された決断であった。

廃藩置県は実質的にはクーデターであった。七月九日、木戸孝允《たかよし》、井上毅《こわし》、山県有朋《やまがたありとも》、西郷隆盛・従道《つぐみち》兄弟、大久保利通、大山巌《いわお》が集まって密議し、その日のうちに三条と岩倉に告げ、東京に集めておいた諸藩兵をバックに、抜き打ち的に廃藩を断行した。七月十四日の当日、天皇は、在京五十六藩の全知事を皇居大広間に集めて、いきなり廃藩置県の詔《みことのり》を示し、藩知事は罷免《ひめん》されて地方官として府知事・県知事（のち県令）がおかれ、幕藩制度下に二百六十一あった藩はすべて県となった。

政府権力者も必死であった。廃藩置県に向かう政治の流れに反対する諸勢力も全国的に動き出した。こうして明治初年代には国家秩序の転覆を意図する「国事犯」と呼ばれるまったく新しいタイプの政治犯が誕生することになったのである。

明治初年代を眺め渡して見ると、自分のめざしている高邁《こうまい》な目標と現実にできることの卑小さとの間のギャップに苦しむ人々の存在がある。掲げた政治的目的（たとえば、明治維新の軌道を修正するための要人暗殺）と実際に達成できること（せいぜい、警察官殺害）との食い違いが目立つ。だんだんその行動は、アナーキー（無政府的）というよりアモルフ（不定形）な姿を帯びてゆく。

ここから本書所収の八篇のテーマが生まれる。

「国事犯の誕生」

「国事犯」という言葉は、明治の特定の時期に、特定の政治目的を持って行われた武力の行使を指して用いられている。「国事犯」は普通名詞であるけれども、初めは間違いなく、特定の人々を指していた。犯罪行為の対象が人間個人ではなく、国家であり、その転覆とか国家秩序の破壊とかを意図する人間を意味していたのである。本篇はなぜこのようなタイプの人間が明治初年という特別な時期に生まれたのか。しかも、かつては共に維新変革をめざした仲間から輩出したのか。その秘密を探ると共に、本書に収めた他の七篇の出発点としたい。

「酒乱の志士」

多くの歴史的変革と同様、明治維新もまた「草の根」で苦労した人々の努力の積み重ねの上に成ったものである。主人公の長谷川鉄之進《てつのしん》は、北越草莽《そうもう》の志士として実績を挙げた男だった。長州藩の京都工作にも協力したし、戊辰戦争の越後戦線でも努力してそれなりの名声もありながら人望だけがなかった。酒癖があまりよくなかったのである。そのせいで明治維新以後、志を得ず、失意のうちに後半生を送り、大村益次郎暗殺の仲間に加われなかった男の生涯をたどる。

「思案橋《しあんばし》事件」

主人公の永岡久茂《ひさしげ》は会津藩の武士であり、若松の落城後、下北半島の斗南《となみ》藩に転封・移住して筆舌に尽くし難い苦難に耐えた。維新後、明治政府の施策に抵抗し、維新のやり直しを志した。明治九年の萩《はぎ》の乱に呼応して関東で挙兵しようとして失敗。西日本中心の反政府反乱に東国から呼応しようとしたが力及ばなかったのである。東京隅田川の河口近い思案橋の畔《たもと》の船着場でくりひろげられる警視庁巡査との乱闘が見せ場だ。

「雨の海棠《かいどう》」

いつの時代でも、あまりに純粋すぎて、多かれ少なかれリアル・ポリティクスの泥にまみれざるを得ない政治に手を染めるのが不得意という人間がいる。出羽米沢の志士雲井龍雄《くもいたつお》がそうだった。尊王倒幕のために奔走し、維新政府の貢士に選ばれるが、薩摩藩の専横に憤り、薩摩藩閥に壟断《ろうだん》されている政府の打倒を計画したとして、明治三年に捕えられ処刑される。明治維新を一つの詩的事件として受け止め、政治が俗悪に散文化することに抵抗した天性の詩人雲井龍雄の物語。

「雲の梯子《はしご》」

自分の傍らに自分より年が若いくせにはるかに天分に優れ、気性も真っ直ぐで、人望も高い人間がいたらどうするか。生前も死後も吉田松陰に対抗意識むきだしだった富永有隣《とみながゆうりん》の場合がそうだった。萩の野山獄で知り合った二人の間に奇妙な人間関係が生じる。松下村塾のひねくれ者だった有隣は、顔付きは悪相、性格は狷介倨傲《けんかいきょごう》とまるでいいところがないが、ともすれば神格化されがちな松陰というヒーローを「相対化」するにはまたとない愛すべきキャラクターである。

「骸骨を乞う」

主人公の大谷木《おおやぎ》醇堂《じゅんどう》は、「日本偏屈男列伝」というものがあるとしたら、まずその筆頭に置かれるのは間違いないほど依怙地《いこじ》な人物である。十九歳で幕府の学問吟味に合格して将来は順風満帆《じゅんぷうまんぱん》と見えながら、ある事情で幕臣時代を不遇に過ごし、維新後奉職したが、欧化一辺倒の外務省に辞表を叩き付ける。醇堂は明治の時代になっても、自分が前半生を過ごした江戸時代の価値基準を信奉し、文明開化の、国際基準偏重の外務省の政策にも人事にもすべて不満であった。よくぞ十年も我慢したものだ。

「天《あめ》の浮橋《うきはし》」

明治初年の一連の士族反乱の中でも、熊本敬神党《けいしんとう》（通称神風連《しんぷうれん》）の乱は特異である。このきわめてもっともユニークな、ほとんど非政治的な決起であった神風連の乱は、もっと宗教的な深層から眺める必要があろう。みずから政治権力を獲得することは、神風連志士の目的とするところではない。自分の存在理由と合致しない世に便々《べんべん》と生き延びるよりも、死ぬことによって神と合一することにこそ一回的な生の充実が見出されるという強い信念の貫徹が目的である。神風連の乱は、「日本人はなぜ負けるのかを承知の蜂起に立ち上がるのか」と三島由紀夫が自己リスクのもとに提起した課問に答えるヒントをも蔵している。

「城山の軍楽隊」

維新の英雄にして明治の逆臣といわれる西郷隆盛には、西南戦争では死なず、生き延びて外国に亡命し、日本の対外危機に際して日本に帰って来るといういわゆる「西郷存命伝説」がある。特に、徳川幕府瓦解の陰の立役者であった西郷に対する江戸人の反応は屈折している。この一篇は、西南戦争時における西郷隆盛の最期をめぐる一異説から、民衆的英雄像の一端を探るこころみである。

明治初年代のような過渡期には、特に右のような類別をしなくても、世の中に、何が目的であるのか腑《ふ》に落ちない行為、しているうちに当初の目的から場違いなものにずれてゆく行為がふんだんに転がっている。幕末維新の裏面史には、酬われなかった正心誠意・無駄に費やされた人命・ほとんど自己目的の流血のたぐいがゴロゴロ転がっている。その界域にまで視野を広げなければ歴史は痩せ細るばかりであろう。

幕末明治

不平士族ものがたり

国事犯の誕生

一

日本語で「国事犯」というと何となく周囲から一目置かれるところがある。

この言葉が使われるようになったのは明治十年代の自由民権運動期のことだ。明治十五年（一八八二）に福島県知事三島通庸《みちつね》の暴政に抗議して福島事件が起こり、河野広中《こうのひろなか》その他の自由党員が多量に逮捕・起訴されたが、この裁判は「国事犯」を被告にした最初の公判といわれた（竹越与三郎《たけこしよさぶろう》『新日本史』明24・25）。その後、自由党でもこの語を愛用するようになり、かえって官憲側がこれを嫌って、逮捕した志士をできるだけ銀行強盗だの贋金《にせがね》作りなどの「常時犯」として訴追し、「国事犯」についてまわる名誉感や虚栄心から切り離そうとしたほどだ。

この言葉の歴史は意外に新しい。たとえば島田三郎の『開国始末』（明21）のように、吉田松陰とか橋本左内《さない》とかのような安政大獄の政治犯が「国事犯」とされた例はあるが、それはどこまでも後世からの類推にすぎない。むしろ宮崎夢柳《むりゅう》の翻案物の政治小説『鬼啾々《きしゅうしゅう》』（明18）で、ロシア虚無党員《きょむとう》の主人公が「国事犯」と呼ばれていることの方に実感がある。この言葉には、どことなく翻訳臭のある、非風土的な、日常生活離れした世界の住人といった語感を帯びているのである。だから一方では「過激派」の同義語とされたり（福沢諭吉『通俗国権論』明11）、「狂暴之徒」呼ばわりをされたりする（三宅雪嶺《みやけせつれい》『真善美日本人』明24）反面、一部では「国事犯はみな傑士」（依田学海《よだがっかい》『政党美談美女の後日』明22）というふうに一種英雄視されたりもする。

総じていって「国事犯」は、日本の政治史上あまり類例がなくて、扱いにくい概念だったのである。いざ、その実物が目の前に現れても、官憲は応対に手間取ったに違いない。しかし、とうとうその実物が日本にも出現することになった。明治初年代後半の一時期、士族反乱が相継いださなかである。

犯罪事実がまずあり、それに一歩遅れて法律が施行される段取りになる。

この言葉が公文書に初めて見えるのは、『明治天皇紀』明治九年（一八七六）十一月八日の条に見えるこんな記事だ。

> 熊本や秋月《あきづき》などの賊徒はだいたい捕縛されたが、現在は国事犯を処断する刑律がまだ備わっていない。やむなく、参議兼司法卿《きょう》大木喬任《たかとう》が佐賀県の暴徒を処断した先例ならびに現行律の兇徒《きょうと》聚衆《しゅうしゅう》（集合）の条に照らし、臨時に次のように刑名の大綱を設けて申請するものである。「朝憲《ちょうけん》を紊乱《びんらん》することを企て、兵器を弄《ろう》し、衆を集めて官兵に抵抗し、及び官兵を殺傷する者は、首《しゅ》はもちろん従といえども首と同じく、主として画策する者は斬《ざん》に処す。……（以下略）」

熊本の神風連《しんぷうれん》の乱（本書「天の浮橋」参照）と秋月の乱は、どちらも明治九年十月に踵《きびす》を接して起こった。江藤新平の佐賀の乱は明治七年二月に起こり、すぐ鎮圧されている。この経験を通じて国家権力が気づいた深刻な一事があった。――たんに武力を揮《ふる》ったのではなく、政府を相手取って決起した賊徒に対しては、これをその理由で処罰する法規がないのである。

右の記事を読むと、問題はあたかも明治九年に起きた九州各地の士族反乱から始まったかのようであるが、実はもっと早い時期から兆していた。

たとえば明治三年（一八七〇）に起き、首魁《しゆかい》雲井龍雄の梟首《きようしゆ》（さらしくび）を先頭に斬罪《ざんざい》十三人など有罪判決を受けた者が総計五十八名いるという大疑獄だった雲井龍雄事件（本書「雨の海棠」参照）がある。その裁判と判決のプロセスにも手続きの不備が目立つ。

主犯の雲井龍雄は斬首され、そのうえ梟首されるという極刑に処されたが、この判決には適用条文がなかった。裁判所は、法的な根拠なしに龍雄の首を晒《さら》してしまったのだ。

龍雄が死刑執行されたのは明治三年十二月二十八日であるが、その直前の十二月二十日に『新律綱領《しんりつこうりよう》』が制定公布されている。これは日本を近代法治国家として国際社会に認知させようとする悲願を結実させた統一的刑法典であり、全国の府藩県に施行された。この布告に伴って、それまで暫定《ざんてい》的に依拠してきた『仮刑律《かりけいりつ》』――布告されず、政府部内の準則にとどまった――は、廃止された。『仮刑律』は、慶応四年（一八六八）二月に、律令や徳川幕府御定書《おさだめがき》百箇条などを折衷して一時の間に合わせに作られた刑法である。律令以来の古い罪名も残っていて、謀反《ぼうはん》・大逆を謀る者は主犯と従犯たるとを問わず磔《はりつけ》（のち梟首に改正）に処するなどという条文もあった。その後明治六年（一八七三）六月には、『新律綱領』に修正を加えた『改定律例』が施行されたが、修正されない律文はそのまま刑事実体法として存続した。

このあわただしい辻褄《つじつま》合わせのせいでいくつも不都合が生じた。

たとえば、新公布の『新律綱領』からは、謀反《むほん》・大逆の罪条は削除されていた。参議副島《そえじま》種臣《たねおみ》が「わが国のごとき、国体が世界万国にすぐれ、皇統連綿《れんめん》として古来誰一人として君主や朝廷に非望を企だてた者がいない国では、こんな不祥《ふしょう》の条規は不必要である」とかなりアナクロな意見を主張した結果、草案から削除されてしまったそうである（穂積陳重『法窓夜話』）。『改定律例』も同様。もちろん、「国事犯」という規定はどちらにも存在していない。

とにかく、謀反及び大逆の罪条を削除してしまったことは、かなり大きな法の欠缺《けんけつ》（適用すべき法の規定が欠けていること）としてその後の司法に影響するようになった。

さすがに政府部内で「これはまずい」という声が出たらしく、いろいろ論議があった揚句、明治十三年（一八八〇）に公布された旧刑法には「皇室に対する罪および国事犯に関する条規」を制定するに至った（同前）。

ところで、右に掲げた『明治天皇紀』明治九年の記事に五年ほど先立つ明治四年（一八七二）の『太政官日誌』第百九号に、この際どうしても見逃せない記録がある。同年十二月三日、司法省の臨時裁判所で、公卿《くぎょう》・士族から卒族《そつぞく》・平民に至るまで総勢五十五人が処罰された事件の判決が行われたという公示である。

臨時裁判所というのは、江藤新平がまだ司法卿として辣腕《らつわん》を揮っていた頃の明治五年（一八七二）八月に設置した制度で、国政に関わる重要事項や裁判官の犯罪を取り扱う特別な上級裁判所である。この臨時裁判所で審理されたということ自体、五十五人の被告の訴追理由が別格だったことを物語る。わざわざ『太政官日誌』に掲載してまで公示されたゆえんである。

記録は前後二十三項目にわたる尨大《ぼうだい》なもので、その全項目を紹介することは紙幅に余るから、うち特に重罪扱いされ、死刑を申し渡された十一人だけを問題にしてみよう。まず姓名と身分だけを列挙する。

外山光輔《とやまみつすけ》　京都府華族
愛宕通旭《おたぎみちてる》　京都府華族
比喜多源二《ひきたげんじ》　京都府華族愛宕家家扶《かふ》（家令《かれい》に次ぎ、公卿の家計実務に当たった役職）
初岡敬次《けいじ》（治）　秋田県士族
小河真文《おがわまさぶみ》　久留米藩士族

古賀十郎　　　　柳川藩士族
河上彦斎《かわかみげんさい》こと高田源兵《げんべい》（源兵衛）　熊本県士族
楠木省吾　　　　日田県農
矢野寿助《じゅすけ》　　　　日田県農
阿部琢磨《たくまろ》　　　　豊後国農
楠木勘兵衛　　　豊後国農

ひとしく死刑といってもいくつかのカテゴリーがある。第一は、外山光輔・愛宕通旭の二人の華族に対する判決で、公卿には死罪を適用しないという不文律からいずれも自尽（自害）を命じられた。「朝憲《ちょうけん》を憚《はばか》らず容易ならざる陰謀相企て候始末、不届《ふとどき》至極《しごく》につき自尽申し付くる」という文言である。

第二は、愛宕家家扶の比喜多源二（疋田とも）、秋田県士族の初岡敬次（治）、久留米藩士族の小河真文、柳川藩士族の古賀十郎、それにもう一人、熊本県士族の河上彦斎こと高田源兵（源兵衛）の五人。顔ぶれはいろいろだが、判決文は「朝憲を憚らず容易ならざる陰謀相企て候始末、不届至極につき」まではまったく同文で、その後の文章が「庶人に下《くだ》し（士籍を剥奪し）斬首申し付くる」とあるところだけが違っている。五人の出身地ないしは居住地も、京都・秋田・久留米・柳川・熊本とあちこちに飛んでまったく不統一であり、どんな共通性があるのかまるで見当が付かない。これらの人々がいかなる基準で一度に逮捕されたのかまるでわからない。

その次の死罪グループを見ると、人数は四人で、日田県の楠木省吾、同矢野寿助、豊後国の阿部琢磨、同楠木勘兵衛でいずれも農民である。すでに牢死した者二人も含まれているが、処刑理由は一括して、「右に与《くみ》するのみならず、兇器を持ち、強盗致し候始末、不届至極につき、省吾・寿助斬罪、琢磨外一人も存命に候えば斬罪申し付くる」とされていて、四人とも「容易ならざる陰謀」に補助的に荷担した罪で訴追されたことがわかる。

有罪者五十五人のうち、右の死刑十一人を除く四十四人はだいたい連累《れんるい》者であるから、今の場合これを除外しておいてよい。

これらの人々はいったい何をしでかしたのだろうか。史料が手に入る限りでなるべく具体的に見ていくことにしよう。

二

まず愛宕通旭は、由緒正しい公卿の出自である。弘化三年（一八四六）、内大臣久我建通《こがたけみち》の子に生まれ、左近衛権中将愛宕通致《みちずみ》の養子に入る。つとに慶応二年（一八六六）、堂上《どうじょう》公卿二十二人の列参事件に名を連ねた尊攘派公卿の少壮メンバーとして知られる。維新政府成立後は、参与となり、慶応四年（一八六八）二月、軍防事務局親兵掛となり、明治二年（一八六九）十月には神祇《じんぎ》官判事に任命されるが、翌三年五月には免官となって、京都へ帰り、愛宕家抱えの国学者比喜多源二に国学を学んだ。

この頃から、通旭は明治天皇の東京奠都《てんと》に反対し、新政府の政策に対する不満を唱えはじめ、とうとう兵力をもって天皇を京都に連れ帰り、さらに政府を変革する企てを画策するに至った。

もう一人の公卿外山光輔は、正三位《しょうさんみ》勘解由《かげゆ》次官外山光親《みつより》の次男に生まれ、維新後の不遇を慨嘆して新政府には出仕せず、天皇を再び京都に迎えようと還幸《かんこう》攘夷・政府転覆の計画を練っていた。ちょうど東京の愛宕通旭の企てと呼応する形になったので、これを「二卿事件」と呼ぶことがある。明治四年三月、京都で逮捕され、同年中に自刃させられた。

この運動には他にも加担者がいた。秋田藩権大参事《ごんのだいさんじ》の初岡敬次や久留米藩の小河真文、それにこの時は捕縛されなかった長州脱藩の大楽源太郎《だいらくげんたろう》（後述）等である。

初岡敬次の秋田藩は、戊辰戦争時に、東北諸藩が大部分佐幕派の奥羽列藩同盟に参加する大勢の中で、孤立しながらも尊王攘夷の方針をつらぬいた藩である。だが初岡は、明治維新後の政府が西欧文明に心酔し、尊王精神をないがしろにしてゆくことに反発して復古主義に傾き、「東の秋田、西の久留米」と併称されるまでの反政府拠点に仕上げていっていた。

戊辰戦争時には、奥羽地方では数少ない尊皇派だった秋田藩が、尊王は尊王ながら、強固な反政府勢力に転化したのはなぜか。

慶応三年（一八六七）十月に大政奉還があってからは平田派国学を土台とする尊攘派がイニシアチブを握り、戊辰戦争中の慶応四年（一八六八）七月四日には奥羽列藩同盟側の仙台藩の使者を斬り、秋田藩を「一藩勤王」の立場に立たざるを得なくした。大政奉還後の新体制である府県藩三治制のもとで、秋田藩は「久保田藩」と改称、旧藩主佐竹義堯《よしたか》が久保田藩知藩事に就任する。この時、知藩事の次席にあたり、現在の副知事に相当する権大参事という役職に就いたのが初岡敬次である。

明治二年（一八六九）三月に設立された公議所（集議院の前身）は、「広く会議を興し万機公論に決すべし」との五箇条の誓文の主旨に沿って、公議人（議員）を藩主の指名により各藩一人ずつ執政・参政の中から出すことになっていた。初岡はこの公議人になって中央政界にデビューしたのである。

提出した案件は、たとえば「国体確立の建議」など、維新官僚の欧化主義への傾斜を非難するものが多かったが、それでも同年七月の官制改革により公議所から改称されて成立した集議院の幹事に選出されている。

しかし何といっても、初岡の名を天下に高らしめたのは、同年七月に起こした招魂社（靖国神社の前身）への大幟《のぼり》献納事件であろう。「天涯烈士《てんがいれっし》皆《みなな》垂涙《みだをたる》、地下強魂《ちかのきようこん》定《さだめて》嚙臍《ほぞをかまん》」としたためた語句はまず順当だったが、図柄に描いた画がちょっとまずかった。鎧《よろい》武者がキリストを踏みつけているシーンだったのである。当然、軍務局からは返納されてくる。政府は、これが外国交際上の忌諱《きい》にふれて、国際問題化することを恐れたらしい。初岡は激昂して、兵部大輔《ひょうぶたゆう》の大村益次郎に会わせろという騒ぎになったが、面会は実現しなかった。

続けて九月に引き起こしたのが「剣舞事件」である。秋田藩は戊辰戦争で応援してもらった長州の将士を招いて、柳橋の料亭で慰労の宴を張ったことがあった。こんな席の常として、盃が進み酒が回った後では、だいたい放歌高吟《ほうかこうぎん》から剣舞に及ぶのが普通なのである。料亭の方でも、殺伐の世の習いとして襖・障子がズタズタに切り裂かれ、柱・畳が切り刻まれることなど先刻覚悟の上であった。その日も大勢が立ち上がって一同総剣舞になった。初岡も加わって一緒に舞った。その時吟じた詩句が、「奸《かん》を斬るべし、奸を斬るべし。奸を斬らずんば、蒼生《そうせい》（天下の人民）をいかにせん」というものだったことが物議を醸したのだ。

十月になって、初岡が何気なく集議院に登院してみたら、話は妙な方向に広まっていた。「奸」とは木戸準一郎（孝允）・後藤象二郎・大村益次郎の三人を指しているそうだが本当かというのである。もちろんそんな意図はないと打ち消したが、いったん一人歩きした噂はもうどうしようもない。あいにくこの間九月四日には大村益次郎の襲撃（この日の負傷が原因で十一月に死亡）があり、犯人の一人金輪《かなわ》五郎は初岡に使嗾《しそう》されたというあらぬ疑いも掛けられて、翌明治三年（一八七〇）三月、初岡は帰藩させられる。

これ以来、政府要人の間には初岡を要注意人物視することが定着したようだ。たんに政敵というにはとどまらない。この時代、誰それは奸物だと指名されることは、しばしば、そのまま暗殺リストに載せるのにひとしかった。また反対に、全国の不平不満分子の期待を集めることにもなったのである。

右の初岡敬次のケースは、典型的に、明治維新時の勤王家がどうして国事犯とされるに至ったかの過程を示している。底流にあったのは、政府本流の文明開化路線——欧米資本主義の模倣と追随——とそれに対するさまざまなアンチテーゼとの対立であった。後者には、①神祇官・神祇省を旗頭《はたがしら》とする神政一致の思想（『太政官日誌』百九号の布告では、平田神道派の落合直言《なおこと》が終身禁獄）、②いくつかの国粋主義の潮流、③武士身分の特権維持運動などいろいろあったが、特に一本化されることはなかった。辛うじて、明治政府を支える新しい権力者を「奸物」として敵視する点でわずかに一致していたといえよう。

しかし、政府要人を奸物視する人間を、ただそれだけの理由で危険人物だとしてブラックリストに載せることには、いかなる意味でも法的正当性、合法的根拠はあり得ない。これがいっそ幕末のように天誅・暗殺が野放し状態だった「無」法時代だったら、むしろ問題は生じなかったであろう。司法の側も粗末でお手軽だった。たとえば、安政大獄で死罪になった吉田松陰への判決も「公儀を憚らざる致し方、右始末不届につき死罪」という申し渡し文を読み上げるだけで済んだのである。

松陰の死罪に対しては、井伊直弼《なおすけ》の個人的裁量が物を言ったという説があるくらいで、この判決には罪刑法定主義が否定する《国家・官吏による刑罰の恣意《しい》的適用》のそしりは免れないのである。

ところが、明治は「無」法国家ではなく、近代法治国家をめざしていた。法制史の上でも文明開化期にあたり、この分野でのグローバル・スタンダードとしてわが国でも罪刑法定主義の確立を急ぐ空気が濃厚だが達成はまだまだ遠い過渡期の状態にあった。《犯罪行為の内容、及びそれに対して科される刑罰は、あらかじめ法令の条文に明確に規定されていなければならない》という近代刑法のイロハである。

もともと「法律なくして犯罪なし」とする罪刑法定主義の大原則が確立されたのは一二一五年の『マグナ・カルタ』にさかのぼるといわれる。西欧社会での歴史的蓄積は深いのだ。そのシステムを拙速を承知で取り入れなければならない事情が日本にはあった。いくら性急とそしられようとも、文明諸国の仲間入りをするためには法制の《国際化》を急がさなくてはならなかった。なぜかというと、明治政府の悲願は悪名高い「治外法権」の撤廃を眼目とする条約改正の実現にあったからである。そして、その実現に注がれた意欲はまこと半端ではなかった。

明治初年におけるわが国の法的状況はどんなものだったのだろうか。慶応三年（一八六七）十月十四日、徳川慶喜が大政奉還をなした直後、京都朝廷に、外国事務をはじめ緊急を要する国家的要件について何ヶ条かの伺書を提出したが、その一つの項目に「刑法の儀」があった。朝廷の回答は次の通りであった。

召集されている諸侯会議で規則を定める予定であるが、それまでのところはこれまでの通りと心得るべきこと。（傍点引用者）

「これまでの通り」というのは、従来と同様、幕府天領では幕府法が、諸侯の領地ではそれぞれの藩法が施行されていた江戸時代の慣習に従うことを意味している。旧幕時代の先例が暫定的に法的な効力を持つと確認したのであった。もちろん新政権はできるだけ早急に全国的・統一的な刑法を施行することが想定されてはいたが、王政復古によって発足した明治新政府もなかなかこの事業に着手できず、法的には、明治の最初の十年間は長く混迷に満ちた過渡期にあったのである。

いま問題の「国事犯」事案はちょうどそのさなかに起きたのであった。明治維新によって権力の座に就いた面々は、権力奪取闘争を事としていた当初の期間、いわば自前の「憲法制定権力」であったわけだから、自分たちの行動の合法・非合法を考慮する必要はなかった。極端にいえば、自分たちの意志に逆らう者は「非合法」として切って捨てればよかった。しかし、いったん罪刑法定主義がグローバル・スタンダードとされるに至った時代となると、適法性の判断をすべて権力者の任意にゆだねることはできなくなる。

明治政府の要人たちは、権力の座に就くとすぐさま、自分たちの地位はおろか、生命さえも直接危うくしかねない脅威に当面することになったのだ。この直感に間違いはなかった。なぜなら、自分たち自身がかつてさんざんやってきた事柄だったからである。

たとえば木戸孝允は、明治二年九月十日の広沢真臣宛の手紙でこう書き送っている。

聞くところによると、浮浪の徒が今久留米と鶴崎《つるさき》（現大分市）に潜行して集まっているとのことです。久留米藩では、例の古松簡二《ふるまつかんじ》（同藩郷士出身の尊攘運動家）が家老を務めていて、藩力を強め、現政府に敵対しなければ皇国のためにならないと主張し、非法で無礼なことが多いそうです。

鶴崎では、浮浪の徒が熊本の攘夷論者と合流している由。一説によると、河上彦斎（高田源兵）も屯居しているそうです。

秋田藩の佐竹家にも浮浪の徒が集まっているという説があります。確証はありませんが、油断は禁物です。初岡敬治という者が首領株で、しきりに同類を募っているそうです。（『木戸孝允文書』三）

もしかしたらこの前後の時期、三条実美・岩倉具視・木戸孝允・広沢真臣・大久保利通らの明治政府要人の間では、「朝憲を紊乱する」やからを処断することについての黙約、ないしは、ひそかなブラックリストの交換がなされていたのではないかと勘繰りたくなる雰囲気である。少なくとも、チラリと目配せぐらいは交わしていそうな気配なのである。

右の木戸書簡には、二つの固有名詞がでかでかと挙げられている。河上彦斎と初岡敬次。名指しで要注意人物にされたのである。河上彦斎については後述。初岡の場合は柳川藩の古賀十郎が初岡に送った手紙に「この上は玉座《ぎょくざ》の下に於て一刀両断奸賊を仆《たお》すべきにより、一臂《いっぴ》の力を借らん」といった過激な語句があったというにすぎなかった。初岡の返事は「大事を企つるには時と場合を選ばざるべからず」という穏当なものだったが、官憲はこれを斟《しん》酌《しゃく》せず、文通を政府転覆の意図ありとする証拠にしたのであった（若木武之助『初岡敬治先生伝』）。その結果、初岡は斬罪。初岡処断の事情は秋田藩当局者も知らなかった。知藩事の佐竹義堯さえ真相を知ろうとして岩倉具視・三条実美らにケンもホロロの挨拶を受けたという（『秋田県史』第五巻）。どうやら初岡の名前は明治政府の中枢部にあらかじめ調べ上げられ、近い将来、国家に害をなすだろうという虞犯性《ぐはんせい》の予測をもってマークされていたらしいのである。これら潜在的な国家の敵は、全国各所に散らばり、時機を窺っているが、時、熟せりと見たらただちに顕在化するであろうと目されていた。

三

それにしても、徳川封建制を打倒し、全国の政柄《せいへい》を握ったはずの、明治維新国家はなぜこんなにも早く反政府運動に遭遇しなければならなかったのだろうか。

発足したばかりの新政府は、国家予算に乏しかった。何としても租税収入を確保しなければならない。とりわけ官有化された旧幕府領地では苛斂誅求《かれんちゅうきゅう》がすさまじかった。まだ廃藩置県の前だから、政府財源はさしあたり徳川家から取り上げた土地に求めるしかなかったのである。何としてでも上納金を取り立てる。農民はもし不足したら、田畑・種籾《たねもみ》・青麦などを売り払い、牛馬の質入れはもちろん、妻子を身売りさせて借金してでも、きちんと納税しなければならない。

その任に当たったのは、昔の代官ではなく、上から差し向けられてきた知事以下の中央から派遣された官僚群であった。管轄している農村には理解も同情もない。頭にあるのは達成すべき「数字」だけである。中には少し、農民の現状を見かねて課税をゆるやかにする知事もいたが、たちまち政府から譴責《けんせき》を蒙《こうむ》って罷免された。抽象的な数値目標は、つめたい残酷さに適性のある政治家だけを生き延びさせる。こんなことなら徳川時代の苛政《かせい》の方がまだましだ。こんな悲鳴が旧天領だった地方の村々から挙がった。

典型的な事例が日田県の場合だった。

幕末まで日田は天領であり、江戸幕府西国筋郡代《さいごくすじぐんだい》の代官所在地であった。九州探題とも呼ばれ、九州全土に十六万二千石を所轄していた。明治二年（一八六九）、廃藩置県への動きに伴って解散された奇兵隊その他諸隊の兵士たちが国民皆兵や脱刀令に反対して反乱を起こした頃、これら「山口県脱徒」に主導された反政府運動は周辺各地に飛び火したが、その有力な拠点が日田県であった。反乱の波は、いわゆる「革命の輸出」のごとく、近隣に拡大していたのだった。

明治維新後の府藩県三治制のもとで日田県が生まれたが、管轄地域は天領を受け継ぎ、大分県全域と福岡県東部、また一時は宮崎県全域にも広がっていた。初代県知事は薩摩の松方正義《まさよし》で、慶応四年五月就任。第二代は、やはり薩摩の野村盛秀《もりひで》。明治三年十二月任命。前記のような事情から、中央政府は手ぐすね引いて辣腕《らつわん》の官僚を送り込んできたのである。明治四年十一月には大分県が成立して、日田県を吸収するに至った。

二代目知事の野村盛秀は、しかし、すんなりと任地に赴くことはできなかった。知事の交代を知った県民の一部が、新政府の陰謀から福岡藩と仏教を守るという主張を名目にして、豊津《とよつ》藩（小倉）・久留米藩の攘夷派や、当時各地で荒れ狂った廃仏毀釈《はいぶつきしゃく》で追放された僧侶、さらに農民一揆とも結んで日田県庁を襲撃する事件が起きたのである。地元ではこれを「大楽《だいらく》騒動」と呼ぶ。長州藩で奇兵隊の脱退グループと組んで反乱を起こし、九州の姫島《ひめしま》（現大分県）に逃亡してきた攘夷派の大楽源太郎率いる集団が、これを指導したと見たのである。ところが、大楽の伝記にはこの事実は記されていない。思うに、これは数ある大楽伝説の一つで、「竹槍騒動」と呼ばれるものである。『府県史』に記録されている史料によれば、日田に繰り込んだ豊後諸藩の浪士連は、「輪王寺宮を紀州和歌浦《わかのうら》から迎え奉《たてまつ》る」と称して、事を全国化する勢いを示し、農民たちは藩の常備兵や応援の森藩（一万四千石、現大分県）兵に竹槍などで攻撃し、夜には六、七千人が篝火《かがりび》を焚いた。

これを明治政府転覆計画と見なした政府は、日田県内で苦戦していた野村盛秀を救出するために陸軍少将四条隆謌《たかうた》が巡察使となり、長州藩・肥後藩連合軍を日田に派遣、ようやく鎮圧した。

この時期日田が台風の目に似た地点としてクローズアップされたのにはさまざまに錯綜した要因が絡んでいたが、一つ大きいのは、明治二年に九州各地を襲った悪天候と兇荒《きょうこう》だろう。この年は東北地方の大凶作が有名だが、九州地方も混乱を免れなかったのである。窮迫した農村の現実は、明治二、三年段階で強行された民部省・大蔵省の増徴政策とまっこうから対立した。このことは、現場の地方官と民部・大蔵両省との間でしばしば混乱を巻き起こした。たとえば日田県の初代知事、松方正義は、中央政府の地方政策を批判する急先鋒であった。松方は、明治三年四月、参議大久保利通に宛てて、民部・大蔵省が新たに課す税金は旧幕時代にもなかった苛政であると訴えている。

このように多くの火種を抱えた日田県は、九州各地で明治維新のやり直し、「第二の維新革命」を呼号していた志士たちには絶好の溜り場であった。この地を拠点にして、近隣諸藩に《革命の輸出》をしきりに策動した。最大の輸出先はすぐ隣にある久留米藩だったのである。

この藩からは明治四年の『太政官日誌』第百九号に記録されている「国事犯」大量断罪の

一部として、小河真文の斬罪の他、大勢が禁錮刑に処されている。

明治初年代は、「国事犯」の季節であった。もっと正確にいうなら、後でだんだん「国事犯」という言葉がぴったりであるような新しいタイプの犯罪が次々と権力者――明治維新によって権力の座についた人々――をおびやかした時代であった。時の権力者たちは、岩倉具視にせよ木戸孝允にせよ大久保利通にせよ、いずれも皆みずから既存の権力を奪い取った人々ばかりだったから、今手中にある権力が永久保障つきではなく、強化し続けない限りいつ奪われるかわからない、危うげなものであることをよく知っていた。一度「奸物」というレッテルを貼られたら、すぐに命を狙われる。命を狙う者と狙われる者とはお互い様であった。ただ、権力者がそれを「謀反」として処断できる権限を手中にしただけのことであった。

初岡敬次も河上彦斎も自分が成文法のいかなる条規に触れたのかもわからぬままに不条理な刑死を遂げたのであった。

四

河上彦斎は、そのかなり血なまぐさい来歴にもかかわらず、その生前にはまだなかった「国事犯」待遇で扱われてきた人物だった。伝記的記述は荒木精之《せいし》の『定本 河上彦斎』にくわしいが、この特異な個性についてはさまざまな伝説がある。一番ポピュラーなのは、「人斬り」の異名だろう。後世の人間は、彦斎のことを誰も国事犯とは考えず、ただの殺人者としか遇さなかった。

世に「幕末の三大人斬り」という言い伝えがある。土佐の岡田以蔵《いぞう》・薩摩の田中新兵衛・肥後の河上彦斎である。彦斎は若い頃、盛んに人を斬ったらしい。特に有名なのは元治《げんじ》元年（一八六四）七月十一日の佐久間象山《ぞうざん》暗殺である。

佐久間象山は当時蘭学者の生え抜きであり、外国の知識も該博で、たんなる洋学者であるにとどまらず、押しも押されもせぬ開明派文化人の第一人者だった。信州松代《まつしろ》藩真田家の家臣だったが、その才鋒《さいほう》はなかなかそれにあきたらず、徳川慶喜に嘱望されて京都に招かれ、多くの武家公卿の家に出入りして国事を周旋していた。

しかしその姿は、京都に屯集している尊攘派の目には、政治中枢部に開国と公武一体を説いて回る軽薄な「西洋かぶれ」としか映らなかった。誰もがこの男を斬りたがった。危険きわまりない雰囲気だったが、象山は自信満々で、ちっともそれを気に留めているようには見えなかった。

その日もその日とて、京都の町を行く象山のいでたちはどう見ても挑発的だった。

象山は折から山階宮《やましなのみや》の邸へ出掛けて行った帰り途だった。世界地図を台覧《たいらん》に供え、世界事情をご説明申し上げた後だったという。何しろその馬上姿は目立ったのである。

まず白縮飛白地《ちぢみかすりぢ》の紺縞《こんじま》の単衣《ひとえ》に黒絽《ろ》の肩衣《かたぎぬ》。夏場とていかにも涼しげな、贅沢な絹織物である。それに紺縞の袴を穿き、白柄の短刀を差し、信州からわざわざ乗ってきた逸物《いちもつ》の馬に西洋式の鞍《くら》を置き、しかも傲岸不遜《ごうがんふそん》な顔付きをした男が顎《あご》を突き出してふんぞり返っている！　これでは向こうから「斬ってくれ」と言っているようなものではないか。

象山はこういう恰好で三条木屋町に差しかかった。そこへ横町から突然二人の怪漢が現れた。白刃一閃《はくじんいっせん》。供の者が駆け付けた時はもう遅かった。馬はどこかに奔り去って影も見えず、象山は血溜まりに放り出されてわずかに呻《うめ》いていた。

彦斎の人斬りのスタイルは定まっていた。右脚を前に出してやや膝を折り、左脚はまっすぐ後方に伸ばして、膝をほとんど地面に触れんばかりに低くし、右手だけで斬撃《ざんげき》を加える。一太刀だけでも相手を仕留めるには充分で、止めを刺すまでもなかった。介抱の甲斐もなく、その夜象山は絶命した。もう一人の下手人は説がいくつかある。

並の人斬りだったら、象山暗殺はさしずめ殊勲甲クラスの勲章物だろう。しかし彦斎がなまなかの殺人狂でなかったのは、象山を斬った後ではピタリと人斬り稼業をやめたことだ。自分では、「今までは何人人《なんにんひと》を斬っても、でく人形を斬ったみたいでかつて気に留めたことはなかった。だが、佐久間先生を斬った時は別だった。初めて人間を斬るという思いがして、髪の毛が逆立ったよ。これで終わりにするよ」と語ったそうだ。

勝海舟も自身の殺人嫌いについて、彦斎を引き合いに出してこう語っている。

ナニ、蚤《のみ》や虱《しらみ》は殺すから、そう思えばよいのだが、ごく殺人は嫌いだった。それは河上彦斎が教えてくれた。「あなたは、そう人を殺しなさらぬが、それはいけません、唐茄子《とうなす》（カボチャ）でも、茄子でも、あなたは、取ってお上がんなさるだろう、あいつ等は、そンなものです」と言った。それは、ひどい奴だったよ。しかし、河上は殺されたよ。己《おれ》は殺されなかったのは、無辜《むこ》（罪のない人々）を殺さなかった故かも知れんよ。（巌本善治編『海舟座談』）

彦斎の話の内容から、象山殺し以前のことでなくてはならないが、もし会っていたとしたら、安政・万延の頃、彦斎が藩家老付き坊主として江戸の熊本藩邸に来ていた時であろう。それ以外の時期に両人が会っているかどうかは確証がない。おまけに、海舟は彦斎の死に方を間違えている。彦斎は殺されたのではなく、刑死したのである。もしかしたら海舟は『氷川清話』に出てくる岡田以蔵のことと混同しているかもしれない。むしろ海舟の談話では、佐久間象山への悪印象を語っていることの方が信用できる。

佐久間象山は、物識《ものし》りだったヨ。学問も博し、見識も多少持って居たよ。しかし、どうも法螺《ほら》吹きで困るよ。（中略）顔付きからしてすでに一種奇妙なのに、平生緞子《どんす》の羽織に、古代袴の様なものをはいて、いかにもおれは天下の師だというように、厳然と構えこんで、元来覇気《はき》の強い男だから、漢学者が来ると洋学をもって威《おど》しつけ、洋学者が来ると漢学をもって威しつけ、ちょっと書生が尋ねて来ても、じきに叱り飛ばすという風で、どうも始末にいけなかったよ。（『氷川清話』）

海舟は、自分の妹婿であったにもかかわらず、象山にはかなり点が辛いのである。

さて、佐久間象山を斬った後、不意に訪れた回心以来、彦斎の生き方には変化が生じた。人を斬るのは断然やめた。これからはただ「大義」のために身を挺し、他人の死によって目的を果たすのではなく、自分自身の死において責任を取ろうとする生き方を選んだのである。

彦斎が象山を斬ったのは、ちょうど蛤《はまぐり》御門の変の前夜であった。幕府軍と戦闘になり、長州軍は敗退する。彦斎は長州の一隊、国司《くにし》信濃隊で奮戦したが、敗れて逃れ、しばらく鳥取藩邸に潜伏して難を逃れた。

やがて長州へ戻った彦斎は、京都と大坂の中間にある天王山の山上で、真木和泉《いずみ》とともに肥後の同志たちが自刃したことを知った。

〜むすびてし言葉の末は君がため死ぬる屍のうへに花咲く

河上彦斎の一面は国ぶりの歌をよくする抒情《じょじょう》歌人であった。特に師についたということはなかったようだが、若い頃から時折のぞかせるみずみずしい感受性の発作は、われわれをはっとさせる。ついでながら、彦斎の外見は一見女をあざむく繊細な白面だったという。こうした華やかなイメージと「人斬り」という異名とのミスマッチも一つの魅力になって、かえって彦斎の「国事犯」としての真姿から遠ざけている。

長州での彦斎は、その理想主義ゆえに、時として清濁併せ呑む高杉晋作や桂小五郎（後の木戸孝允）とは必ずしも肌が合わなかった。故国の肥後藩に帰っても藩政府の佐幕派に脱藩のかどで入獄しなければならなかった。

慶応四年二月一日、王政復古による大赦令《たいしゃれい》が出て、彦斎は一年ぶりに獄舎から解放された。河上彦斎は王政復古を機に、また人斬りの来歴の染みついた前名と決別するために高田源兵衛と改名した。

この頃から、志を同じうする人々が彦斎の周辺に群がりはじめた。明治二年から彦斎は鶴崎兵営の「引廻し」（隊長）の役に就いていた。鶴崎は大分の外港であり、商業・軍事の要衝であるが、当時は肥後藩の飛び領地であった。彦斎はそこに私塾「有終館」を設立した。

勝海舟はこう書いている。さすがにうまく彦斎の狙いを見抜いている。彦斎の立てた根本戦略がよくわかるので、少し長くなるが全文を引用しよう。

熊本に河上彦斎という人物がいた。薩摩や長州の言いなりになるのを好まず、慶応が明治に変わる頃、植野虎弥太《とらやた》、竹添進一《たけぞえしんいち》、古荘嘉門《ふるしょうかもん》といった人々を東下させ、関東の人間を官軍と戦わせようと図った。

自分（勝）が相手にしなかったものだから、彼等はとうとう榎本武揚を説得して脱走艦隊を支援し、奥羽諸藩と連合させた。こんな作戦を立てていたらしい。奥羽が連合して官軍と戦うならば、苦戦するではあろうが、二、三年は保《も》つだろう。薩・長は全力を上げて戦うだろうが、その他の諸藩は形勢を見て勝った方に付くに違いない。

もしそうなら、この国は空っぽ、中心地域には人がいないという状態になるだろう。そのタイミングを見て鶴崎から兵を発し、その虚を衝《つ》いて天皇を擁立し、国内の不正を白日のもとに照らして人心を奮い立たせ、従わぬ者を討って、公明正大の旗を押し立てるつもりだったのに。まさか、会津が早くも陥落して奥羽は壊滅とは思っていなかった。彦斎の目論見はすべて画に描いた餅になってしまった。そうはいっても、彦斎は快男児であったことよ。（『解難録』）

こうして戊辰戦争は片付き、彦斎の戦略計画も幻想に終わったが、《方角を見失った明治維新をやり直す》という素志《そし》はいささかも衰えず、彦斎は九州の一隅から天下を睨《にら》み続けていた。そして明治二年、長州で奇兵隊その他諸隊の反乱が起こった。脱走者が何人も鶴崎へ逃亡してきた。その中に、指導者と見られてお尋ね者になっている大楽源太郎の名前もあった。

大楽源太郎は、有終館の兵を借りて再起を図ろうとしていたらしい。しかし彦斎は、自分が手塩にかけて育てた同志たちをむざむざ利用させるのを嫌い、心を鬼にしてこれを拒絶した。しかし政府の猜疑心《さいぎしん》はなお消えず、彦斎の身辺探索はやまなかった。同志の中村六蔵が獄中の雲井龍雄を訪ねたのもこの頃である（「雨の海棠」参照）。また、大楽源太郎も久留米の庇護《ひご》者に見捨てられて悲惨な最期を遂げた（「酒乱の志士」参照）。

河上彦斎にも最期の時が迫っていた。熊本藩も藩知事の細川韶邦《よしくに》が隠居し、新たに護久《もりひさ》が藩知事になった。大参事に護久の弟護美《もりよし》が就任し、人事も革新されたが、登用されたのはさきに暗殺された横井小楠《しょうなん》系の実学党（維新期の熊本で開国を唱えた学派）が多かった。もとより、彦斎の味方ではない。

明治三年六月二十一日、藩庁から鶴崎の有終館が解散させられた。次いで彦斎はじめ勤皇党の面々の外出禁止令。そして同年十一月十四日、一同は一斉に投獄された。

それから勤皇党の同志たちは獄中で筆舌を絶する苛酷な取調べを受けたが、その際、体《てい》のよい口実になったのは明治四年一月九日の参議広沢真臣の暗殺であった。このついに真犯人不明に終わった奇怪な殺人事件は、その捜査の名のもとに全国的に厳重な探索を行わせ、長州のみならず会津・肥後など諸藩の志士たちも端から訊問《じんもん》された。そして愛宕通旭・外山光輔のいわゆる二卿事件。それに久留米藩難事件（大楽騒動を久留米の地元ではこう呼ぶ）などがこのわずか一年間に踵を接して相次ぎ、中央政府の首脳部をして全国を横断する政府転覆の陰謀を予感せしめるのに充分であった。

明治四年（一八七一）五月某日、政府から命令書が肥後藩に届いた。

「御不審の筋これあり、高田源兵衛を東京に檻送《かんそう》すべし」

こうして東京へ護送された彦斎は、ただちに小伝馬町《こてんまちょう》の牢舎に投獄された。同囚に久留米の水野正名・小河真文・島田荘太郎、柳川の古賀十郎、公卿の愛宕通旭・外山光輔、その家令家扶の比喜多源二・高田修ら全部で五十四人が十把一絡げに収監されていた。

明治四年（一八七一）十二月三日、彦斎は次のような宣告を受けた。

熊本県士族河上彦斎事高田源兵衛

その方儀、朝憲を憚らず、容易ならざる陰謀相企て候始末、不届至極につき、庶民に下し、斬首申し付く

この判決文が、この一括して扱われた重罪裁判の他の判決とまったく同文であったことは注意しておいてよい。憤激した同志たちは、口々に、彦斎はなんら死刑にされるような罪を犯していないと言いつのった。しかし彦斎は「拙者の名は源兵衛ではない。源兵でござる」と抗議した外には一言も抗弁せず、悠然と死刑宣告を聞いた。

斬首されたのは判決の当日ともその翌日ともいう。彦斎は三十八歳でこの世を去った。

初岡や彦斎が問われた罪科は、最初はただ「国事に関する罪」と呼ばれていた。「国事犯」という用語は、明治初期には実体法上も手続法上も（刑法にも刑事訴訟法にも）存在していない。現代ドイツの刑法学者ブラジウスによると、「国事犯（Staatsverbrechen）」の概念の前身は「不敬罪」の概念であるという。不敬罪とは刑罰の威嚇によって担保される君主の身分と権威の保護である。だが、時代の推移と共に、もはや君主制の元首ではなく、国家それ自体、つまり政府官吏の身分や安全が政治刑法の保護客体になった事態で発生した概念が「国事犯」なのである。

しかし、近代社会への変革の過程で君主制を保存した明治日本の場合は、その概念も独特な形を取った。わが国には謀反罪・大逆罪はあり得ないと主張した前記副島種臣の説が議論を制したゆえんである。とはいえ、政府部内には保守的立場から、《君主国では「君主の身体を侵《おか》す」「君主の位を危うくする」「朝憲を紊乱する」等の行為をなす者は、すべてひとしなみに「反逆罪」と見なすべきである》、《「政府を転覆する」ことは「皇室を干犯《かんぱん》する」ことにひとしい》と唱える意見があったことも事実である（手島豊「山県有朋の『刑法改正理由』意見書」）。

明治十六年（一八八三）に書かれたと思しい山県の『刑法改正理由』意見書では、太政官（内閣）は天皇が親臨する所であるから、皇室と政府は別物ではない。ゆえに、政府転覆を図ることと天皇の身を侵すこととは同じである。ここでは「国事犯」の概念を「不敬罪」のそれと意識的に混同させているといえよう。政府機関への攻撃イコール天皇の侵犯であると同一視したのである。明治政府の要人たちは、自分たちの専制に対する反抗をも「皇室を干犯する」ことと強弁し、たくみな自己防衛の手だてを講じた。

明治初年の「国事犯」理論は、こうして明治二十二年公布の大日本帝国憲法第三条の「天皇ハ神聖ニシテ侵スヘカラス」を先取りし、不平士族らの天皇観——「君臨すれども統治せず」の原理を貫徹し、みずからは統治権力化せず、少なくとも政争の次元に降り立って介入せず、現実の政治権力に対してはどこまでも超然たる天皇への期待——を蹂躪《じゅうりん》しつつ形成されていったのである。

酒乱の志士

一

幕末の志士と呼ばれた連中は概していい身なりをしていた。そうしないと、人の上に立ち、人を使いこなし、人前でずけずけ物をいうというような、人を食った振舞いがうまくできないのだそうだ。見てくれで人を圧倒しなければならない。それに、いざというとき即座に金に換えられるということも大切だった。その点、今日のヤクザとも一脈通じるところがある。人々はどうも外見に弱いのである。

大きなことも平気で口にできなければ通用しない。酔うては臥《ふ》す美人の膝枕、覚めては振るう天下の剣。とかく大言壮語、放歌高吟《ほうかこうぎん》は志士につきものである。しかし越後蒲原《かんばら》の農村出身の勤王家だった長谷川鉄之進《てつのしん》の場合には、その度合が過ぎていたようだ。大酒するといつも前後がわからなくなり、天下国家を論じているうちはいいが、いつも座上の相手に対する激越な面罵《めんば》に終わった。

自身も幕末の勤王の志士であり、日本史籍協会の維新史料シリーズの一冊に遺稿集が収められている巣内式部《すのうちしきぶ》（信善《のぶよし》）という人物が「長谷川正傑略伝」を書いている。原文を引用したのではあんまり曲《きょく》がないので、読みやすく書き改める。

長谷川正傑は越後國（現新潟県）蒲原郡粟生津《あおうづ》村の長谷川誠の第三子である。名は正傑、字《あざな》は公輿。強庵と号する。幼名は谷治。鉄之進はその通称である。人となりは倜儻不羈《てきとうふき》（独立して拘束されず）、長身高骨（背が高く、骨ががっちりしている）。顔の色は鉄のようで、眼光は炯々《けいけい》として炬《たいまつ》のように光っている。大刀を帯びるのが好きだった。

文政五年（一八二二）に越後蒲原で、村の庄屋の三男に生まれた鉄之進は、江戸に出てその時代名声の高かった儒者朝川善庵《あさかわぜんあん》に入門して学問し、師の没後は郷里で私塾を開いて門弟を教育していた。ここまでだったら、よくある地方好学の士の経歴である。やがて尊王攘夷の論が起こると矢も楯もたまらなくなり、妻を外家《がいけ》に託し、生徒に謝して、単身、風雲の地京都へと旅立った。

幕末の京都は、王城の地、勤王攘夷運動のメッカである。嘉永・安政の頃、諸国から志士が集まり、鉄之進も多くの同志と交わっているうち、しだいに衆人《しゅうじん》から一目置かれる存在になっていった。

何しろ見るからに豪傑風である。がっちりした長身で、顔色が鉄のように真っ黒だ。眼がぎょろりと光り、あたりを睥睨《へいげい》して強面《こわもて》のオーラを発散している鉄之進の面魂《つらだましい》はいかにも何事かをしでかしそうだった。

北越という地域呼称がある。昔の「越の國《こし》」の北部という意味で、越中（現富山県）と越後（現新潟県）とを指しているが、維新史上「北越」といわれるのは、越後平野の一帯を意味することが多い。

越後平野には大藩がない。いくつもの中小藩が散らばるこの豊かな米産地帯では、豪農が豪商を兼ね、その財力をバックに学問も盛んで、郷士層の間に草莽《そうもう》の尊攘思想が培われていた。

鉄之進の先輩格に本間《ほんま》精一郎がいた。そういえば、好んで長刀を帯びたという性癖までが似ている。

本間精一郎はやはり越後寺泊《てらどまり》（現長岡市）の産である。北に弥彦山を望む信濃川流域の豊かな河港の町だ。生家は裕福な醸造業を営み、酢を主として商っていた。長男に生まれた精一郎は家業を継ぐことよりも江戸に遊学することに熱心であり、この時代に培った人脈が志士時代に活用された昌平黌《しょうへいこう》では安積艮齋《あさかごんさい》の門下であり、また幕府の能吏川路聖謨《かわじとしあきら》の中小姓を勤めたとあれば、押しも強くなるというものだ。

幕末期、草莽の志士といわれた人々には、生家が金満家だというケースが多い。たとえば、赤報隊（戊辰戦争における官軍先鋒隊の一つ。のち贋《にせ》官軍と見なされて処断される）で有名な相楽総三《さがらそうぞう》もそうである。

相楽総三は天保十年（一八三九、十一年説もある）の生まれで、本名を小島四郎将満《まさみつ》という。生家は下総国相馬郡の郷士で、父兵馬の代に旗本金融（現金に困った旗本相手の高利貸）をいとなんで莫大な産をなしたといわれる。父が金貸し稼業で儲けた金を息子が勤王活動に注ぎ込む。草莽志士の一つの類型である。ある赤報隊の同志は、後に「勤王浪士という側は、費用全部自分持ちだ、総裁（相楽総三）はもとより赤坂の実家からたびたび多額の金を持ってこられた」（長谷川伸『相楽総三とその同志』）と語っている。活動資金に不自由しなかったのである。

一九七〇年代のアメリカは反戦活動が盛んだったが、それを背景に一つの話題がマスコミを賑わわせたことがある。

新聞王ウィリアム・ランドルフ・ハーストの孫娘、パトリシアの事件である。パトリシアは身代金目的で左翼グループＳＬＡ（共生解放軍）に誘拐されるが、その後、同組織に加わって反体制運動に没頭する。やがて銀行強盗容疑でＦＢＩに逮捕されたという事件である。

自分の家族が社会的に不正な手段によって巨大な富を蓄積したことへの罪責感ないしは恥辱感が、その子弟を代償的な犯罪行為へ奔《はし》らせたことの好例である。日本でも、昭和初年代の共産党員には大ブルジョアや華族の子弟が少なからずいた。幕末の志士にもそういう部類の人間がまじっていたとしても別に不思議ではない。

本間精一郎も資金の調達には困らなかった。金の使い方が豪勢で気前がよいというのは精一郎の人気を高め、お取巻きを作り出しはしたが、同時に反感をもつのらせる諸刃《もろは》の剣《つるぎ》でもあった。

軽薄才子《けいはくさいし》だというのである。学識を鼻にかけ、話し相手をやりこめて喜ぶ。豪奢《ごうしゃ》な絹物の美服で身を飾る。何かにつけて頭《ず》が高い。言うことなすことが気に障った。

文久二年（一八六二）に幕府側と内通したと疑われて天誅に遭った時、精一郎は青蓮院宮《しょうれんいんのみや》や正親町三条《おおぎまちさんじょう》家に自由に出入りできる身の上になっており、得意の絶頂にあったのである。天誅の手を下したのは土佐藩の岡田以蔵と薩摩藩の田中新兵衛であった。二人とも藩元では低い身分の出身である。岡田以蔵は、土佐藩の郷士出身。この藩には厳しい身分差別があって、郷士は士分扱いをされず、名前は呼び捨てにされ、無礼討ちされても仕方がないという待遇を受けていた。田中新兵衛も薩摩藩では「私領士」という陪臣《ばいしん》身分である。船頭だったとする説もある。ふところの暖かい「金満志士」ぶりが岡田や田中の反感をそそったからだという説もあるが、まんざら根拠がなくもあるまい。

それにしても、梟《さら》し首にまでするというのは志士相互の憎悪感情がすさまじい。高瀬川の岸に立てられた捨札《すてふだ》にはこんな激越な文章が綴られていた。

栗田御殿家来、本間精一郎の首なり。
この者の罪条、今さら申すまでもなく、第一虚喝《きょかつ》をもって衆人を惑わし、その上高貴の御殿方へ出入り致し、佞弁《ねいべん》をもって薩・長・土の三藩を種々讒訴《ざんそ》いたし、有志の間を離す謀《はかりごと》を相巧み、あるいは非理の財富を貪り、その外筆舌に尽くしがたし。

この侭《まま》に差し置き候ては、無限の障害生ずべく候につき、此の如く梟首《きようしゆ》せしむるものなり。（文久二年）閏《うるう》八月二十一日。

ひとしく尊王攘夷という最大公約数では意見が一致するにもせよ、出身階級や身分の違いは争えない。最後には日頃の羽振りのよさまでが粛清の口実にされるのである。本間には、貧しい同志が苦労して掻《か》き集めた活動資金を平然と酒食の費に流用してしまうようなところがあった。当人にしてみれば、大した金額ではないのである。その穴を埋めるくらいは何仔細もないことだろう。だが、金を使い込まれた仲間にとっては笑い事では済まされなかった。

本間精一郎の奇禍によって、長谷川鉄之進は、その後釜にすわるかたちになった。傲岸不遜なところもよく似ていた。しかし、鉄之進の場合、くっつく相手を多少間違えた嫌いがあった。

というのは、京都では尊攘派の三条実美《さねとみ》に見出されて働いていたが、文久三年（一八六三）八月の政変で実美が失脚し、京都から追放されてしまったことである。鉄之進は、それから実美に従って長州に下り、その側近を固める「忠勇隊《ちゆうゆうたい》」の幹部になった。実美の私兵団といったら語弊があるが、その意を体して諸国の間を奔走する一団である。仲間には久留米の真木和泉も加わっていた。鉄之進は、そのうち自分でも兵を募って「忠憤隊《ちゆうふんたい》」の隊長になった。その頃から一匹狼的な動きが目立つのである。元治元年（一八六四）七月、長州兵が京都に攻め上った蛤《はまぐり》御門の変では自隊を引き連れて会津藩兵を相手に奮戦。敗れて四国に逃れた。

いかにも輝かしい経歴であるが、ひどく評判の悪い一面もあった。酒の上の振舞いがあまりよろしくないのである。

酒席では痛飲し、酔うとやにわに抜刀して剣舞を演じて見せる。周囲をはらはらさせるが、それはまだ第一段階。それから誰かれ構わず罵倒し始める。眼が据わってきて、不運にも側に居合わせた人間をつかまえては容赦なく「言葉の暴力」を浴びせかける。しまいには怒号して刀を振りまわす。危なくて仕方がない。

それが毎度のことだった。慶応元年（一八六五）に肥前大村藩に出向いた時などは、あわや流血という一幕もあった。

大村藩では遠来の志士を迎えるというので、わざわざ講義の席を用意した。鉄之進は悠々と『孟子』の一章を講じて聞かせたまではよかったが、それに続く宴会でだんだん雲行きが怪しくなった。藩士がかわるがわる進み出て「先生、先生」とおだて上げ、次々と差す盃をぐいぐい呷《あお》った鉄之進は、またもや酒乱の癖が出てきてしまった。酔いのまわった濁声《だみごえ》で「大村藩は小藩ながら、九州では立派な勤王藩というから来てみた。ところがどうじゃ、武士はみんな女子供同然じゃ」と言い放ったのである。

それまで数々の悪口雑言をむっとしながらも聞き流していた藩士たちも、この一言にはさすがに怒った。一座に険悪な空気が流れる。「いわせておけば」といきりたち、鉄之進を斬り捨てると気色ばむ者も一人や二人ではなかった。

こんな時、いつも鉄之進を助けるのは老僕の善助である。主人が危ないと見ると飛び出してきて身を投げ出し、「どうかお許し下さりませ。お腹立ちはごもっとも。私めを代わりにご成敗なされて下さりませ」と地に頭をすりつけて謝る。その一途さに打たれた相手が刀を収めて、やっと事なきを得るのだった。

鉄之進は、この善助をストレスの捌《は》け口にしてよく折檻《せっかん》した。毎日のように、気に入らないといっては大きなキセルで頭を叩くのである。手加減をせずに殴りつけるから堪ったものではない。頭の皮膚が破れて血がダラダラ流れ出して止まらない。それを拭いもやらず、畳や地べたに頭をすりつけ、

「こんなにお怒りになるのも、すべては私めの不調法から出たことでございます。御免下されませ。御免下されませ。私めを打擲《ちょうちゃく》されてお心が癒えるなら、どうぞ、どうぞ、どうぞ、お気が済むまで、ご存分に私めをご打擲なされませ」

何をされてもこの調子で、善助は鉄之進に忠実に仕え続けた。人々は鉄之進もどこかにい

いところがあるのかと不思議がり、中にはお節介にも、長谷川殿は乱暴すぎる、毎回大ギセルを頭に喰らわされるくらいだったら、いっそのこと、長谷川殿を去って、他所《よそ》に奉公口を探したらどうかなどと意見をする人もいた。

すると、善助は泣きながら抗弁するのであった。

「め、滅相もないことをおっしゃいますな。御主人様は以前に私めが死にかけているのを助けて下さいました。私めの身体は御主人様のものでございます。私めはまだその御恩を奉じてございませぬ。冬の寒い日に、お召しになっている御着物をわざわざお脱ぎになり、お前の寒そうなのを見るに忍びないといって、着せ掛けて下さったこともございました。いかに世間が広くても、御主人様ほど下僕を大事にしてくれるお方がまたとありましょうか」

主人を代えろといった人は、口あんぐりで引き取るしかなかった。

善助はもと信州伊那の生まれだったが、郷里の風習だといって、自分でも奇怪な髪型に結髪することを好み、字《あざな》を「珍髪《ちんぱつ》」と称したという。そんななりでいつでも主人の命令に唯々《いい》諾々《だくだく》として何でも従ったので、主従揃って土地の名物だった。

いつの時代にも活動家の中には、肝心のところでしくじる人種がいる。筆者の知っている範囲でも、一年かけて準備したデモの日に寝坊してすっぽかしてしまった活動家がいた。決定的なタイミングを逸するのである。大切な会合で酔っ払って見境がなくなる人もいる。娘の結婚式で、信じられないような言い違いをするお父さんもいる。

長谷川鉄之進は、どうやら、ここぞという時に限ってうまくやれないタイプだったらしい。元治元年（一八六四）七月頃、鉄之進と大楽源太郎の二人が佐久間象山の暗殺を企んで、久坂玄瑞《げんずい》に止められたという話がある。大楽源太郎は、長州藩の志士の一人で、若い頃、勤王僧月性《げっしょう》の学塾で学んで感化された関係から長州藩の尊攘グループに参加。安政の大獄以後、ポスト吉田松陰の松下村塾の中心だった久坂玄瑞に接近し、足利木像梟首事件・文久三年（一八六三）八月十八日のクーデター（長州藩ではこれを「堺町御門の政変」と呼ぶ）・蛤御門の変など長州藩が加わった大小の争乱には必ず一枚噛んでいる。にぎやかな活動家なのである。

といっても、腹を切った友人を見捨てて自分は助かったり、斥候《せっこう》に出たきり行方不明になった廉《かど》で譴責《けんせき》を喰ったり、その行状は必ずしも芳しいものではない。

そんな大楽が、蛤御門の変があった元治元年（一八六四）七月、挙藩上京した長州軍にまじって、京都近郊の山崎に駐屯していた時のことである。長谷川鉄之進と組んで暗殺をやろうとしたという話が『防長回天史』に記されている。鉄之進が日記に書いているそうだ。これを知った久坂は懸命になって止めたという。

「佐久間象山をか？　いかん、いかん。軽挙妄動は慎んでもらいたい」
「なにが軽挙妄動だ？　あの西洋かぶれめが！　これ見よがしに洋鞍を置いた馬に乗り、夷人の長靴を履いて見せびらかし、会津屋敷（藩主容保《かたもり》は京都所司代だった）に出入りして、公武合体などとほざいている。あんなやつを斬ってどこが悪い？」
「おぬしらの気持ちはわかる。私だって先頭に立って斬りたい気分だ。しかしな、佐久間象山は、あの松陰先生が大事を行う前に相談されたほどの人だ。その人を斬ったりしたら、冥土の先生に申し訳が立つまい？」

説得は功を奏し、大楽源太郎と鉄之進はどうにか断念したが、その数日後の七月十一日、佐久間象山は肥後の河上彦斎《げんさい》（「国事犯の誕生」参照）らの手に掛かって、三条木屋町の路上で落命してしまった。

このエピソードの時、なぜ大楽源太郎と鉄之進が組んだのか、事の詳細は不明だが、この故郷を異にする二人はどういうものか無性にうまがあったらしい。

鉄之進が「忠憤隊」の隊長になったことは初めに述べたが、実は大楽源太郎もこれに加わっており、慶応元年（一八六五）の長州藩の内訌《ないこう》時に林立した諸隊の一つとして結成され、高杉晋作の軍に参加したらしい。

長谷川・大楽らの「忠憤隊」がその後どうなったかはよくわからない。いっときは解散を命じられたが、嘆願して三田尻《みたじり》（現防府市）の「報国団」と合併したともされる（内田伸『大楽源太郎』）。興味深いことには、慶応二年（一八六六）の夏、大楽源太郎は長谷川鉄之進に同行して長谷川の郷里越後を訪問している。成果は上がらなかったが、二人それぞれの進路を見定めさせたことの意味は大きかった。

長州藩が蛤御門の変で敗れ、中央政界に足場を失って西日本の一角に割拠する方針を固めて以来、政治都市京都に群れ集っていた全国の志士たちも身の振り方を変えるべき時だった。

大楽源太郎は故郷の村に私塾「西山書屋」を開設して、後進の教育にあたった。一方、京都を離れた鉄之進は郷里の越後方面に帰って、新たに活躍の場を見出してゆこうとするのである。鉄之進ももう四十歳を過ぎている。いつまでも青年客気といっていられる年齢ではなかった。

慶応三年（一八六七）の暮に西郷隆盛が江戸撹乱を画策して、江戸の薩摩藩邸に諸国の浪人を集めたことがある。鉄之進も呼ばれたのだが、すぐに国に帰された。事情を知る者は語る。

越後の糸魚川の傑士、長州の奇兵隊の隊長をしておったと云う長谷川鉄之進と云うは盛んな人でござりましたが、大酒家で少し酔いが廻りますといささかの事より大議論を発して抜刀をしますのが癖でござりまして、何分多勢の中に加えて置いては何事を仕出すかも知れぬようでござりますゆえ、惜しい人でござりましたが、この人は半端にして断って旅費を与えて退いて貰いましてござります。（落合直亮《なおあき》談、『史談会速記録』第十三輯《しゅう》）

やがて戊辰戦争が始まり、越後一帯は争戦の地になった。一藩を挙げて明治新政府に抵抗した長岡藩が台風の目になった。朝敵にされた会津藩は越後の蒲原郡に領地を持っていた。藩境防備のため、慶応四年（一八六八）二月から越後に出兵した。桑名藩も柏崎《かしわざき》を領地としていたから、会津藩主松平容保の実弟である松平定敬《さだあき》はここを抗戦の拠点とした。

新政府はこれに対抗して、四月十一日、高倉永祜《ながさち》を北陸道鎮撫《ちんぶ》総督兼会津征討総督に任命し、長州藩の山県狂介（有朋）を参謀として、越後に出征させたのである。その前途に立ち塞がったのが、藩を挙げて新政府に抗戦した河井継之助《つぐのすけ》指揮下の長岡藩だったことは今さらいうまでもない。

官軍は会津＝長岡連合軍と激戦する羽目になったのである。しかし、実情はもっと混乱をきわめていた。まず奥羽越列藩同盟に参加した北越六藩（長岡藩・新発田《しばた》藩・村上藩・村松藩・三根山藩・黒川藩）はたがいの気心が知れず、呉越同舟であった。特に新発田藩の如きは常に首鼠両端《しゅそりょうたん》を持する（どちらに味方したらよいかとためらう）者と疑われ、現に七月二十五日、

「時情やむを得ざるより、しばらく奥羽同盟の上、出兵は致し候えども、その実、心は固く勤王無二の儀にこれあり」と領民へ布告して新政府側に寝返ったのであった。

もう一つの混乱は、新政府を支持する層が村の庄屋・名主に多かったことである。これら豪農・地主層が勤王運動を支える草莽隊の母胎であった。新政府は、官軍の兵力不足を草莽諸隊の力を借りて補ったのである。

蒲原でも「北越草莽隊」という農兵隊が結成され、鉄之進も、軍曹として迎えられたという。しかしこの志士の辞書には「懲りる」という言葉がない。またぞろ酒席で乱酔し、薩長の司令官を面罵して盃を投げつける始末。「酒凶」としかいいようのない行状に愛想を尽かされ、とうとう隊から退去を勧告されるに至った。

しかし、長谷川鉄之進の個人的性癖とはまったく別の次元で、草莽隊には直面しなければならない歴史的課題というべきものがあった。それは、この隊がたんなる「北越の」草莽隊であるにとどまらず、「天下の」草莽隊に脱皮することであった。この隊は現状のままでは、せいぜい義勇兵でしかなく、ボランティアであるにすぎない。報酬は当てにならず、身分の保障もない。草莽隊をぜひ親兵隊――天皇直属の軍隊――として認知させたいという悲願であった。

この願いは慶応四年七月二十一日に実現する。鉄之進の同席のもとで、親兵隊長巣内式部《すのうちしきぶ》から錦章《きんしょう》（官軍の身分を保証する錦《にしき》の布《ぬの》切れ）を渡され、皇軍の一翼たる方義隊《ほうぎたい》に編入されたのであった。同年（明治元年）九月、理由は不明だが、方義隊は居之隊《きょしたい》と改名する。

方義隊（居之隊）はその後各地に転戦し、戦果を上げる。しかし、その戦績とは裏腹に、新政府の旧草莽隊の面々に対する態度には、手の平を返すように冷淡な素振りが目立ち始めるのである。それはあたかも、諸君はもう不用だ、今までの忠勤に愛《め》でて解散だけは堪忍してやるが、それ以上の厚遇を望んでも無駄だぞといっているかのようだった。

二

明治二年（一八六九）鉄之進もそれなりに貢献を認められて徴士《ちょうし》（慶応四年一月から明治二年六月まで諸藩士・庶民から政府に召し出された議事官）に任じられ、士族に列された。京都の郊外一乗寺村に居住する。詩仙堂《しせんどう》の隣家だったそうだ。しかし、鉄之進は不満げであり、鬱々《うつうつ》として楽しまなかった。酒癖の悪さもいっこうに変わらなかった。周囲では、「関鉄《せきてつ》」もそろそろ枯れてもいいんじゃないかと思うのだが、当人にはいっかな卒業する気配はないようだった。こんな逸話がある。

後に大村益次郎の暗殺団に加わった越後蒲原の五十嵐伊織、方義隊幹部の二階堂良碩《りょうせき》などが鉄之進を訪問して祝杯を挙げた。顔ぶれの中に、着物はつんつるてん、袖から二の腕がぬっと出ている男がまじっていた。髪はぼうぼうで、直刀《ちょくとう》一本を腰にたばさみ、雷のような大音声で談笑する。秋田の人、金輪五郎であった。一同は、久闊《きゅうかつ》を叙して一日中飲み明かす。その席に芸妓が呼ばれた。ところがその言葉遣いが無礼だといって鉄之進が怒り出した。乱酔して勃然《ぼつぜん》（にわかに）、例の「酒凶」を発したのである。

京都の水に洗われてもう何十年にもなる。いっぱしの都会人のつもりでいた鉄之進も、さすがに生まれた土地の訛《なま》りは消せない。忘れていたはずの越後弁が言葉の端々に残るのを、芸妓が座興のタネにしたのを、鉄之進が聞き咎めた。

「ぶ、無礼を申すな。そちゃ、身共《みども》を越後者と見てあなどるか」

「お気に障りどしたら御免なはれや。田舎者などとはゆめ思やしませぬさかい」

「それ、その口で越後者を田舎者と言っておるではないか。身共は、恐れ多いことながら、天朝様からお選び下さった徴士の身分である。徴士、徴士、徴士だぞ！」

せっかく胸を張って言ったつもりのこの言葉が、気が急いていたせいかついに訛りが出て、一座の耳には「徴士らぞ」と聞こえた。

「はいはい、あなた様のお偉いことは充分承知しておりますさかい」

「おのれ、人を嘲弄致すか。なぜ笑う？　ええ、もう、我慢ならぬは」

「あれえ、何をなさいます。髷《まげ》が取れますウ、髷が……」

一座はたちまち興醒めて総立ちになる。その場に引き据えられた芸妓は度を失ってワッと泣き出し、中でも冷静そうな二階堂に救いを求めた。

「堪忍え、堪忍え。お客はん、どうか取りなしておくんなはれ。あて、どないしたらよいかわかりまへんわ」

「長谷川氏《うじ》、もう許してやりたまえ。たかが女子《おなご》の言葉ではないか」

「いや、許せぬ。女、そこへ直れ。成敗してくれる」

「あ、あぶない。刀をしまえ」

「その長いのをふりまわすな」

「きゃーっ」

「こりゃいかん。善助を呼べ。善助、善助!」

「はい、はい、ハイ、ハイ。只今、只今。コレ御主人様、善助にございますぞ。まあまあ、マアマア……」

奉公人部屋で待機していた善助が駆け付け、鉄之進に取りすがって止める。すると後はお定《さだ》まりのように、鉄之進はぽかぽか善助を殴って思いを晴らし、酒の上の怒りを納めるのである。

この後味の悪い場面が、五十嵐伊織と長谷川鉄之進の最後の別れとなった。

二人とも、たとえば北越草莽隊のような過渡期の義勇兵的軍隊が、歴史の狭間で抹殺される運命を予感し、憂憤している全国の同志たちの仲間であった。北越草莽隊ばかりではない。世帯は大きいが、旧長州藩の奇兵隊はじめ幕末の諸隊も同じ運命にあった。

とはいえ、五十嵐と長谷川のその後の歩みは同一ではなかった。五十嵐の周辺には、ごく自然に、明治維新の理想は裏切られ、私利私欲をほしいままにする薩長藩閥の世になったと悲憤慷慨《ひふんこうがい》する不平士族が集まるようになった。とりわけその一党の不満は、明治二年七月に兵部大輔《ひょうぶたいふ》に就任し、急テンポで軍隊の西洋化を進める大村益次郎に向けられていた。封建武士を失業させようとしていると怨みをつのらせていたのである。

大村暗殺計画の発起人は、失業の危機に不安を感じ、また大村の《不当な》栄達に怨みを抱いていた長州藩下級武士の団伸二郎・太田光太郎・神代直人《こうじろなおと》の三人だったらしい。団が居之隊士の五十嵐を計画に引き込み、神代は旧白河藩浪士の伊藤源助を誘った。五十嵐は当時京都に滞在していた金輪五郎・宮和田進・関島《せきじま》金一郎を仲間に引き入れた。こうして出身藩は別々だが、共通の危機感で結ばれた八人の大村暗殺団が結成されたのである。

金輪五郎は出羽秋田の脱藩浪士で――身分は下男奉公から家臣格になったという――相楽総三らと共に江戸攪乱工作に従事。狙い通り、幕府兵に薩摩藩邸を攻撃させる。薩邸脱出の時、工作員撤退のために用意されていた薩摩の軍船、翔鳳丸《しょうほうまる》に乗船しそこなって羽田に上陸したグループの一人である。五尺にみたぬ単身だが、衝立《ついたて》が横車を押すような勢いで走り回り、瓦釘を指一本でヘシ曲げる怪力の持ち主といわれたこの怪人物は、どこをどう歩いたのかたくみに潜伏して京都にたどりつき、慶応四年一月五日、東寺《とうじ》で相楽らと狂喜して再会した。明治になってからは赤報隊の生き残りという自意識を持ち続け、死に場所を求める気持ちが強かった。

さて、明治二年（一八六九）九月四日、大村益次郎は京都三条木屋町の旅館で暴漢の一団に襲われた。右の膝頭を斬られただけでその場は逃れたが、敗血症を発して、治療空しく十一月五日に死んだ。関係者は全員逮捕されたが、長谷川鉄之進は陰謀の陰にいると噂されただけで連累を免れた。犯行に関しては潔白だったに決まっている。初めから計画から外されていたのである。

鉄之進とは何年も音信不通で、今では没交渉だったといってよい大楽源太郎も、大村暗殺の共謀者ではないかと疑われた一人である。

疑われた理由は、すぐに逮捕され、処刑された大村暗殺団のうち二人までが「西山書屋」の門下生だったからである。団伸二郎と神代直人である。もっとも、大楽は自分が無関係であることを弁明するために、ある人物に宛てた手紙の中で、神代直人のことを「浮薄人」と評しているくらいで、自分に禍《わざわい》が及ばないように汲々《きゅうきゅう》としていたようである。

大村暗殺についての嫌疑は晴れたようだが、大楽はそれ以来何かと危険人物視され、遠巻きにされるようになり、近くの村にある親戚の家に幽閉されてしまった。この逆境から次の詩作が生まれた。

門を出ずれば人事転《うた》た凄涼《せいりよう》
林鵙草虫《りんけきそうちゆう》　天霜《しも》ふらんと欲す
誰か憶《おも》わん　老爺衰疾《ろうやすいしつ》の日
又厳譴《げんけん》を蒙りて寒岡《かんこう》を渡らんとは
（「十月五日　鎧嶺《よろいみね》道中」）

（ひとたび家門を出れば、人の応対がつめたくよそよそしい。
林にはモズの叫び、叢《くさむら》にすだく秋の虫、そろそろ霜の降る季節だ。
誰が予想しただろうか、こんな爺さんになって衰残の日を迎えてから、
譴責の身になって、寒々とした峠道を越えることになろうとは）

大楽にはまだしも自分の境遇を詩境に変える一片の《詩心》があった。ところが、長谷川鉄之進となると、詩風もまたその人に似て殺風景だ。さきの「酒凶」事件に近い頃の日々の作にこんなものがある。

魯僕《ろぼく》　醜妻《しゅうさい》　狂主人
一家三口　沈淪《ちんりん》するに足る
君に問う　諸葛《しょかつ》当時の事
只合す　臥龍《がりょう》　隴畝《ろうは》の民《たみ》

（下僕は魯愚《ばか》、妻君は不細工、主人は頭が変。
一家の三人は落ちぶれるに決まっている。
考えても見給え、諸葛孔明の昔、
伏している龍（孔明のこと）が片田舎の民だった頃にそっくりだ）

暮に飲み　旦《あした》に吟じ　甘《たの》しく隠淪《いんりん》す
柴門《さいもん》　春鎖《とざ》して　貧を憂えず
君看《み》よ　多少の身を誤る者
果たして是れ　一朝にして富貴人
　横井・大村・広沢等皆是れ
（朝夕に飲み且つ吟じて隠遁《いんとん》を楽しんでいる。
春だというのに草庵の戸を閉ざして、貧困の心配はしない。

見るがよい。何人か身を誤った者がいるが、
案の定、一朝にしてしこたま金を稼ぎおった。
横井小楠・大村益次郎・広沢真臣《さねおみ》のような連中はみなそうである）

両作とも、詩的修辞などはほとんど無視して作者のホンネをバカ正直なまでに露出してしまっている。特に二作目は、名指しで人名を露出させていて、相手の栄達に対する嫉視《しっし》も反感も包み隠さず、当時の鉄之進の心意をあからさまに読み取れるほどだ。むしろ稚気愛すべき処を見るべきなのかもしれない。

こんな詩を作っていたのでは、明治二年に横井小楠・大村と立て続けに起きた政府要人の暗殺に（なお広沢真臣も明治四年に暗殺される）関係ありと邪推されても仕方があるまい。鉄之進のこの詩は暗殺ターゲットの名簿を拵《こしら》えたようなものなのである。

この二人が初めて出会った時に、大楽源太郎が長谷川鉄之進に贈った詩群がある。「席上長谷川興公《きょうこう》に示す」と題した五首である。「興公」（「公興」とも）とは鉄之進の字《あざな》。そのうちの二首を紹介する。

都門に道を論じて群英に向かう
自ら表す　子春《ししゅんこうめい》好盟無し

料《はか》らざりき　天王山上の月
胸　襟開豁《きょうきんかいかつ》にして先生に対せんとは（その一）
（京都で大勢の俊英と道を論じた時、
自分で表明したほどだ。『晏子春秋《あんししゅんじゅう》』ではないが、同盟するべき友はいないと。
知らなかった。天王山の上で月を見ながら、
胸襟を開いて先生と対話できようとは）

頑躯　已に棄損すれども
逸気《いっき》　猶《な》お豪縦なり
三尺の鉄を摩挲《まさ》して
矢《ちか》って国家の用を為さん（その三）
（頑健だった身体はもうだめだが、
気はいつまでも若い。
腰間三尺の刀をさすって、
国家の役に立とうと誓う）

詩中に「天王山上」の語句があるから、詩が作られたのは元治元年（一八六四）の蛤御門

の変の前後であろう。鉄之進が越後有志として幾隊かに分かれ、天王山や宝寺《ほうじ》に屯営した時のことだ。初めて邂逅《かいこう》して天王山の上で胸襟を開いて語りあい、たがいに知己《ちき》を感じたというのである。大楽源太郎が満三十二歳、長谷川鉄之進が四十二歳の時である。鉄之進の方が十歳年長だから、「先生」と尊称しているのもわかる。

しかし、「その三」になるとどうか。「気はまだ若い」と強がっているのは大楽だが、何ほどかは当年四十二歳の鉄之進に成り代わって衰躯《すいく》を励ます気分も籠っているようだ。

こうして肝胆《かんたん》相照らした二人だったが、その後東西に分かれ、別々に明治初年の峠を迎えた時には、各自の運命はだいぶ違ったものになっていた。

大楽の運命はどうであったか。

明治二年（一八六九）六月、長州藩に版籍奉還の勅許が下り、それとともに兵制を改革して常備軍を編制し、従来の諸隊はすべて解散を命じられた。これが激しい反撥《はんぱつ》を招いたことはいうまでもない。藩の兵制改革に不満な連中は山口を脱走して三田尻や小郡《おごおり》（山口県）に屯集した。これを「脱隊兵の反乱」という。

この反乱は七万発の小銃弾を使ったといわれる大戦闘の末にやっと鎮圧されたが、この時、争乱の首魁と見なされた人物の中には富永有隣《とみながゆうりん》（「雲の梯子」参照）や大楽源太郎の名もまじっていた。特に大楽の場合、脱隊兵には多数の門弟が加わっていたのでいよいよ嫌疑は強く、とうとう諸隊会議所から呼び出しを受けた。

大楽は逃げた。先ず姫島（大分県の離島）に身を隠し、そこから対岸の鶴崎（現大分市）に河上彦斎を頼ったが、意見が合わず退散。次いで中津・臼杵《うすき》・佐伯《さいき》・岡（竹田）など九州各地の友人知己のつてをたどって潜伏行を続けた。そして最後に久留米に身を落ち着ける。

この頃、当時の日出県（のち大分県に統合）は、明治新政府に抵抗する「国事犯」の一拠点だった。「国事犯」とは、不法な利益を求める犯罪ではなく、政治的秩序そのものを転覆しようとする政治犯罪のことだが、特にこの明治初年にあっては、樹立されて間もない新政府の倒壊を狙っていた点でいっそうわかりやすい意図を持ったものであった。政府に対する不満はいろいろであったが、共通していたのは、明治政府が当初の理想から大きくかけ離れて、天皇を隠れ蓑《みの》にした専制的な藩閥政治に堕してしまったことを痛烈に弾劾し、もう一度維新をやり直そうという情熱であった。

不平不満分子は全国に散らばっていた。北から数えれば、米沢の雲井龍雄、秋田の初岡敬次、京都の外山光輔・愛宕通旭《おたぎみちてる》、熊本から鶴崎に移った河上彦斎（高田源兵衛）、久留米の小河真文、水野正名《まさな》などであった。

明治新政府の首脳部が一番恐れていたのは、これらの人士が統一された全国勢力になるように連絡ができることであった。その意味で日田県は要警戒地域であり、脱退事件以後の山口藩（旧長州藩）の志士（政府側から見れば賊徒）の出没が目立ち、また地理的にも久留米藩と隣接しているところから、特別、政府当局の監視の目が光っていた。中央では木戸孝允・

大久保利通が指揮を取っていた。日田には巡察使として四条隆謌《たかうた》が派遣された。

明治四年（一八七一）三月十日、巡察使は久留米藩知事有馬頼咸《よりしげ》に謹慎を命じ、同十二日、久留米藩大参事水野正名・権大参事小河真文などを逮捕して日田に護送した。大楽包囲網が狭められてきたのである。

大楽はだんだん居心地が悪くなっていた。久留米藩の同志たちは頭を抱えた。このまま大楽を擁して挙兵し、日田を攻め取り、山口を占拠すべしという強行策も出たが、すぐに立ち消えになった。そんなことをすれば、巡察使の兵は得たり賢しと久留米制圧に乗り出すであろう。要するに、大楽源太郎の処置に困り果てたのであった。

鳩首《きゆうしゆ》協議の末、「久留米藩の存続のためだ。大楽氏には死んでいただこう」という結論になった。「窮鳥《きゆうちよう》懐《ふところ》に入《い》れば、猟師もこれを殺さずというではないか。せっかくわが藩でかくまっていたものを殺してしまうのはむごすぎる」「いや、そんなことはない。大楽先生は久留米藩など眼中にない。俗論にまみれた藩など潰れても、大義を決行すべしと息巻いておられる」といった議論が交わされたが、けっきょく、大の虫を生かすには小の虫を殺さにゃならぬという論理が大勢を占めた。

三月十六日の夜、筑後川の河原に誘い出された大楽は、何かを察知したのかしきりに道を逸れたがった。どうにかなだめすかして水辺に連れ出し、やにわに数人が刀を抜いて斬り付けた。

大楽は抵抗らしい抵抗をしなかった。ただ、相手の顔をじっと見据えたまま、「おれは斬られるのか」とぽつりと言ったきりだった。水面に倒れた大楽を誰かがまた斬った。下手人たちは水中から大楽の死骸を引き上げ、首を打ち落として暗然とうなだれた。

以上が、大楽源太郎のたどった末路である。それにひきかえ、長谷川鉄之進の方はどうであったのだろうか。

明治二年、鉄之進はひたすら待っていた。風の便りで大村を殺《や》るという噂を耳にした時など、今度はこの自分に水が向けられるかもしれないと身体がぞくぞくして、今日にも誘いが来るのを心待ちにしていたのだった。

が、何の連絡も来ずに日が経った。

「わしは少し年を取り過ぎたか」

と、そろそろ四十七歳になる鉄之進は考えた。

だが、そう考えるのも実は心の中に兆しているほんとうに恐ろしい自問から目を逸らすための必死の自己欺瞞《ぎまん》なのかもしれなかった。「もしかしたらわしは自分で思っていたほど、オオモノではなかったのかもしれないな」。

ついに暗殺は決行された。やはり鉄之進はぬきだった。

いちばんショックだったのは、酒を酌み交わして肝胆相照らす仲だったたつもりの同志たちが、酒乱ゆえに自分を信用せず、大村暗殺の企てに誘ってくれなかったことだった。鉄之進は、いつも大村討つべしの持論を口角泡を飛ばさんばかりに吹聴していたこととて、計画が日程に上ったら、必ずや自分にも参加を求めて来るはずだと思い込んでいたのに、自分が登場しなくても、この場面の幕は上がったのだった。

それどころか、九月十日頃、鉄之進の耳に飛び込んだのは、にっくき大村が誰あろう五十嵐伊織らの一味に襲われたが、負傷するに止まったという寝耳に水のニュースだった。鉄之進は歯ぎしりして口惜しがった。おのれ！　残念だ。この自分さえ加えておけば、こんな手ぬかりはなかったものを！

しかし程なく、大村の死亡が伝えられた。また間もなく、十二月二十九日に生き残った刺客団全員が処刑された。その知らせを聞いた鉄之進は荒れた。長刀を抜き放って荒れ狂った。憤懣《ふんまん》の捌け口は例によって下僕の善助に向けられた。


「御主人様、御主人様。どうぞお気をお鎮めくださいませ」

「善助、わしは口惜しいのだ」

「ごもっとも、ごもっとも。充分わかっております」

「いや、わからぬ。わしのこの口惜しさがわかってたまるか」

「あ、危ない。御主人様、まずそのお刀をお収め下さいませ」

「な、何をする。武士の魂にそちは手を掛けるか」

「はい、はい、はいはいはい。……これでよし、と。……御主人様、さぞお口惜しうございましょう。御存分に私めをご打擲なさいませ。どうぞお腹の癒えるまで、私めにあたって下さいませ」

後はもうお定まりのコースで、鉄之進の折檻は壊れたレコード盤のように同じ節回しを繰り返し、最後には主従が相擁《あいよう》してよよと泣くのであった。

それも長くは続かなかった。記録の語るところでは、明治三年（一八七〇）十二月、第三遊撃隊（越後草莽隊、九月に解隊）の動向調査の中にこの男は「粟生津村長谷川鉄之進」という名前で確認できる。第三遊撃隊はいったん越後府兵として兵部省の管轄に入り、東京に出駐を命じられたりしたが、明治四年八月、散髪脱刀令が出された。時の兵部大輔前原一誠《まえばらいっせい》に「脱刀がいやなら、いっそ蝦夷地の屯田兵になったらどうか」といわれたが、一同はそれを欲せず、思い切りよく解隊したそうだ（『防長回天史』）。

鉄之進は明治四年になると、めっきり弱り、その年の十一月三日に京都で影のようになって病死した。善助は位牌を奉じて粟生津村に帰り、それから一生墓守となって過ごしたという。

思案橋事件

一

川面は暗かった。空が晴れていれば夜も明るかったろうが、あいにくの曇り空で水には月光の反射がなく、黒い川波が立っているだけだが、しだいに濃くなりまさる潮の匂いで海の近いことがわかった。

ここ東堀留川《ひがしほりどめがわ》が日本橋川に注ぎ込む落ち口にあったのが、この小物語の舞台になる思案橋だ。欄干から南を見ると、日本橋川の広い水面が開ける。川水は下流で霊岸島《れいがんじま》をめぐり、永代橋の畔《たもと》で隅田川の河口に合流し、そこから一気に江戸前の海に達する。

これが昼間だったら東には房総の遠山影《とおやまかげ》が浮かび、西は和船はもとより、近頃では洋式帆前船やら蒸気船やらもまじった航路が輻湊《ふくそう》する東京湾の交通路が浦賀の方向につながっていた。対岸の鎧の渡しもそろそろ灯《ひ》を落とした。が、夜でもゆっくり川をさかのぼってくる満潮の気配に、闇が包みこんでいる海の広がりを感じさせた。

時は明治九年（一八七六）十月二十九日。旧暦では九月十三日にあたる。ふだんなら、十三夜の月があたりを照らしているはずだが、この夜ばかりは、空模様が怪しく、いつ降るとも知れぬ闇夜だった。

思案橋は、小網町《こあみちょう》の一丁目と二丁目とを結んでいる。小網町は家康入国の頃から栄えた河岸地であり、船積《ふなづみ》問屋が多く、また下総行徳《ぎょうとく》方面への旅客・小荷物を扱う回送問屋や船宿も繁盛した。明治維新後も、これらの回送問屋・船宿はｘｘ通運会社と看板を掛け替えて営業を続けていたのである。

　この景色は、現代ではすっかり埋め立てられて失《な》くなっている。東堀留川が消失したのは昭和三年（一九二八）の埋立て工事によるが、じつは思案橋そのものも、その昔日本橋人形町にあった吉原遊郭が明暦の大火（一六五七）の後、現在の地（浅草日本堤）に移転してからは、地名の由来であった「思案」の実体も失くなっていた。地誌『江戸砂子《すなご》』には、「むかし此辺《このへん》に吉原有《あり》し時、吉原へやゆかん、さかい町へやゆかんと、此橋にて思案しけると云俗説」が、地名の起源であるといっている。

　だから、思案橋は江戸時代でも実に長い間、なぜここで思案するのかわからないただの地名であった。明治九年（一八七六）十月二十九日のある事件が、この橋の名前を一時有名にするまでは。そしてその後関東大震災以後は、橋の名も「小網橋」という平凡な呼称に改められた。

　このあたりは船宿の障子戸がいくつも軒を連ね、かすかな燈火の明かりがまだ起きている人々の気配を感じさせた。後は川岸の町にありふれた、倉庫の棟々が夜闇にうっそりと沈んでいた。橋の畔の石垣の護岸から短い桟橋が暗い水面に伸び、川波がぽちゃぽちゃ音を立てていた。

　午後八時頃であった。

東堀留川にもやってある「金七船《かねしちぶね》」と呼ばれる和船に乗り込んだ書生風とも壮士風とも見える十四、五人の男たちが胴《どう》の間《ま》（船の中央部にある船室）に陣取って、さきほどから不穏な様子をしている。「早く船を出せ」と騒いでいるのだった。船宿の主《あるじ》で、今は小網町通運会社の社長になっている木村又七が出船を遅らせているらしかった。

実はその日の午前中、その男たちの一人――一味の井口《いのくち》慎二郎と後でわかる――が、船宿を訪ね、木村又七に今晩、千葉の登戸《のぶと》まで船を出してもらいたいと予約していたのだった。登戸は現在でこそ千葉市内の地名になっているが、当時はまだ、江戸と下総地方を結ぶ発達した水運の一方の極であった。この区域の交通は明治末年に鉄道が主役の座を奪うまでは水運に担われていたのである。明治九年にはなおさらであった。

井口らの一行はいったいなぜ大挙して船を雇い、千葉に乗り込もうとしたのであろうか。千葉で一騒動起そうというのである。一行の大半は旧会津藩士であり、一同は、会津落城以来、明治政府を猛烈に弾劾してやまず、抵抗を続ける旧会津士族（世禄二百五十石）永岡《ながおか》久茂《ひさしげ》に命を預けていた。

永岡は降伏後一時政府に収監されたが、後に釈《ゆる》されて会津藩が転封された下北斗南《となみ》藩の少参事となり、廃藩置県後は青森県大属《だいさかん》、田名部《たなぶ》支庁長を命じられたが、すぐに職を辞し、東京で反政府的な評論新聞社を設立。明治政府を非難して西郷隆盛らを支持する意見を出し続け、多くは発禁処分とされていた。

明治八年頃、長州に在野していた前原一誠と共鳴。いろいろ連絡を取り合っていたが、明治九年の十月二十一日、前原から「ワタネアゲ二五ヒカイテン」という電報が届いた。荻で挙兵するという暗号である。熊本神風連の乱（「天の浮橋」参照）のニュースは新聞にも報知された。そこで永岡は、前原と東西呼応して起《た》つことに決した。挙兵するといっても、さしあたり手駒はない。あるとすれば、会津出身者が最近千葉県の警察署に採用されていたのを頼みにするほかはない。十数名が警部・巡査になっているから、ことによったら、その内応が当てにできるかもしれない。

永岡たちの計画では、同志を糾合してともかくも千葉に赴き、県庁を急襲し、県令や参事を刺し殺し、官舎を奪って、それから佐倉兵営の兵士を説得して挙兵する企てだった。
「ここで大体手はずを整え、宇都宮の兵営にも手を回し、人数を揃えて会津の旧城にたてこもれば、われらの目的は遂げられよう。二十九日に決行だ！」

第三者の目から見れば、この計画はいくつもの仮定を積み重ね、よほどの僥倖《ぎようこう》が味方しなければ実現しっこない机上の作戦である。どう贔屓目《ひいきめ》に見ても、成功する見込みの薄い空想にすぎない。だが、この時代の失敗に終わった士族反乱がことごとく示しているように、主謀者たちの読みの甘さ、過剰な楽天主義、続いて起つはずの後発の同志に対する盲目的な信頼の情などの特質は、かえってこの人々の美徳とさえ見えてくる。

さて、このようなごく大雑把な計画にもとづいて、十月二十九日の夜、永岡は、東京京橋新富町の芝居茶屋川島屋に、井口慎二郎（岩手県士族）・中原成業《しげなり》（青森県士族）・一柳《ひとつやなぎ》訪《たづぬ》（東京府士族）・木村信二（福島県士族）・松本正直（島根県士族）・能見《のみ》鉄治（東京府平民）・満木《まき》清繁（鹿児島県士族）・高久《たかひさ》慎一（静岡県士族）・中根米七《よねしち》（会津藩士族）らの同志を集めて決行の用意を固め、打ち揃って思案橋の乗船場に赴いた。初めに記した一同不穏の様子はこの場面だったのである。その仲間には旧会津藩士以外の人名がだいぶ見えている。当時の士族反乱に加わった層の厚さを示しているといえるし、平地に乱を起そうとしている人士が多かったことも物語る。社会はまだ明治維新から十年も経っていない流動的な情勢にあったのである。永岡らの計画もそれほど無謀だったわけではない。

こういう種類の集まりでは、料亭や茶屋の宴席が好まれ、酒杯の献酬《けんしゅう》が行われるのが常であった。五艘の船に乗り込んだ連中が微醺《びくん》を帯びていることが、まず木村又七はじめ早くから船を準備して待機していた船頭たちの気色を害した。

「船頭。早く船を出さんか」

「遅いじゃないか」

「もう時間だぞ。人数は全部揃っている」

客は口々に騒いでいる。篷《とま》の陰に置かれている「陣中見舞い」の樽酒も効き目をあらわしているらしかった。それに、朝のうち定めた約束の刻限は午後六時だった。それを勝手に二時間も待たせて置いて、「遅いじゃないか」もないもんだ。が、そこは商売だから、又七も

じっと我慢して、

「へいへい、只今、只今。ですが、規則でございますので、その前に、お客様方の御姓名を頂戴致したいと存じますが……」

「姓名など名乗る必要はない！」

「さようでございましょう。ではございますが、なにぶん、最近はその筋がやかましうございまして」

嘘ではない。殊に一昨年、明治七年（一八七四）の一月十四日、赤坂喰違見附《くいちがいみつけ》で、右大臣岩倉具視の暗殺未遂事件が起きてからというもの、官憲の不平士族取締りはとみに厳重になっていた。旅行業者や旅館業者などは宿泊者・交通手段利用者の名簿を逐一官憲に提出しなければならない。船宿ももちろんその例外ではありえなかった。

「わかった。でも、一人一人に書かせるのは面倒だ。拙者がまとめて全部の名前を書いておこう。な、それでよいな」

一行の頭目らしい男がそういって、又七から矢立《やたて》を受け取った。事を荒立てたくないための配慮だった。それを押し返して御めいめいにお願いしたい、とは言いにくかったし、男の態度にもひどく依怙地《いこじ》なところがあった。押し問答をして、時間を空費するのをいやがっているように見えた。帳面に書き込むのもどうせ偽名に決まっている。面倒なことになりそうだ。

何かイヤな予感のした又七は、ちらりと手下の船頭の一人に目配せする。心得たもので、目配せされた男は足早に管轄の警察署に走る。その頃の日本橋警察署は両国広小路《ひろこうじ》にあった。

しばらくすると、足音も荒くその場へ駆け付けて来たのは、同署所属の警視庁警部補、寺本義久と配下の三人の巡査であった。

粗末な木綿の着流し、袴を着けた者もいないのもまじるといった地味な服装の一行に比べると、警察官たちの洋装はいかにも立派だった。警部補の寺本は、フロックコート式の詰襟の紺羅紗《ラシャ》の制服。ズボンの縫い目には金線が付いている。腰に金属製の鞘に収めたサーベルを吊しているのが威圧的に目立つ。巡査たちの制服は黒羅紗だ。巡査の等級に応じて、製帽と袖章《そでしょう》の銀線の数で区別する。

いきなり、寺本がずかずかと小船に乗り込もうとするのを永岡は遮った。

「待ち給え。貴公たちはポリスではないか。ポリスだったら職掌をよく心得てもらいたい。われらは決して怪しい者ではない。ただ用事で登戸へ行こうとしているだけだ。貴公らに訊《じん》問《もん》されるいわれはない」

ポリスというのは公式の呼称ではない。明治七年一月、東京警視庁が開設され、従来の巡査・邏卒《らそつ》・番人の区別を廃して「巡査」に一本化した。しかし呼びかける場合は、相手がどんな階級でも漠然と通用するポリスが使われたのである。寺本義久は、弘化四年（一八四七）伊勢の桑名に生まれ、明治元年の頃、津藩に仕官し、同四年（一八七一）から東京に出て、東京府の取締組となり邏卒、同七年（一八七四）警視庁の設置により、二等・一等巡査を経て警部補になったという経歴を持つ。当時のいわゆる大久保政権は、頻発する士族反乱に備えて内務省を強化し、特に薩摩の川路利良《かわじとしよし》を大警視（警視総監）に抜擢してからは、警察権力の増強に力を注いだ。とりわけ、赤坂喰違見附の変の後、警視庁巡査を一挙に六千人に増やすなどの手当にも怠りなく、没落する旧士族にとって警察畑はなかなか将来性のある就職口だったのである。

寺本警部補はそんな背景を持って、張り切って今夜の職務に服していたのである。ちなみに、同行していた三人は、二等巡査川合好直《よしなお》・四等巡査木村清三《せいぞう》・同黒野己之助《みのすけ》。一等巡査にならなければサーベルは持てないので、それぞれ棍棒（一メートル弱の丸い樫棒）を手にしている。袖の銀線も二本と一本だった。

現場の指揮を取る寺本は職務に忠実であった。

「そうであろう。そうではあろうが、形だけでも調べなくてはわれらも職責が果たせない。誰か代表者はおらぬか。その人だけでも、本署まで御同行願いたい」

普通なら、これで文句はないはずだった。たとえ渋々でも、さっきの頭立った男がこの役目を引き受けて、なるほど手間はかかるが、後はすんなり運ぶはずだった。

ところが、反応がおかしかった。寺本の言葉は不機嫌な沈黙で迎えられ、相手方は三、四人が船から桟橋へ上がって来た。一行は船に積み込んだ荷物を見せたくないらしかった。さりげない菰《こも》包みの中には刀や鉄砲・弾薬などが隠してある。その気配に寺本も巡査たちも思わず身構える。

緊張をほぐすつもりか、今まで黙っていた川合巡査が側から口を開いた。

「刀は持っておるまいな。廃刀令は知っているだろう？　持っているのなら、素直に差し出しなさい」

廃刀令と呼びならわされている帯刀禁止令が太政官布告第三十八号として告示されたのは、明治九年（一八七六）三月二十八日のこと、まだわずか半年ほど前のことだった。「今から、大礼服着用ならびに軍人や警察官などが制服を着用する場合を除いて、帯刀を禁止する。違犯した者は、その刀を取り上げる」といとも事務的な口調の一片の法令で、何百年も武士の特権であり、身分の象徴だった刀剣の携帯が、今後はまかりならぬとあっさり通告されたのだ。

相手の一団がこの一言でムラムラっと来たらしいことは様子でわかった。だが、帰ってきた返事はいかにも屈託なげな調子のものだった。

「持っとらん、持っとらん。持っとるのは西洋蝙蝠《こうもり》だけだ。今日は降りそうだからな」

「仕込み杖ではあるまいな」

「そんなものはない」

仕込み杖というのは、杖に見せかけた木材の中に日本刀を仕込んだ武器である。外見は刀剣に見えなければ見えないわけだから、さまざまな物が考案された。握りの太い蝙蝠傘などはしばしば偽装に用いられた。殊に廃刀令の施行以後は旧士族や剣術者、壮士らの間で盛んに流行した。

蝙蝠傘は文明開化がもたらした舶来事物の一つだった。明治六年（一八七三）には、なんと四十万一千円分が輸入されたという数字が残っている。明治初年の一円を現在の二万円に換算すれば、ざっと八十億二千万円になる勘定だ。いくら何でもちょっと誇大な数字に聞こえるが、ともかく夥《おびただ》しい蝙蝠傘が輸入品で出回ったことを物語ろう。

同年四月頃、絵入り新聞に載った『撃剣図』には、蝙蝠傘が西洋方に回って試合をする図があるという。それがなぜ仕込み杖になるのかといえば、蝙蝠傘は国産の唐傘と違って、大文字のL字型に彎曲《わんきょく》した木製の柄の部分が、刀剣の刃を仕込むのに持ってこいだったからであろう。

思案橋の一団の中に、今持ってないと否認した男の他に、一人や二人、刀剣を呑んでいる者がいたとしても別に不思議はなかった。

「すまん、すまん。持ってるのを忘れておった。失敬するぞ」

こう言いざま、川合巡査の鼻先に抜き身を突き付けた者がいる。川合巡査もたじろがなかった。もう双方とも、この場の仕儀は血を見ないでは済まないと度胸を据えている感じだった。

「それ、やってしまえ！」

のぶとい指示が飛んだ。永岡の声だった。井口がやにわに川合巡査が掲げていた提灯を切り落とした。間近な光源が突然失くなったので、あたりは不意に闇になった。最寄りの船宿の障子から洩れるぼんやりした薄明かりだけだ。

「抵抗するか。逮捕する！」

寺本が疳《かん》高く一声叫び、後はつとめて声を抑えた暗闘になった。壮士らはできれば騒ぎがあたりに響いて大事にならないうちに四人を始末してしまいたい。一斉に仕込み杖を抜き放って、めいめいの思い定めた相手に襲いかかる。寺本も腰に吊していたサーベルで応戦する。当たりにくぐもった声の怒号と金属のぶつかり、こすれる音が響きわたった。

この時代の巡査はいちおう剣の修行はしているものの、武器の鋭利さが違った。サーベルでは到底、偽装していても本来殺傷用の仕込み杖には対抗できない。

提灯を切り落とした井口は、その勢いで川合巡査に斬り付け、胸に致命傷を負わせた。川合巡査は桟橋に昏倒《こんとう》した。何人かで斬り合っているうち、永岡と寺本警部補はいつのまにか組打ちになり、桟橋から川水の中へ転がり落ちて、激しく水しぶきを上げている。

永岡先生は大丈夫か？　闇を透かして水中をうかがうと、四つに組んで上になったり下になったりして格闘している二人はめぐるましく動き、容易に助太刀を下すタイミングをつかませなかった。やっと紺羅紗の警部補の官服が水を吸って黒々と目の前に浮き上がり、井口は得たりとその背中を目がけて刀を切り下ろした。やった！　手応えは充分にあった。しかし、そのとき力余って永岡の腰にも深く斬り込んでいることに気が付かなかった。

三人の巡査のうち、木村四等巡査と黒野四等巡査は、桟橋には降りず、少し離れた所から監視していたようだ。木村巡査には一柳訪が立ち向かい、黒野巡査には木村信二が襲いかかった。

巡査たちは早くも身を翻《ひるがえ》してその場を逃走にかかっていた。というより、署へ急報して応援を求めようと必死だった。一柳は木村巡査に重傷を与えたが、その前の寺本との乱戦の際、両眼に血が入って歩行不能となり、夜闇のなかの追跡を諦めた。黒野巡査に追いすがった木村信二は、背後から二太刀浴びせたが、どちらも官服と皮膚を切り裂くぐらいしかできなかった。

黒野巡査は、その場を逃れると、一計を案じて近くの火の見櫓《やぐら》を探し、そこに常備してある半鐘《はんしょう》に目を付けた。危急を告げようとしたのである。

思案橋の一党は、これで万事休すと覚悟を決めた。残りの同志たちはみな小船を出て、桟橋に上がる。副将格の中原成業がすらりと太刀を抜き放ち、「今夜の登戸行きは中止。一同、解散！」と、簡潔な指示を発した。一同はすばやく夜に散って行く。この時、足元の暗がりが動いて、何者かが中原に斬り付けた。寺本警部補だった。まだ生きていて、どうにか水から這い上がってきたのだ。職務意識に燃えていて、死んでも警察官の本分をまっとうしようとしたのだ。

永岡の負傷も決して軽くはなかった。それが自分の過失と知った井口は、激しい後悔と罪《ざい》障《しょう》感にとらわれてオイオイと号泣し始めた。永岡はとても歩行がおぼつかなかったので、桟橋にもやったままの船に収容し、中原が自分で棹《さお》を握って、船を日本橋川の中流へ押し出した。櫓棹を自在に操る船頭がいないので、ただ川の流れにまかせて流されて行く他にはどうしようもなかった。水も漏らさぬ包囲網が敷かれるのは時間の問題だった。

「斬り死にしよう」

最後に一花咲かせるのが好きな一柳がいった。

「いや、いさぎよく切腹しよう」

中原がいった。いずれも、どうしたら自分に一番ぴったりの死に場所が得られるかを真剣に考えていたのである。井口はただ泣いていた。

「早まるな」と、永岡が苦痛をこらえ、抑えた口調でいった。「死ぬことならいつでもできる。生きることの方が難しい。その難しいことに何度も耐えてきたわれらではないか。今度も縄目《なわめ》の恥に耐えて、耐え抜いて、そうしてこそわれらの本意はとげられる」

こういいながら、永岡は会津落城後、何度となく縄目の恥に耐え、極寒の下北で飢えをしのいで生き抜き、それでも頑強に生き延びて自分の半生に培ってきたしぶとい楽天主義をじっと思い起こしていた。

二

そうしている間にも、思案橋近辺では新しい動きが始まっていた。幌《ほろ》も派手々々しい大きな人力車が十数台連なって、ガラガラガラと轍《わだち》の音を轟《とどろ》かせ、キシキシキシと軋みの響きも凄まじく、土埃を巻き起こしながら到着したのである。よく見ると客を乗せているのは先頭の一台だけで、残りはそれに随従する空っぽな伴車《ともぐるま》の群れだった。

この時分の人力車は現在のものとはだいぶ違っていて、作りは大柄で、幌もキンキラキンの極彩色に塗装したのが主であった。黒・黄・朱・青・漆《うるし》・錫粉《すずこ》・梨子地《なしじ》など各種の色に塗り、その上へ山水《さんすい》・名所・人物・武者・役者・遊女・鳥獣・虫魚・草木・器財・唐草、色々の模様を描き、持ち主の住所・姓名を蒔絵《まきえ》で明記したものもあった。

今、車列の先陣を切ってここに駆けつけた俥《くるま》は、車輪の直径がほぼ六尺、車体より高そうな大輪車である上に、ひときわ大作りの幌には、目一杯けばけばしく、水滸伝は花和尚《かおしょう》魯智深《ろちしん》の虎退治の図を描いた絵柄が付いていた。梶棒《かじぼう》を握っているのは屈強な壮漢で、饅頭笠に半纏《はんてん》・筒袖・股引・腹掛け・はだし足袋とまずは尋常な車夫と見えたが、精悍《せいかん》に日焼けした顔であたりを睥睨《へいげい》する眼力には威があり、気のせいか、当代の車夫の常の風俗として毛布を巻き付けた腰付き一つを見ても、世が世なら二本を差していたといって狂いはなさそうだった。

この車夫がうしろの腰掛けに乗せているのは、御高祖頭巾《おこそずきん》に髪を隠し、紫っぽい道行襟のコートで身を包んでいて素性は不明だったが、車夫の恭《うやうや》しい態度から、由緒のある女と知れた。そういえば女を乗せた俥をぐるりと取り囲んで、まるで外敵から防護するかのように控えているたくさんの俥、大勢の車夫たちもみなこの女と偉丈夫《いじょうふ》の車夫に心服するかのごとく、こまかに気を配っている様子だった。

この女、いや、女性は、永岡久茂の妾だった柳橋《やなぎばし》の侠妓《きょうぎ》せんである。永岡は長らく江湖《こうこ》に放浪して生計の途には疎かった。が、藩閥政府打倒に粉骨砕身する永岡に惚れ抜いて金銭の援助には身を厭わなかったのである。一説によれば、せんの実父は明治の幕府瓦解のおかげで生活のたつきを失ったさる高身旗本だったという。にっくき薩摩ばらに一矢を報いるためとあらば、内助の功もまた一段と甲斐甲斐しかったことであろう。

この日、せんが座敷で小耳に挟んだのは、全国の前原党の内偵がだいぶ進んでいて、永岡の周囲にもかなり手が回っているという裏側の情報だった。聞けば恋しい永岡先生は、今日、千葉の方に所用があって出発するという。定刻を過ぎても、何か故障が入ったとかでまだ発たない。取り越し苦労は気の物というけれども、せんの胸騒ぎはどうしても収まらなかった。

そこで、以前には、父親と同じ勤番仲間だったが、御瓦解このかた明治政府に帰参するのが厭《いや》だと車夫にまで零落した元旗本の藤吉——武士と一緒に苗字も捨てた——に相談を持ちかけたところ、「そりゃ御新造、御心配でがしょうなあ。ともかくも思案橋まで行ってみやんしょう。あっし共もできることはやりやすよ」という返事だった。護衛についてきた一隊は、みな旧幕時代の旗本・御家人仲間だったのである。

藤吉はさっそく仲間をあたりの聞き込みに走らせた。みんな暗い顔をして戻ってきた。

「御新造、ちょっと遅かったようですぜ」

もう斬り合いは済んだようだった。あたりには壮士の影も警察官の姿もない。まさか櫓のない船に乗り込んで、日本橋川を漂流していようとは、藤吉もせんも思い寄らない。

怪我をした巡査が一人、現場付近をうろついている。——こんな一見何の足しにもならないような目撃情報が藤吉のもとに寄せられた。

よく観察してみると、巡査は傷を負った肩口からポタポタ血を垂らしながら、思案橋から一丁(約百九メートル)ばかり離れた所をうろうろ歩いている。何かを探しているみたいだ。

「あ、わかった」

藤吉が突然声を上げた。

「読めた!」と、これは車上のせん。

この二人は瞬時に黒野巡査がしようとしていることを理解したのである。

黒野が向かおうとしているのは、小網町一丁目の番屋に設けられていた火の見櫓だった。

始まりは享保年間と伝えられる。最初のうちは火事を発見すると板木《ばんぎ》を叩いたが、音が小さいというので、享保十八年（一七三三）に銅鑼《どら》に変えられた。ところが銅鑼の音はあまり火事らしくないと苦情が出て、翌十九年から半鐘に定着したという。

決まりは厳重で、自分勝手に半鐘を鳴らすことはできなかった。定火消《じょうびけし》——旗本・御家人を主任として火消人夫を組織し、江戸市中の火災・非常事態に際して消火や治安に当たる職掌——の太鼓が打ち鳴らされない限り、他の櫓が先に火の手を見つけても半鐘を叩くことは許されていなかった。

それほど権威のある定火消の櫓太鼓のことである。いったん鳴り出すと、その響きはまるで雷が落ちたように遠く数百メートルの範囲に響き渡り、櫓の近くの家々は地揺れがするほどだったそうである。二人の見張番が交替で当番をしていて、火事を発見すると、一人が鳴《な》る子《こ》の付いている紐を引っ張り、火消人足が寝ているがえん部屋へ知らせる。「がえん」とは「臥煙」という漢字を充てることもあるが、鳶《とび》の者のこと。たいがいは気の荒い暴れ者で、しばしば乱暴者の代名詞であった。

それと同時にもう一人が、櫓太鼓を打ち鳴らし、「火事はどこそこだアー」と大声で怒鳴る。方角の見きわめがじつに大切で、名人芸もたくさん話になっているが、反対に、もしもしくじったら一巻の終わりだ。何人もが見誤って見張り番を辞職している。

近火は三連打ち、遠火は二連打ち、火元が近い時は、カンカンカンカンと息も叶かず連打する。半鐘は出火してから鎮火するまで連続して鳴らし続けた。町民たちは半鐘が鳴りやむまで、息を殺して、生きた心地もなかった。

この明治九年、日本の消防はいわゆる警察消防時代を迎えていた。明治維新と江戸幕府の解体で、定火消を中心とする消防組織は大きく変改された。管轄官庁も変わり、兵部省、司法省の管理下に置かれたが、明治四年（一八七一）から東京府に属することになった。技術面では外国から蒸気ポンプが輸入され、配備され、そのうちに国産化も進んで、近代的な消防戦術が普及していった。明治七年（一八七四）に内務省の一機関として警視庁が出来、消防事務も取り扱ったから、警察消防時代は本格的に実現されることになった。

今、黒野巡査が自分たちの事件のために消防機関を活用しようとしたのも、まんざら根拠のないことではなかったのである。いや、自分にあてがわれた使命感で頭がいっぱいだったこの巡査が果たしてそこまで考えめぐらす余裕があったかどうかは疑問の余地なしとしない。ともかく黒野巡査は、たった今の乱闘から身をもって逃れてきたのであり、これでもう安全距離だと安心する一方、相当の使い手と思われる相手の鋭い切っ先がまた背後の闇から伸びて肩口をばっさりやられるのではないかと気が気でないのであった。しかも、頭の片隅ではどうしたら少しでも早く、本署にいきさつを知らせ、応援を呼べるかと思いめぐらしていた。

ふと足が止まった。「しめた！　これでゆける！」。思っていた通り、小網町一丁目の火の見櫓が目に飛び込んできたのである。

高さは三丈（約九メートル）と御規定通り。町方のだから櫓を支える脚は、木製の黒塗りだった。脇に櫓に登攀《とうはん》するための木梯子が備わっている。

黒野巡査はその木梯子につかつかと歩み寄っていった。

うしろでは人力車の上の女が身を揉んで、

「ア、それを登らせてなるものか。藤吉どん、サ、サ、サ、あの男を止めて下され」

藤吉は梶棒を地面に下ろしてしばし思案。

その間にも後方には伴車の車列が付き添って居並ぶ。主立った車夫たちが、藤吉に呼び寄せられて、頭目を囲んで鳩首相談。手早く話をまとめて藤吉がせんいに向かって、

「御新造、あっし共は手が出せやせん」

「そりゃまたなぜエ？」

「相手はかりにもポリスだ。おまけに、あの火の見櫓も今は御公儀お預かりのもの。車夫の組合がそれを承知で手出しをしたことが表沙汰になったら、今後の営業《なりわい》にも差し障りやす。御新造の難儀をお見捨てするのは何とも気が引けるが、あっしとしては車夫仲間を引き込むわけにゃアいかないんです」

「それじゃと申して」

「わかりやす。わかりやす。御新造の胸の内、察するに余りありやす。ですが御新造、あっ

し共の苦しい立場も汲み取ってやってください。その代わりに、あっし共にできるお手伝いは何でもさせていただきやす」

「呑み込んだ。多くをいうな」

「それでこそ御新造。鬼の女房に鬼神《きじん》とやら」

「片時《へんし》も早く」

「おお、そうだ」

せんはじれったそうに御高祖頭巾を取り、羽織っていたコートを脱ぎ捨てる。と、そこに現れ出たのは、常ならば気取った島田髷《まげ》なるを、あわただしく束ねた結び髪、藤色の着物ですらりと立った姿だった。帯揚げや裾からちらりと覗く襦袢《じゅばん》の緋《ひ》の色がなまめかしい。

すわやと見る間に足袋跣《たびはだし》足で地面に降り立ったせんは、櫓にきっと目を付け、黒野巡査に先立って梯子に行きつこうと焦り、裾に足を搦《から》めさせてよろめいた。

「あっ、危ねえ」

「しっかり。大事なところだ、お助けしやす」

その言葉も終わらぬに、藤吉は飛鳥のように身を躍らせ、せんの身体を支えると、脇に引き抱えて火の見櫓の梯子段へと奔った。

そこではもう梯子ににじり寄った黒野が登り口に取り付いてうずくまっていた。阿修羅の如き形相で駆け寄った藤吉は、その鼻先にせんを投げ落とす。二つの体がぶつかった拍子に肩口の傷が激しく痛んだと見えて、黒野巡査はしばし昏倒する。せんはすかさず両の足ですっくと立ち、櫓の半鐘にひたと目を据える。

「ヨウヨウ、鐘入り、鐘入り」

「おせんさん、十八番」

「待ってました」

車夫たちが口々に声を掛ける。手を出せないものだから、贔屓筋に声援を送ると見えた。莞爾《にっこり》とそれに目元で応えて、せんは正体のない黒野を側に押しやり、急勾配の梯子に取り付いて登ろうとする。なりふり構わず、着物の乱れも気にせず、まっ白な二の腕もあらわに梯子を登るせんの一心不乱に、さしもの贔屓連も声を失って固唾《かたず》を呑んだ。藤吉はぴたりとせんのしりえに立って、御新造が裾を乱しはしないか、梯子段を踏み外しはしないかと甲斐々々しく世話を焼く。鐘一途に思いを凝らしているせんの顔は、いっそ死に顔のように無表情で神々しく、腰のあたりにへばりついた半纏・股引の車夫姿は黒ずくめで薄暗がりに隠《いん》顕《けん》し、この火の見櫓の場面はちょっと人形《にんぎょう》振《ぶ》りのように見えなくはなかった。

せんがやっとのことで梯子の中段ぐらいまで登った時、下方の登り口で昏倒していた黒野巡査が息を吹き返した。なんと暴徒の一味らしい女が車夫の介添で梯子を登っているではないか。黒野の頭はまた自分に与えられた任務を思い出した。

半鐘だ！　邪魔をする女を始末して早く半鐘を打たねばならない。黒野巡査は、使命感に頭をガンと叩かれたような気がして、身体を反射的にピクンと跳ね上がらせた。見れば、女は自分が気を失っている間に、梯子を半分まで登っている。不覚だった。不覚の極みだった。急いでもう一度梯子段に取り付く。無我夢中で梯子にかぶりつき、「その女、やるな!」とばかり食い下がって数段下を追い登る。

三丈の高さを登るのだから、半ばまで攀《よ》じ登ったせんに追いすがる黒野は、どうしても四〜五尺（約一メートル半）低い所から着物姿の女の下半身を仰ぎ見、乱れた裾の内側を覗き見る恰好になる。見るのは体裁が悪いし、見られる方は恥ずかしい。が、不思議なことに黒野の目には、せんの剥き出しの腓《こむら》は入らなかった。それも道理。藤吉が、自分は梯子には登らないけれども、後ろから精一杯猿臂《えんぴ》を伸ばして、人形浄瑠璃の黒衣《くろご》よろしく、あやうく開きそうな着物の裾を合わせているではないか。

文楽の女形《おやま》人形には足がない。

人形遣いはただ衣裳の裾に隠れた腕の動きだけで、そこに実在しない、なまめかしい色気を見せるのである。急勾配の梯子を急いで登ったので、せんの結び髪はゆるんでほどけ、挿していた櫛《くし》がばらりと落ちる。上の段に差し伸ばされる腕の動作が機械化されてぶらぶら揺れる。いかにも急調子の義太夫三味線が聞こえてくるようで、その姿態からは渾身の悲愴感がにじんでいた。今はもう、梯子の上段にたどりつき、念願の半鐘に手が届こうとしている。

黒野は焦った。いやしくも警視庁巡査たる者、女の後塵《こうじん》を拝してなるものか! だが、梯子の下から追い掛けていたら、どうしたって女に追い付けるわけはない。楼上に登り切って、半鐘を投げ捨てられたらおしまいだ。切羽詰まった黒野は、そろそろと、まだ握りしめていた棍棒に目をやった。やるか？　どうする？　一己《いっこ》の男子たる者が婦女子を棍棒で打《ちょう》擲《ちゃく》したとあっては一生の名折れではないか。しかし、目下は緊急事態である。婦女子が相手とはいえ、棍棒の使用もまたやむを得まい。そうだ。そうしよう。何をぐずぐずしているのだ。

　もうせんには地上の藤吉は手が届かない。黒野は動きを早めて女のすぐ下にまで追いすがると、左手で段木にすがり、右手で不自由な体形のまま棍棒を振り上げ、足元で一斉に湧き上がる非難と抗議の声には耳を貸さず、闇雲に上方へ突き上げた。

　ヒエーッと魂消《たまぎ》る女の悲鳴が上がり、黒野巡査はたしかな手ごたえを感じた。あの棒先の変に柔らかい感触はいったいどこに当たったのだろうか。揉み合いの中、まるで見当はつかなかったが、苦しげな呻きが洩れて、女の身体が不意に動かなくなったのを感じる。黒野は梯子にしがみついている女を容赦なく突き落とすと、一気に櫓の天辺《てっぺん》の望楼《ぼうろう》に躍り出た。

　投げ出されたせんの身体は地面に落下してドスンと鈍い音を立てた。藤吉と車夫たちが懸命に介抱する。まだ電灯が普及していない時代である。ガス燈もこんな河岸通りまでは分布して来ない。だから燈火といったら、光の乏しい常夜燈だけだった。そのわずかな明かりの中で、夜目にも黒々と襦袢に滲み出た血の色が目立った。

黒野は望楼に立ってめざす半鐘を探した。あった！　疲れも忘れて飛び付く。棍棒を腰に戻して、半鐘に備え付けてある撞木《しゆもく》に持ち替えた。あとはただ鳴らすだけだ。

鳴らし方は申し合わせで定まっている。打ち方ジャーンは、遠い遠いはるか向こうの町の出火。ジャーン、〱と回数の増えるごとに出火場所は近くなる。またジャーン。そら、あの鳴らし方では、火元はx町のy通りぐらいだ。ジャン、ジャン、ジャン、〱、〱、〱と打つのはさほど遠くない。もっと近いのは、ジャン、ジャン、ジャン、ジャン、〱、〱、〱、〱と畳みかけて打つ。もっとも間近なのには、ジャ、ジャ、ジャ、ジャ、ジャ、ジャ、ジャと、撞木で半鐘の中を掻き回す。これを「摩《こすり》」といって、その近所の騒がしいことといったら物にたとえようがない。

黒野巡査は申し合わせを知らなかったので、半鐘の叩き方は自己流だった。まずジャーンと最大音量でぶちかまして、隣近所の耳を驚かす。それからは出任せにジャン、ジャン、ジャン、ジャンと鳴らしまくった。腕が疲れて、腕が火のように痛んだが、じっと我慢して叩き続ける。腕が続く限りの拍子もへちまもない乱打だった。

警報の効果は覿面《てきめん》だった。方々の警察署と火消組がこの半鐘を聞いた。規格に合っていないところが、かえって事態の緊急性を告げていた。何が起きたかはわからないが、何かドエライことが起こっているに違いなかった。永岡らを乗せて漂流していた小船は、もうだいぶ思案橋を離れていたが、この半鐘の音はよく聞こえた。万事休す。船上の四人（永岡・中原・

井口・一柳）は思わず首をすくめて、観念の臍《ほぞ》を固めた。

深夜の東京《とうけい》の町々がびっくりして目を見開いた。というより、息を吹き返したように活気づいた。火事と喧嘩は江戸の花。対岸の火事だったら、手弁当ででも見物にゆく江戸人の情感は健在だった。他人の災難は江戸でも東京でも常に庶民の娯楽だ。彰義隊騒ぎこのかた御無沙汰していた、あの悦ばしい「有事」の感触を人々は久しぶりに思い出したのだった。

日本橋、八丁堀、神田、霊岸島界隈から川向こうの（隅田川対岸の）町々は、朝、商売が早いので、夜、床に就くのも早かった。この日、もう寝静まっていた店々が、表や裏の長屋の住人が一斉に飛び起き、「何だ何だ」と路上に繰り出した。

町々の火消組でも鳶の者を集めて、いつでも纏《まとい》を立てられる用意を整えた。半鐘が聞こえる範囲の警察署では、各署いずれも署長が署員一同を整列させ、点呼を取り、訓示を与えた。

深夜の半鐘の響きは、そんなにも東京の町を生き生きとさせたのである。船上の四人には、その有様が手に取るように間近に見えた。船頭のない船は、木造の鎧《よろい》橋（明治五年に架《か》橋）をくぐり、霊岸橋のところで水流のいたずらか、なぜか左側に流れて永久橋（箱崎川にかかっていた橋。第二次大戦後、箱崎川埋立てと共に消失）のあたりでぷかぷかやっていた。つまり船の両側には、日本橋川が隅田川の河口近くで合流するあたりの、水運の中心地を一望する地点に、おそらくはそれと知らずに、漂っていたのであった。

初めはただ黒一色の瓦屋根のシルエットばかりが続く寒々とした夜景だった。それが見る見るあちこちの家内で点すランプや蝋燭《ろうそく》の灯の光であたたかな生色を取り戻していった。

家建物ばかりではなかった。人々が動いていた。町の角々に提灯をかざして出合い、口々に立ち騒ぐ物見高い群衆が屯《たむろ》していた。群衆を制しようと物々しい官服の巡査隊が出て来ていた。火消人足も繰り出していた。大捕物の慣例として獅子頭《ししがしら》まで持ち出されていた。犬の吠え声が、遠く近く聞こえていた。赤ん坊の泣き声も加わった。夜の半鐘がそれだけの騒ぎを引き起こしたのだ。

陸《おか》の上だけではない。上流の方から、提灯とカンテラでにぎやかに飾り立て、巡査隊を満載した川蒸気が一艘、ポンポンと機関音を立てながら、四人の船を追跡してきた。警官を数人ずつ分乗させた押送り舟も何艘かまじっていた。年貢の納め時であった。

警察の船が左右から接舷《せつげん》し、巡査たちがどやどやと乗り込んで来た。船内の四人にはもう抵抗する意志はなかった。永岡は腰の深手《ふかで》に苦しんで船底に横たわっていたし、他の三人は所持していた刀を鞘に収め、おとなしく巡査に差し出す気持ちになっていた。

警察は報復の一念に燃えていた。寺内警部補が水中に引き込まれて膾《なます》にされたという話が警察内部に広まっていた。にっくき下手人の片割れが目の前にいるのだ!

巡査たちは飛び掛かって縄を掛けた。捕縄術は江戸町奉行所同心の間で行われた秘伝口伝が明治初期の警察にも受け継がれた。手錠などはまだなかった時代のことである。頑強そうな、暴れそうな相手は、全部後ろ手に縛り上げ、「四寸縄」「連雀《れんじやく》縄」「真《しん》の胸張り」「行《ぎよう》の胸張り」、ややゆるめの「草《そう》の胸張り」などで高手小手《たかてこて》をいましめ、ぐるぐる巻きにする。首縄も付けられる。横臥《おうが》していた永岡久茂は、重傷を負っているのを考慮されて、前手に縛られただけで済んだ。町々の若い衆も喜び勇んで繰り出していた。立派な獅子頭が勇んで振り立てられた。

永岡は腰の切り傷がもとで、明治十年（一八七七）一月、鍛冶橋《かじばし》監獄で牢死した。三十七歳であった。船内で捕縛された井口慎二郎・中原成業・一柳訪は、別の場所で捕まった青森県士族竹村俊秀と共に明治十年二月七日斬罪に処された。けっきょく思案橋で乗船した同志十四名は一人を除いて（旧会津藩士中根米七だけは逃亡して行方を晦《くら》ましていたが、明治十一年八月に自刃）ことごとく捕縛され、断罪されている。

たとえ判決が懲役刑の者でも、判決文には必ず「其方儀、永岡久茂が陰謀を前原一誠らに通じ、政府を転覆し、朝権を紊乱《びんらん》させんと企て」という文言が冠言葉のように記されていて、政府当局者が何を心配していたかがよくわかる。

思案橋事件と相前後して、十月二十八日、萩で前原一誠の乱が起きたが、すぐに鎮圧されてしまった。「裁判に当たっては政府高官の腐敗ぶりを天下の目にさらそう」という永岡久茂の意気込みは不発で消し止められた。われらは、そんじょそこらの犯罪者とは丈が違う、天下国家を揺るがす国事犯だというミエは、権力者の計算通り、事件は、世間に向けてはただの巡査殺害事件と卑小化して処理されたのであった。

雨の海棠《かいどう》

——革命家になり損なった詩人——

一

詩魂は恩寵のように天から降ってきて人格に宿った。

風景を眺める、歴史書を読む、人と別れる、社会悪に憤《いきどお》る——どんな機会であれ、ひとたび情思が動くと、歌を口ずさむように詩想が湧きおこる。詩形が血流の中に脈打ち、呼吸がリズムになり、唇は自然に韻を踏んでいる。天性の素質という外はない。

幕末の天保十五年（一八四四、十二月に改元して弘化元年）、出羽米沢藩上杉家の下級武士の家に一人の志士が生まれた。名前は小島龍三郎という。後世には晩年の変名、雲井龍雄《くもいたつお》という名の方がよく知られている。この志士は、政治家として完成するには何か余計なものを過剰に持って幕末動乱期に生まれ合わせていた。革命家になりきるにも過不及《かふきゅう》があった。有り余っていたのは詩の才能である。龍雄は漢詩を自由自在に作った。

幕末から明治初年のこの時代、一通りの漢学教育を受けた人間なら、漢詩を作れる書生は少なくなかった。けれども、才能ある詩人となるとそう滅多にいるものではない。龍雄は、ちょうど平成の青年が何でも自己の感情を楽々とロック・ミュージックの楽曲にしたように、思いを次々と詩の翼に載せた。

詩才は二十代から開花した。

文久四年（一八六四）に数え二十一歳の龍雄は、米沢盆地の農村の秋を詠《えい》じて黄に色を変じた落葉が「雨に随《したが》い蕭々《しょうしょう》と落ち、風を追いて点々と颺《あが》る。機中《きちゅう》思婦《しふ》の涙、枕上《ちんじょう》旅人の腸《はらわた》」(「落葉」)とみごとな対句《ついく》をちりばめて周囲の人を驚かせた。

元治二年(一八六五)一月、江戸警備を命じられた龍雄は、勤務の余暇に安井息軒《やすいそっけん》の門に入り、この昌平黌の教授でもあった大儒学者から短期間に多くを学んでいる。龍雄にとって初めての江戸生活から生まれた「日本橋晩景」と題された詩の中にはこんな印象的な語句がある。

初月我を迎え　鐘我を送る
橋上　馬語又車声
(織《ほそ》い新月が私を迎え、鐘の音が私を送る。
橋の上には、馬の嘶《いなな》き　車を曳《ひ》く音)

帰与《かえらんか》の歌底《かてい》　行く行く剣を弾ず
酒有り　魚有り　故人無し
(「帰らんか」の歌のさなか　刀の柄を叩いてあなどりに耐える。
酒はあり、肴もあるが、旧友だけがいない)

「帰らんか」の歌という詩句には『戦国策』に見える孟嘗君《もうしょうくん》の食客馮驩《ひょうかん》が「田舎者」と侮られたという故事を踏まえている。

武士とはいえ、故国出羽の農村社会を後にして江戸という大都会に単身放り出された一青年の孤独と寂寥《せきりょう》がよく歌い出されていると評せよう。

そしてその同じ寂寥感が歴史に向けられた時、詩人は、木曾義仲の討死にをテーマにした史詩を「風声咽《むせ》ぶが如く琵琶を吹く」(「粟津《あわづ》回顧」)と結んだ。粟津は木曾義仲が討たれた場所で、琵琶湖のほとりにある。湖名は楽器の琵琶でもある。湖を渡る風に深い恨みの声を鳴《めい》弦《げん》させる絶妙なメタファーだ。

伝記によれば、龍雄の詩はほぼまったく独学だった。白楽天《はくらくてん》を好んで読んだとあるが、詩作に関しては藩校の先生から添削があった程度だ。息軒の私塾三計塾《さんけいじゆく》は、なるほど幕末儒学の中心地ではあったものの、特に詩名をもって聞こえてはいない。幕末江戸の詩社でいちばん有名なのは梁川星巌《やながわせいがん》の弟子だった大沼沈山《おおぬまちんざん》の下谷吟社《したやぎんしゃ》であるが、宴席で相会うくらいでそれ以上の交流はなかったようである。

雲井龍雄の詩に流派はない。突然、地上に噴き出た泉なのである。龍雄の詩は、先輩の頼《らい》山陽《さんよう》よりもはるかに深く歴史の現在にコミットしている。幕末の志士はいくつも慷慨《こうがい》詩の名作を残しているが、龍雄の詩は慷慨から発して慷慨を超えたポエジーを湛《たた》える。梁川星巌・頼三樹三郎《らいみきさぶろう》(頼山陽の子、勤王の志士)などの慷慨詩は押韻《おういん》した(韻を踏んだ)大言壮語にすぎない。
慷慨詩を制作するには一種のコツがある。また語弊を恐れずにいえば、その要領を身に付けさえすれば、いっぱしの慷慨詩人に成りすますことも不可能ではない。

詞藻《しそう》という言葉がある。詩に使う語彙が豊かだということを意味する。詩嚢《しのう》という言葉もほぼ同義語だ。漢詩の草稿を入れる袋という意味から転じて、詩語をいっぱい用意している人を褒めていう語義もある。慷慨詩人というのは、国家の運命に気を揉むとか、夷狄《いてき》の跳梁《ちょうりょう》に憤慨するとかいう、要するに「悲憤慷慨」するための用語群をたっぷり蓄えている詩人たちのことなのである。

慷慨詩といえば梁川星巌。幕末の人気詩人だった星巌がアヘン戦争のニュースを知って作った七言絶句（一句が七文字、四句で構成する詩）は、洋艦がなお東海を往来しているのに、太平を謳歌している世情をしきりに憤る。「癸卯新正《きぼうしんしょう》（新年の正月）口号《こうごう》」と題する。天保十四年（一八四三）冒頭の作である。「春《しゅん》」「新《しん》」「塵《じん》」が韻を踏んでいる。

満城　賀を争う太平の**春**
梅柳《ばいりゅう》　雲霞《うんか》　共に一**新**
信ぜず　西天の氛《ふん》　祲《しん》 熾《し》することを
妖鯨《ようげい》　海を翻《ひるがえ》し　**塵**を揚げんと欲す

（日本中が太平を謳歌し賀を競っている。
江戸中の梅も柳も、春霞《はるがすみ》に和して生新だ。
誰も、西の方角から妖気が浸蝕してきているのを信じない。
夷狄の艦船が出没して塵《ちり》を舞わせようとしている）

日本近海に来港する外国船を「妖鯨」「怪魚」などと表現するのは、慷慨詩に特有の比喩であり、常套句である。

別に梁川星巌が悪い詩人だというのではない。ただこれらの「慷慨詩人」の場合、悲憤慷慨という特定の世代的共同感情がまずあって、たがいに通じる共通言語を交換し合っているという印象は否定しがたい。

だから、一口に「慷慨」とはいっても、個々の詩人によって「慷慨」する動機も対象もことごとく異なっているのだが、喜怒哀楽するにあたっての感情表現は驚くほど似通っている。天保の太平がアヘン戦争のニュースで揺らぎ、強大な外敵イギリスの脅威が夢にまで忍び入って来るような時代だった。大言壮語は自我を激励し、危機の時代を生き抜いてゆくためには不可欠な措辞であった。多少自己肥大的であっても、必ずしもこれを嫌わない。みんなが臂《ひじ》を張り、肩を怒らせる調子が流行した。

嘉永六年（一八五三）になると、外敵の脅威はついに現実となり、ペリーの黒船が浦賀沖に姿を現した。吉田松陰が反間苦肉の計を思い立ち、翌嘉永七年（一八五四）、アメリカ密航をこころみて失敗。獄舎につながれたことはよく知られている。判決で国許蟄居《くにもとちっきょ》を言い渡された松陰は、護送の途上、こんな詩を作った。

勇往《ゆうおう》して至険を踏み
挫折するも豈《あ》に躯《み》を顧みんや
（勇ましく思い立って、危険な行動に踏み切った。挫折したけれども、身を惜しんだりするものか）

慷慨することは実行することであった。特に松陰の場合、それはつねに烈々たる率先躬行《そっせんきゅうこう》（衆に先んじて自分から行動する）である。みずからまず実行することに慷慨の詩学ともいうべきものが生まれる。慷慨詩の文法ができあがる。

詩人の個我がまずあり、次いで彼に「慷慨」を誘発する外的要因が与えられる。それに対して激発する感情の律動が「慷慨詩」の情念なのだ。

雲井龍雄にあっては、事情はやや異なる。さきほど、龍雄には「慷慨から発して慷慨を超えたポエジー」があるという言い方をしたが、龍雄の「慷慨」は、どこまでも内発的な心情であり、外界はその抒情的な心性によって独特の色調と立体感をもって再現されるのだ。龍雄は、自分の内的な気分《ゲミュート》を外界に投射するのだといってもよい。
たとえば、龍雄の代表作とされる「雨中に海棠《かいどう》を観《み》て感有り」の一篇を参照してみよう。明治の青年に愛唱された絶唱である。

緑は潤《うるお》い紅《くれない》は沈み　悄《しょう》として力無し
恰《あたか》も是《こ》れ　楊妃　啼後《ていご》の色
花容愁《かようれ》うるが如し　何の愁うる所ぞ
我《われ》　花に対して問えば　花は黙々
（海棠の花を見れば、緑はじっとり、紅はしっとり、楊貴妃の涙の後のよう。何が悲しいの？　と尋ねても花は黙ったまま答えない）

この詩句は美しすぎる。することなすこと、人々が「純粋すぎる」といって危ぶむようなところがあった。どこか自衛隊市谷駐屯地で切腹した三島由紀夫のようなところがある。行動家としての雲井龍雄は、その短い生涯を通じてどこまでも政治青年であり、政治家として成熟できなかった。政治は妥協と裏切りの芸術である。龍雄の理想論は音程が常に衆人より一オクターブは高く、信念が強すぎて他人と妥協できず、言動からはいつまでも一種の稚気《ちき》が消えない。

この「雨の海棠」の作を見てもそうだが、詩では、平仄《ひょうそく》と押韻《おういん》を尊ぶ。「節奏《せっそう》（リズム）」も重んじなければならない。

第一に、「平仄」とは何か。漢字音で平韻《ひょういん》に属する語（なだらかな感じ）と仄韻《そくいん》の語（急迫した感じ）とを規則的に配列するのが「平仄」である。明治時代までの文人は、たとえば漱石も鴎外も、たぶん永井荷風ぐらいまでは、みな漢字を見れば、どちらに属するかその分類がわかった。「平仄が合わない」という言い回しもある。物事の筋道が立たない、つじつまが合わないという意味である。

第二に、「押韻」とは、同一あるいは類似の音韻を規則的に決まった箇所で反覆することである。きちんと韻を踏まずに終わる詩というものは考えられない。それは楽曲のコード進行が和音で解決されずに終了するようなものだった。落ち着かないこと夥《おびただ》しい。

龍雄の内耳《ないじ》は、おそらく、漢字の一語一語の語意とはまた違う音の色調、その組み合わせから生まれる多彩な響き等々を微妙に聞き分けていた。口唇から発された音韻の連鎖は、その原音の持つ自然な調べを豊かに増幅しつつ言葉の音楽を奏でるのであった。また正しい「節奏」をもって持続し、終止記号まで途切れてはならない。

そして、龍雄の信念に従えば、発されるべき言葉は、また意味作用の上でも、正しい「平仄」「押韻」「節奏」が施されてされていなければならなかった。ただ表現を装飾すればよいというのではない。雲井龍雄にあってもまた、「言」は「事」なのである。「事」が「言」通りに行われない。現実政治にあっては不可避の妥協とか譲歩とか方便としての嘘とかは、すべて「言」の濁りであり、軋《きし》みであり、不協和音であった。それに我慢ならないのが龍雄における「慷慨」なのであった。

二

龍雄の容姿は、小柄で色白、額が広くて唇は厚く、眉目清秀《びもくせいしゅう》で、ちょっと見ると、「風采《ふうさい》女子に近し」と伝えられる。初対面の印象で侮ってかかった人間は、相手の気魄《きはく》と雄弁と不屈に圧倒されて誰でも一目置くようになったそうだ。龍雄が柔和な表面の陰に秘めていたのは志士の闘魂だけではない。政治的情念と共存するのが不可能なまでに鋭敏な詩的感受性であった。

詩人としての資質はともかく、志士としての雲井龍雄を特徴づけているのは、その天真爛漫なまでの政治オンチぶりである。それには、幕末のめまぐるしく移り変わる政治情勢に振り回されて、右往左往した米沢藩の運命とも深い関係にあった。幕末の米沢藩の軌道は、一口にいえば、奥羽越列藩同盟に加わって官軍と戦ったが敗れて降伏し、東北の一隅にいわば《米沢モンロー主義》というべき自藩優先主義を持して立て籠る、と簡単に要約できる。

米沢藩の不運は、そもそも慶応三年（一八六七）十月、大政奉還をした徳川慶喜が京都に大名会議を召集した時、参集を命じた「有力列藩」二十四藩の一つであったことから始まる。佐幕派気分が濃厚だったのである。戊辰戦争が勃発すると、藩主上杉斉憲《なりのり》は奥羽越列藩同盟に参加し、会津藩主松平容保の宥免《ゆうめん》を要求したが、却下され、慶応四年（一八六八）九月、新政府の軍門に降って、米沢藩は会津藩討伐に出兵した。同年（明治元年）十二月、斉憲は隠居を命じられ、子の茂憲《もちのり》が四万石を減封されて家督を相続した。

この間にあって龍雄は多忙な歳月を過ごした。藩内でめきめき頭角を現した龍雄は、同藩の周旋方宮島誠一郎《みやじませいいちろう》の引き立てで遠山翠《とおやまみどり》などと変名して京都工作に活躍し、慶応四年一月中旬には新政府の制定した官職である貢士《こうし》に挙げられている。ついでながら、『史談会速記録』第百二十輯《しゅう》の千坂高雅《ちさかたかまさ》談話（明治三十五年）では、龍雄に関して「会津だけの処分は見事に降伏謝罪をさせようという目的で、その間に小島龍三郎を貢士に出そうという事で姓名を変じて遠山となって出た。すなわち雲井龍雄の事。これはお転婆《てんば》でありますから種々法螺《ほら》を吹きたもので（下略）」という評価が下されている。米沢藩は佐幕派だった過去をたくみに「降伏謝罪」して生き延びようとしていた。雲井龍雄の融通のきかない原則主義が藩内でどんなに迷惑視されていたかがわかろう。

貢士とは、明治維新に際して、新政府が諸藩から差し出させた代議員のことである。貢士は議政官の下局に列し、上局の命を受けて、諸般の事項を議することになっていた。しかし、その実態は西洋風の衆議院の戯画的矯飾《きょうしょく》にすぎず、薩長藩閥による専制政治があたかも公論を重んじているかのような外見を粧うための仕掛けに外ならなかった。

この現実を見て取った龍雄の反応は素早かった。米沢藩が東北の佐幕派諸藩と明治政府の仲介者になって「会津問題の平和的解決」および「一部雄藩（暗に薩摩藩を指す）の専制排除」に努力しようとする龍雄の理想論は、今や単純明快に「討薩論」に一本化されたのである。

慶応四年は多雨湿潤の年であった。居ても立ってもいられず京都を飛び出した龍雄は、いくつもの河川の氾濫・洪水を押し渡って江戸へ戻る。淀川の岸は水に沈み、石清水山《いわしみず》などは白波の中に浮かんでいる。五月十八日に江戸到着。その江戸も雨空の下で上野山が陥落した彰義隊戦争が終わった直後であった。東北にゆかりのある人々には追及も厳しく、龍雄は上杉邸などに潜伏して難を逃れ、ようやく榎本艦隊の軍艦「長鯨《ちょうげい》」に乗り込んで江戸を脱出した。

この長鯨艦には、上野寛永寺の門跡《もんぜき》法親王だった輪王寺宮《りんのうじのみや》が乗り込んでいた。果然《かぜん》、龍雄の次の仕事は、この宮を守り立てて、折から結成されたばかりの「奥羽越列藩同盟」の盟主に迎える運動だった。が、長鯨艦はその後航路を誤り、しばらく海上を迷走したあげく、五月二十八日に平潟《ひらかた》（現茨城県）に緊急入港。宮一行は会津をめざし、龍雄は米沢に直行した。

米沢でゆっくりする暇もなく、今度は北越に赴く。当時の北越戦線は長岡城の奪回作戦前夜にあり、米沢藩兵約二千も派兵されていた。龍雄は加茂（現新潟県加茂市）の本営に至り、そこで同盟列藩の志気を奮い立たせるべく檄文《げきぶん》（アジ文書）を起草した。

これが世に名高い「討薩の檄」である。

初め、薩賊の幕府と相軋《あいあつ》（たがいにあつれき）するや、しきりに外国と和親開市《かいし》するをもってその罪とし、己れはもっぱら尊王攘夷の説を主張し、ついにこれを仮りて天譴《てんけん》（天のめぐみ）を僥倖《ぎょうこう》す。

（初めのうち、薩摩の連中が幕府とたがいに対立し、きしみ合っていた間は、薩摩は幕府が外国と和親通商するのが罪であるとしきりに言い立て、自分はもっぱら尊王攘夷を主張し、運よくその作戦がうまくいって僥倖で権力を握った）

この一文で始まる檄文は、まず薩摩藩閥を「賊」と総称して敵視し、以下、六ヶ条にわたって罪状を弾劾する。すべての罪状は、「薩賊のなすところは、幼帝（明治天皇、践祚《せんそ》時に満十四歳）を強制的に意に従わせて邪意を押しつけた」ことから発している。だから、今は薩賊を討ち滅ぼして紀綱を建て直すしかない。四方の諸藩よ、こぞってこの義挙に参集せよ！

討薩の一念に燃え上がった龍雄は、その具体的な方策として「薩長離間策」を実行しようとする。長州と結んで薩摩を孤立させようというのである。狙いを付けたのは、当時北越戦線にあって、官軍の指揮を取っていた知友時山直八《ときやまなおはち》であった。龍雄は以前京都周旋時代に時山と交際があり、また、米沢藩の家老千坂高雅が加茂の本営で副総督を務めていたから、龍雄の工作もしやすかったのである。

龍雄は時山に六月十三日に手紙を書き、現在尊藩《そんぱん》（長州藩）は三度目に薩摩藩から売られようとしていると警告する。長州藩は薩摩藩からこれまでに二度裏切られている。最初は、長州藩を幕府に敵対させたことで、第二回は、討幕討会のために長州藩に出兵させて自藩の労苦を軽減させたことで。そして今三たび、弊藩《へいはん》（米沢藩）ごとき弱小藩と長州藩との間に怨恨を生じさせて離反させようとしている。龍雄は時山にこう警告した。薩摩藩への敵意を芽生えさせようとする策略である。

しかし、この手紙は、めざす時山が五月十三日、小千谷《おぢや》（現新潟県小千谷市）近郊の朝日山の戦闘で戦死していたので宙に浮いてしまった。出し遅れたのである。

官軍を薩摩藩の私兵と見なす龍雄は、煮え切らない自藩の体たらくに悲憤慷慨、上司を突き上げ、同志を糾合して討薩を呼びかけるが、時に利あらず、形勢は日に日に悪化する。この悲運から数々の珠玉の詩が生まれた。

七月から八月にかけて、龍雄は東征総督府に向背《こうはい》定かならぬ前橋・小幡《おばた》（現群馬県甘楽《かんら》郡）両藩を味方に付けるべく、上野《こうづけ》・下野《しもつけ》界隈（栃木・群馬県境付近）に出向いていた。運悪く、江戸との連絡路は、大鳥圭介のフランス伝習隊によって閉ざされていて、龍雄一行は日光以南へ進めなかった。近辺で戦線は膠着《こうちゃく》していたのである。龍雄のような気質の人間は騙しやすい。両藩兵は護衛と称して五十人ばかりで龍雄らを包囲し、表面は慇懃《いんぎん》だったが、その実、沼田近くにおびき出して殲滅《せんめつ》する計画だったのである。どうにか血路を開いて虎口《ここう》を逃れ、失意のうちに帰国する途上で尾瀬沼《おぜぬま》にさしかかった時、「述懐」が吟じられる。

多雨の年のこととて、尾瀬沼の水景はまたひとしおだったろう。この詩では最後の一行が効いている。自然の異様な美しさが人事を圧倒してしまうのである。

生きては生を聊《たの》しまず　死して死せず
呻吟声裡《しんぎんせいり》　仆《たお》れて又起つ
馬を湖山に立つ　彼《か》の一時《ひととき》
雄飛壮図　長く已《や》む（矣）
我が生に涯《かぎり》有り　愁いに涯無し
悠々たる前途　果たして如何
咄々《とつとつ》　説くを休《や》めよ　断憶の事
満山の風雨　波　花を生ず

（生きていても無聊《ぶりよう》だし、死んでも死にきれない。
呻き声を上げては仆れてまた起き上がる。
湖山――尾瀬ヶ原――に馬首を並べたあの得意絶頂の一時

雄飛せんとの壮図は永遠に終わった。
わが人生には限りがあるが、愁いには限りがない。
わが前途はたっぷりある。果たしてどうなるだろうか。
ちえっ、ちえっ。言っても詮ないことを言うのはよそう、
見れば満山の風雨に、沼の水面には波が花のようだ)

八月二十九日の夜明け、龍雄は米沢城下に入った。しかし、そのわずか一日前の八月二十八日、米沢藩は官軍に降伏すると決定していた。龍雄はすぐに国家老の筆頭、千坂高雅をたずね、「国論一変」の現状に悲憤慷慨する。だが一度決まった藩論はもうくつがえせない。この日、龍雄は憔悴《しょうすい》のあまり喀血《かっけつ》している。

慶応四年九月八日、改元して明治の世の中になった。すでに大勢は決し、龍雄の苛立ちは最高潮に達した。九月十三日の宮島誠一郎の『戊辰日記』には、「龍三郎（雲井龍雄）、謝罪の始末を激怒して我に迫れり」とある。怒髪《どはつ》天を衝いたすさまじい忿怒《ふんぬ》の形相が目に見えるようだ。

奥羽列藩では、米沢藩の降伏で戦争終結への気運が高まった。九月二十二日、孤立した会津藩はついに降伏した。同二十七日、庄内藩も鶴岡を開城した。翌二十八日、仙台藩も青葉城を開城した。龍雄はそんな潮流の中でただひとり降伏を非難し、藩内の非戦派と激論を交

わしている。藩でもだんだん持て余して、とうとう龍雄に謹慎を申し渡した。

明治二年（一八六九）になった。一月の下旬、薩・長・土・肥の四侯は他藩にさきがけて版籍奉還を申し出、郡県制度への第一歩を印《いん》した。米沢藩は急遽対応を協議したが、時代に遅れまいと奉還を決定した。それを聞いて激昂した龍雄は、友人の宅を訪れて、いきなり火鉢を投げ付け、濛々《もうもう》たる灰神楽《はいかぐら》の中でようやく我に返ったという一件を起こした。龍雄にしてみれば、版籍奉還も薩摩の陰謀であり、どんな改良であろうと薩摩藩が主導する限りは改悪に終わるのである。

このような雲井龍雄のイメージは、この人物を歴史のヒーローにするにつれて無意識のうちに美化されているという面がありがちであるから、その点はよく吟味してかからなくてはならない。

多くの伝記をほぼ共通してつらぬいているのは、志士にして詩人たる人物の「風采《ふうさい》女子に近し」といわれる風貌である。

この通説の出典になっているのは、黒田伝四郎『やまがた幕末史話』によれば、『肥後藩国事史料』巻十に収められている『水雲事蹟』と題する回顧録である。

この回顧録は雲井龍雄と刎頸《ふんけい》の交わり（首を斬られても変わらない固い友情）を結んだ肥後藩士中村六蔵のものであるが、同書巻十の明治三年十二月六日の項に引用された部分で、中村は龍雄の容姿をこう評している。

身長五尺一寸五分（約百五十六センチ）内外。中肉にして白皙《はくせき》（いろじろ）、顔面は頬下やや長く、広額《こうがく》、厚唇にして眉目清秀、風采女子に近し。而《しか》して正直真率《せいちょくしんそつ》、胆力躍如たる勤王憂国の士なり。

これが親友の目から見た雲井龍雄の肖像だ。『やまがた幕末史話』の著者は、右の評語をことさらに「体躯短小、容姿婦女の如し」と読み替える。そして「龍雄の一生を貫いて、煙の如く影の如くに見せられるのは、彼の身体上のコンプレックスです」という仮説から龍雄の生涯を解こうとするのである。

漢学の師が龍雄を評して「あたかも孟嘗君《もうしょうくん》の風がある」と褒めてから、龍雄は仲間の子供たちから「孟嘗君」とあだ名を付けられたが、それも、龍雄の学才を尊敬したからではなく、「小びとの猪吉（龍雄の幼名）をなぶりものとするために、口をそろえて呼びはやし、からかったものでしょう」とされる。

龍雄は自分で真槍を取って板塀を突き刺してみたり、抜刀して抜き身を振り回し、ヒュッと空気を断る音がすると得意がって「刀が唸る」などと自慢していたそうだ。そういうところは、昭和の三島由紀夫によく似ている。三島も少年時代にはひよわで、お祖母さんっ子で、女の子の扮装をして育てられた。その一方では、東大法学部で恩賜の銀時計を貰うほどの秀才であった。またひどく小柄だったことも知られている。晩年にボディビルに熱中して筋肉を鍛えたことも、剣道の有段者になったことも、「斬り死」を叫んで自衛隊に突入し、切腹して死んだことも、若き日の肉体コンプレックスと無関係ではあり得ない。

雲井龍雄が三島由紀夫ほどには武道の鍛錬をしたとは思えない。中村六蔵が「学殖豊か、詞藻縦横」と評したように学問一辺倒であったし、それが誰一人敵し得ない迫力を持っていたのであった。しかし、龍雄を論客として一目置くことは、この人物に危なっかしさを感じることとは矛盾するものではない。

明治二年七月、新政府は公議所（議政官下局・貢士対策所の後身）を改めて集議院を新設した。集議院は一応議決機関であったが、議決案件の採否は議長一任という仕組みだったから、龍雄はなかなかこれにあきたりず、議論では常に鋭い舌鋒をもって相手をやりこまなければ承知しなかったので、たちまち同僚議員から排斥されるに至った。

憤然とした龍雄は、集議院の壁に次のような詩一編（「集議院の障壁に題す」）を書き付けて去った。

天門の窄《せま》きは甕《かめ》よりも窄《せま》し
容れず　射鉤《しゃこう》の一管　仲《かんちゅう》
蹭蹬羌《そうとうつつが》なし　旧麟麒《きゅうきりん》

生きて江湖《こうこ》に還《かえ》る　真《まこと》に一夢《いちむ》
（天の門は甕の口よりも狭い。

昔、自分の帯金《おびがね》（鉤《こう》）に矢を射当てた怨みを忘れて、管仲を大臣にした斉《せい》の桓公《かんこう》と違って、今の政府は狭量だ。

私は挫折したが、別に恙はない。ただ老いた麒麟同然だ。

生きて自由の身になるぞ。悪い夢を見た）

……

……

唯　すべからく痛飲　酔うて自《みずか》ら寛《いこ》うべし
骨を埋むるの山は　到る処《ところ》　翠《みどり》なり
（ただただ痛飲して、酔ってゆったりしよう。
骨を埋める墓山はどこにもあり、美しい緑をしている）

この詩は、春秋時代の斉の賢相、管仲の故事を踏まえている。『左伝《さでん》』の「僖公《きこう》二十四年」に見える「齊の桓、鉤を射たるを置きて、管仲をして相たらしむ」にもとづく。斉の桓公は寛仁大度（情ぶかく、度量が大きい）の人物で、かつて敵対した管仲が自分に向かって弓を引き、帯金（鉤）に矢を射当てたことがあったが、後年、その怨みを忘れて、管仲を自国の大臣に登用したという故事である。龍雄は自分を管仲に比定している。いわく、明治新政府には斉の桓公のような度量がなく、自分雲井龍雄を佐幕藩出身者だというので集議院から追放した。自分はなるほど挫折はしたが、命を全うした。ただ「麒麟も老ゆれば駑馬《どば》にしかず」の思いがしているだけだ。さあ、集議院時代は悪い夢だったと思って、これから自由になるぞ！

だいたいこんな大意の詩であろう。

そして最後に、「人間《じんかん》至るところ青山《せいざん》あり」（人間はどこにでも死んで骨を埋めるくらいの青々と木の茂った山がある）の心境で、痛飲してゆったりするぞと宣言している。

しかし、明治二年の末から翌三年にかけての国内情勢は、雲井龍雄をいつまでも悠々自適の境地には長居させておかなかった。

三

明治二年十二月中旬、龍雄は「浄月坊」と名のる僧形の男の訪問を受ける。旧知の元幕臣、三枝采之助《さえぐささいのすけ》の世を忍ぶ姿であった。龍雄はこの浄月坊を派遣して、西国の情勢を調査させる。翌三年の一月中旬に帰京した浄月坊＝采之助の報告では、長州で諸隊兵士の間に不穏な空気が漂い、一部の激徒が暴発。その処理をめぐって、木戸孝允と前原一誠との対立も取沙汰されていた。九州各地にも呼応する動きがあるということだった。

当時、九州の鶴崎には河上彦斎がいて、その私塾「有終館」は、不平党の巣窟と化していた。また久留米には古松簡二《かんじ》（久留米藩儒、元奇兵隊幹部）、秋月《あきづき》の今村百八郎（秋月藩大属《だいさかん》）などがそれぞれ一派をなしていた。久留米には長州の志士大楽源太郎を迎えて組織した「応変隊」の動きがあり、明治九年（一八七六）には秋月の乱が起きている。そして福岡藩には、領主黒田家も巻き込んで贋造《がんぞう》貨幣が横行し、人心は不安を極め、物情騒然とした雰囲気が九州各地を覆っていた。

雲井龍雄にとっては、千載一遇のチャンス到来であった。そして龍雄の周囲には、志を同じうする人々が寄り集まった。戊辰戦争終結後の佐幕派失業者やその中でも特に悲運だった旧奥羽同盟の敗残者に対する同情。廟堂で出世し、偏私専断を行う連中への憤激。そうした感情が主導する不平分子の動向は、明治初年代の主調低音となって社会の各層に響いていた。このことが明治の最初の十年間をとりわけて「国事犯」の時代として特徴付けるのである。それはまた、予断を許さぬガス放出と爆発による転変の可能性に富んだ星雲状態にある明治維新の姿であった。

明治三年（一八七〇）二月、雲井龍雄の計画は、東京芝二本榎《にほんえのき》の上行寺《じょうぎょう》（現存せず）・円真《えんしん》寺（現港区高輪《たかなわ》）を借り受けて全国の食いつめた浪士たち四十余名を起居させ、また両寺の門前に「帰《き》順《じゅん》部《ぶ》曲《きょく》点検所」の大札を掲げる形で具体化した。

龍雄のいう「部曲」（律令制以前の豪族の私有民）とは、その「かきべ」を連想させる古代的語法で修飾されているが、ありていにいって、各地に潜行して反薩運動に従事していた頃から、龍雄の指揮下に統率されていた私兵隊を指しているらしい。龍雄は「微臣（龍雄の謙称）統《す》ぶる所の旧部曲」（「第二嘆願書」甲）という言い方をしている。それを新政府の常備軍である「天兵」の一部に採用されることを願い出ていたのである。

新政府に提出された嘆願書によれば、龍雄の「旧部曲」の下《もと》には八千二百九十九人（士官を除く）が擁されている。これを分かって十二隊となし、合わせて六中隊を編制する。この数字は多分にハッタリを含んでいたかもしれない。しかし、不平分子の全国勢力下にひどく神経質になっている新政府に疑惑を生じさせるには充分であった。

その頃だろうか、雲井龍雄が自分の計画に山岡鉄太郎を引っ張り出そうと説得しにやって来たという話がある。鉄太郎は勝海舟の手伝いをして江戸の無血開城に役立った後、静岡に隠棲して悠々の歳月を送っていた。そこへ龍雄がのこのこやって来たのである。

龍雄は天下の大勢を滔々《とうとう》と二時間ばかりまくし立てた。山岡はただ黙然と聞いていたが、やっと口を開いて、「話はそれだけか」と尋ねた。龍雄が真意を測りかねて顔を窺っていると、

「せっかく天下が治まったばかりなのに、余計なことを考えるんじゃない！」

いきなり龍雄の襟首を捕まえて、縁から庭へ放り投げた。びっくりした龍雄は、側にあった下駄を掴むなり跣足《はだし》で逃げ出した、ということだ（小倉鉄樹『おれの師匠』）。この話は実話であって、雲井龍雄が静岡藩から軍資金を調達しようとしていたのだとされる（田中時彦

（「雲井龍雄ら陰謀事件」、『日本政治裁判史録明治・前』所収）

明治三年五月十三日、政府は米沢藩にこんな通達を送る。

雲井龍雄儀、その藩へお預け仰せられ候につき、至急藩地へ引き取り、厳重取締り致すべく候

その翌朝、反政府派による龍雄奪回の企みがあるという流言も飛び交う中で、龍雄の身柄は米沢に護送された。利根《とね》川を渡るとき、龍雄は心の中の思いをこう詠じた。

檻車《かんしゃ》夕べに過ぐ東寧《とね》の川
湖山を目撃して涙袂《なんだたもと》を沾《うるお》す
回顧すれば　遭逢《そうほう》せしは夢か真《まこと》か
壮図《そうと》は唯だ水の東に逝くに有り
ああたといこの山は礪《れい》の如くこの河は帯の如かるも
区々の志を　安《いずくん》ぞ能く替えん

（私を乗せた囚人護送車が夕方利根川を渡る。
なつかしい湖や山の姿を目の当たりにすると涙が止まらない。

過去を振り返る。これまで出会ってきたことは夢だったのか、本当だったのか?
私の壮図は、ひたすら東流する大利根の水のようだ。
ああたとえ、この山々が砥石《といし》のように平らになり、この河が帯のように安泰になろうとも、
私の取るに足らない素志《そし》をどうして替えることがあろうか)

龍雄は米沢に護送されてから、約三ヶ月弱の期間、特に揚屋入り(士分の者の入牢)にはならず、自宅や友人宅で幽閉生活を送った。この間東京では、政府当局が龍雄に謀反の嫌疑を掛けてその党与を捕え、厳しい訊問を開始していた。斗南藩《となみ》(旧会津藩で松平容保の側役)の原直鉄《なおてつ》をはじめ、多くの共謀者が追及されたのである。それらの供述が雲井龍雄の陰謀のウラを取ることになった。

龍雄の幽閉中の七月某日、熊本藩の中村六蔵が訪ねてきたことが『肥後藩国事史料』巻十に記録されている。中村の『水雲事蹟』にいわく、龍雄に脱走して時機を待たないかと申し出たところ、龍雄がいうには——

僕、もし健全の身なれば、足下らと共に手を携えて走らん。しかれども、僕、すでに肺患に罹れり。而《しか》して身体自由ならず。途中にして斃《たお》れんより、むしろ法廷に立ちて所信を明らかにし、而して従容《しょうよう》死に就かんと欲す。

宿痾《しゅくあ》の肺結核にもう全身を冒されていた龍雄は、すでに自分の死期が近いことを悟っていた。今脱走して事を起こし、中途で挫折するよりは、死罪を承知の上で堂々と法廷と闘争を展開しようと覚悟していたのである。

中村はその決意に打たれてあえて脱走を勧めず、餞別《せんべつ》に短刀を送られて別れたという。なお、この中村六蔵は郷里の熊本で河上彦斎とも親しく、龍雄の全国計画を彦斎と連絡した人物である。この面会も彦斎の発案でなされたという説もある。

八月五日、米沢藩は龍雄を囚人として東京に逆送致し、龍雄は十八日から小伝馬町《こてんまちょう》の獄に繋がれる。龍雄の裁判は所轄の府藩県に属する裁判権に従って処断されたが、「国事犯」の場合は政府の決裁を必要とした。一件は東京に送られたのである。このあわただしい日々、ひそかに師安井息軒に送った詩がある。

身世《しんせい》　何ぞ飄々《ひょうひょう》たる
浮沈　自ら保《たも》たず
俯瞰《ふかん》　仰ぎて又笑う
心労して　形槁《か》る
微躯《びく》　一に君に致せども

我が老を養う能わず
涙を揮って庭闈《ていい》を辞す
檻車《かんしゃ》　遠道に向かう
鼎鑊《ていかく》　豈《あ》に徒《いたずら》に甘からんや
平生《へいぜい》　懐抱《かいほう》有り

此の骨は　たとえ摧《くだ》くべきも
此の節は　安《いずくん》ぞ撓《たわ》むべけんや

我が命は我自ら知る
また蒼旻《そうびん》に訴えず（「息軒先生に呈す」）

（生涯をなんと飄々《まま》として送ることだろう。
浮くも沈むも侭《まま》にならない。
下を向いたり上を向いたりしてただ笑うしかない。
心は疲れ、外見も干からび
痩せた身体は先生に差し上げたつもりだが、
自分はお世話になった老人を養うこともできない。
涙を揮って先生のお宅を辞す。
罪人を護送する車で遠くへ向かう。

待っている刑罰が軽いわけはない。
日頃から胸に抱いている思いがある。
この骨はたとえ粉砕されようとも
この気骨はどうして曲げられようか。
私は自分の運命を知っている。
改めて青天に訴えたりしない）

することとなすことがみな志に反して、師の学恩を返すこともできない自分への忸怩《じくじ》たる思い。涙を揮って親元（「庭闈」）にも等しい三計塾を辞去した龍雄は、その後いくばくもなくして米沢に呼び返される。そして「我が命は我自ら知る」という言葉のように、自分でも予感していた生涯の最終決着にむかって東京へ帰って来たのである。

裁判の模様は不明であり、残された被告人の供述書などの記録から推察する外はない。明治三年十二月とだけわかる「口述書」では、龍雄は「京都・大阪以西の騒然たる様子を浄月坊をもって探索した結果、機会到来の秋《とき》と躍起致し、兵力を得ることが急務と存じ、陽に（うわべは）諸藩脱籍の徒に帰順させる旨を出願させ、上行・円真両寺に帰順部曲点検所の札を掲げ、陰に（かげでは）同志および浮浪の徒を集合させ、その実は政府を欺罔《ぎもう》し（だまくらかし）て天兵の員に加わったら、その名称を利用して、一挙に積憤《せきふん》（つもるうらみ）を晴らすつもりでした」「われらの主張に従わない者は、政府高官といえども一々芟除《さんじょ》（かりとり）に及び、東京城（江戸城の新称）に押し寄せ、政体を一変させ、封建の旧制に復し、宿願の通り、主家（米沢藩）ならびに徳川幕府の回復を実現しようとする計画の魁首《かいしゅ》（かしら）になりました」と話したことになっている。

あまりにも真正直に謀反の本心を披瀝しすぎていて、あたかも龍雄が明治政府の向けたい通りの方向――「政府転覆陰謀事件」――に自らはまり込むように誘導されているかのように見えるのである。

さきの中村六蔵が明治四十五年（一九一二）に刊行した『楽観詩一夕話《らっかんしいっせきわ》』という本の中でこう回想している。

雲井龍雄に対する断罪梟首の宣告文は、きわめて政府の失体である（中略）龍雄は、非常の拷問を受けたので、一切自分の誠意を述べず、憤慨の余り、ある一種の意味を反対に含ませたる、大暴言を吐き、極力、政府の失敗を攻撃したのであったが、後、彼が断罪に処せられてから、今更の如く、裁判官は気が付いて大いに後悔していたとのことである。

当時、この革命論を唱えたる重なるものにして、自分が今記憶している人々を挙ぐれば、同藩（肥後藩）の川上彦斎、木村弦雄《つるお》を始め、鶴崎の毛利到《いたる》（空桑《くうそう》）、熊本の神風連と称したる首領株の人々、その他、久留米藩の水野景雲斎《けいうんさい》（正名《まさな》）、古松簡二、小河真文、柳川藩の広田彦麿《ひこまろ》、秋月藩の宮崎某、香春藩《かわら》（旧小倉藩）の旧参政静野拙三《せつぞう》、河井小藤太《ことうだ》、夏吉某、土州藩の岡崎恭助、森某、山口藩の前原一誠、富永有隣、大楽源太郎、大山某、武州の里見剛之助、秋田藩の旧国老初岡敬次郎（敬次）及びその率いるところの同志、その他、越後及び各藩にたくさんあったが、一々は記憶していない。（国立国会図書館デジタルライブラリー。原文旧仮名を平易な表記に改めた）

これによると、政府当局は雲井事件を圧殺するためにずいぶん無理をしたらしい。厳罰主義で臨《のぞ》もうとしたばかりに、法廷で立証できるのはせいぜい政府転覆計画の未遂罪ぐらいであるのに、主犯の龍雄に死罪を宣告するのに苦労したのだ。

政府は明治三年十二月二十日に、江藤新平らの起草で『新律綱領』を公布したばかりだったのだが、あいにくこの『新律綱領』には謀反及び大逆についての条項がなかった。そこで雲井裁判では、やむなく世間には公布されていない『仮刑律』——慶応四年に採用された裁判の準則——にある「およそ謀反及び大逆を謀る者は、已行未行《いこうみこう》、主従を分かたず皆梟首」という条項を適用した。

十二月二十六日、裁判は落着して雲井一党に刑の言い渡しがあった。雲井龍雄の梟首を始めとして、斬十三、流罪八、徒罪九、杖罪三、牢死二十五、総計五十八という大疑獄である。なお牢死者の数は伝記によってかなりの異同がある。これはいわば氷山の一角であって、海に隠れた総体はもっと大きい。右に引用した中村六蔵の回想の後半部分に出て来る有名無名の人々などは、司法当局が一網打尽にできなかったグループであったといえよう。これらの人々は、その後、各個撃破的に取り締まられてゆくのである。事実、明治十年（一八七七）十一月六日、中村六蔵は、広沢真臣暗殺の容疑者として捕縛されている。結果は無罪放免であった。

さて、拷問を伴った厳しい取調べに耐えて、雲井龍雄はすでに当局に割れている一味以外の同志の名前をいっさい明かさなかった。わが国では、明治十二年（一八七九）十月八日の太政官布告第四十二号によって拷問が最終的に廃止されるまでは、拷問はやらなければならないと法廷規則に定められていたのである。『新律綱領』でも一種だけ「訊杖《じんじよう》」という拷問方法を規定していた。

しかも「口述書」の一節には、「能見武一郎《のうみぶいちろう》外三十六人へ私より相謀り候儀は御座なく候」という謎のような一文がある。能美は旧会津藩士で、判決では斬罪になった十三人の一人に名前がある。罪状は贋金作りであった。龍雄は政府転覆の陰謀と金策のための贋金作りとの繋がりをきっぱり否定したのである（『やまがた幕末史話』）。

雲井龍雄は十二月二十八日に小伝馬町の牢獄で斬首された。執刀したのは、八代目浅右衛《あさえ》門《もん》こと山田吉亮《よしふさ》だった。その印象をこう書き残している。

雲井氏は至って小柄で、大胆さなどはどこに宿っているか分からぬ男でした。この人物が雲井龍雄といって、天下に名を轟かした人かと呆れたくらいでありましたが、今や刑場の露と消える刹那に、神色自若《しんしょくじじゃく》として控えていた有様は、今に敬服の外ありません。（篠田鉱造『明治百話』）

首斬り浅右衛門をして敬服せしめたほどの神色自若ぶりはいったい何に由来しているのだろうか。龍雄の肉体はすでに回復不能なほど肺結核に浸潤されていた。余命いくばくもなく、龍雄は自分の死期を知っていただろう。また酷薄《こくはく》な取調べにも耐え抜いて同志の秘密を守り抜いた自負も刑場に臨んだ龍雄をすがすがしい気持ちにさせていただろう。

刑場に引き出された罪人の目には、長方形に掘られ、縁《へり》を漆喰《しっくい》で固められた血溜まり穴が見えていたはずだが、龍雄は泰然とたじろがなかった。漆喰には何日か前に首を断たれた人間の古い血が黒くこびりつき、何ともいえぬ腥臭《せいしゅう》（なまぐさい臭い）があたりに漂っていたが、龍雄は気に留めた様子はなかった。手前に荒莚《あらむしろ》が一枚敷いてあった。牢人足が手荒く龍雄をその上に引き据える。龍雄はただなすがままに任せていた。

このとき龍雄は斬首されてゆく自分自身をも、ひょっとしたら、詩的な律動感に即し、平仄を合わせて、詩的に造型していたのではなかったろうか。首の座に直った後からも、龍雄は脳裏を澄明にしてこんな詩句を組み立てていた。詩形を整えつつあるのは、どうやら七言律詩のようであった。

初看土壇独擅場　初めて看る　土壇《どだん》は独擅場《どくせんじょう》
頭角昂聳不肯匡　頭角　昂《こう》として聳《そび》やかし　肯《あ》えて匡《おそ》れず
黒暗溝洫一陋蓆　黒暗の溝洫《こうけつ》　一の陋蓆《ろうせき》
唯氷刃欲断首領　唯だ　氷刃の首領《しゅれい》を断たんと欲す　……
……

（初めて登ったが、土壇場を独占しているのはこの俺だ。
昂然と頭をもたげてちっとも恐れない。
黒血のこびりついた穴、荒蓆《あらむしろ》
ただ白刃が首を断とうとしているだけだ　……）

……だが、龍雄の臨終の詩は、それから先を続けることができなかった。次の詩句が頭に浮かぶ前に何かひいやりと無情な感触が龍雄の頸筋に触れ、それから不意に真っ暗な快い忘却が龍雄に訪れた。

龍雄の魅力は《永遠の未成年性》にある。外界をその起伏に沿って散文的に分析する思考よりも、現実をまず詩的な律動に分節してしまう直感の方が秀でていたからである。明治維新は何となくおかしい。自分が思ったのとは違ったコースを辿《たど》っている。そんなふうに鋭敏な感受性を内在させたまま歴史の最前線に駆け付ける、というよりも、歴史を自分の描く見取り図の方に呼び寄せようとするのは危険な行為だった。

龍雄の墓は、ＪＲ南千住駅近くの回向院《えこういん》にある。昔の小塚原《こづかっぱら》刑場の跡、何人もの重罪犯人を処刑してきた場所である。すぐそばの延命寺には高さ四メートルほどの「首切り地蔵」が今も静かに立っている。

雲井龍雄の墓といわれるものは各地に数ヶ所ある。もちろん郷里の米沢にもある。しかし、今この回向院の雰囲気は独特だ。まわりに吉田松陰、橋本左内やまた鼠小僧次郎吉、高橋お伝、近くは二・二六事件の磯部浅一主計中尉《しゅけいちゅうい》の墓も並んでおり、めいめいが生前に自分は何をやったのだろうと訝《いぶか》しんでいるような、死後の不思議な安息感がただよっている。

雲の梯子《はしご》

――松陰と張り合った男――

一

明治二十四年（一八九一）の八月半ば、まだ二十一歳の無名の文学青年だった国木田独歩が、山口県熊毛《くまげ》郡田布施《たぶせ》村に幕末の故老、富永有隣《とみながゆうりん》老人を訪ねたことがある。

有隣は維新時に活動した長州志士の生き残りで、幕末から明治初年期にかけてはちょっと名を馳せた人物だったが、その後、長州からは「維新の元勲」と称される政治家が輩出し、伊藤博文・井上毅・品川弥二郎《やじろう》・山県有朋などの人士が新華族になって今を時めいているのに比べると、何の名声も報酬もなく、ただ故郷の田布施村で近所の青年を集めて漢学の教授をしているだけの片意地な老翁になっていた。

明治二十四年当時でさえ、有隣の名前はほとんど俗世間には忘れ去られていたくらいだから、後世の読者が知らないのも無理のない話で、むしろその名前は、国木田独歩の短編小説「富岡先生」のモデルになった人物として逆に周知されるようになっているのが普通だろう。作中の富岡先生は、やっぱり「維新の風雲に会しながらも妙な機《はずみ》から雲梯《うんてい》をすべり落ちて」（「富岡先生」）栄職に就くどころか、故郷に引っ込んで老い朽ちてゆく変わり者として描かれている。現実の有隣も生涯妻を娶《めと》らず、流落《りゅうらく》の人生を送り、それでも長生きして、明治三十三年（一九〇〇）、八十歳で世を去った（玉木俊雄「富永有隣について」）。

しかし独歩が書いたもののうち、富永有隣の風貌や人となりについて「富岡先生」よりも興味深く読めるのは、明治二十四年中に発表した「吉田松陰及び長州先輩に関して」という一文であろう。八月二十九・三十の両日、『国民新聞』に投稿された探訪記である。独歩が田布施村に有隣を訪問した直後の記事である。

二十一歳の白面の青年の前に現れた有隣は、ちょうど七十歳に達していたし、また年齢通りに老けこんでいた。髪は旧日本の形見を残す束髪《そくはつ》。顔は一面の痘痕《あばた》に蔽《おお》われており、何よりも忘れがたい印象を呼び起こすのは、猜疑《さいぎ》に満ちた炯々《けいけい》たる光を放つ片目だった。その片方しか残っていない一眼を疑わしそうにすがめつつ、しばらく無言でじっと独歩を熟視していた有隣は、やがて開口一番、

「何カイ、お前は、寅次郎（吉田松陰）のことを聞きに来たのカイ？ それは今時、感心なことダノ」

無愛想な外見とは裏腹に、有隣は何だか嬉しそうにありし日の松下村塾の話をするのだった。若い独歩もインタビュアーとしてなかなか腕がよく、たくみに水を向ける。

独歩「今を時めき給う長州出身の方々には、松下塾の塾生だった者がたくさんいらっしゃるとか」

有隣「ソートモ。小助《こすけ》でも、市イー《いち》でも、利助《りすけ》でも、弥二《やじ》でも、みな松下塾の書生ジャガ（小助は陸軍大将山県《やまがた》有朋のこと、市イーは山田顕義《あきよし》伯爵、利助は伊藤博文伯爵、弥二は品川内務大臣のことである。有隣はこういう呼び方をするのが癖だった）」

独歩「その中でも、弥二君は殊に松陰先生から愛されていたそうですね」
有隣「さようさよう。弥二は松陰にいたってかわいがられていたナヤ。その筈。弥二は若くても利助ナンカとは違って、骨があったからノー」
独歩「でも、今日では利助伯の方が時めいているではありませんか」
有隣「それもその筈だろう。あいつはモトからウナギのようにヌラヌラして、融通のつき過ぎる方であったからノー。弥二はなかなかゼンキ（剛情）なところがあるから、頭の一つも殴られたら最後、すぐ大騒ぎを起こしかねないが、利助ならソーいうことはない。頭を打たれても、黙っているような奴だ」

ここで伊藤博文と比較されている品川弥二郎は、この問答の頃は元気だったが、明治三十三年に世を去っている。有隣はこんな調子で松下村塾ＯＢの人物評を展開する。「吉田は無闇に（久坂《くさか》）玄瑞《げんずい》がスキで、とうとう妹を玄瑞に娶《めあわ》せたが、ワシは高杉（晋作）の方がすきであったノー。高杉は中々驕慢《きょうまん》な所はあったがわりに、玄瑞に比ぶれば、ズット丈《たけ》が伸びていたノー。ソレハ人物が余程、上であったノー」といった具合であるが、有隣はこの時、往年の維新の群像を友達呼ばわりすることに快哉《かいさい》を感じているわけではないし、久坂玄瑞や高杉晋作のような松陰の愛弟子たちと張り合おうとしているのでもない。

有隣はもっと態度が大きい。吉田松陰と張り合おうというのである。その証拠には、有隣は、野山獄《のやまごく》での初対面の時、挨拶に来たのは松陰の方からだったと言い張っている。

「ワシが萩の禁獄におるということを聞き、（松陰は）みずから願うてワシの禁獄の隣室へ来た、とは寅次郎が禁獄へ来て、ワシと初対面のあいさつよ」

おそらく、独歩と会った時の有隣も、明治の人間によくあるタイプで、まずガツンと相手に強烈なブチカマシを喰わせて気を奪うという戦法を使ったのだろう。有隣の対人戦術は昔からぜんぜん変わっていない。というのは、すでに安政年間、有隣と出会ったことのある人間がこんな証言をしているからである。

私が十七歳の時、野山獄から出られた松陰先生が身元を生家杉家に預けられて居られ、近所の者がひそかに読書を学んでいると聞き、私もせめて先生のお顔だけでも見たいと、天野御民《みたみ》という友人に連れられて松下村塾に行ったことがある。

その時、一人の面目醜陋なる人が面会してくれ、仮名交じりの書を授け、帰ってすぐ読めと命令口調でいった。私は帰り道で考えたが、吉田先生はまだ壮年と聞いていたのに似合わないし、「非常人」といわれる先生にしては、顔かたちも言葉遣いも一つとして人を動かすものはなかったと、じつに怪訝《けげん》千万だった。天野は私の怪訝の情を察してか、「今日の人は先生ではないよ。富永有隣と云う人だよ」と言ってくれたので、やっと安心した。（横山幾太「鴎磻《ばん》釣余鈔」）

横山幾太は天保十二年（一八四一）生まれの長州藩士で、安政四年（一八五七）松陰の門に入った。この文章は明治二十四年になってからの回想であるが、あこがれの松陰先生だと思って会った人物が富永有隣だったという落胆ぶりには笑わされる。それにしても「面目《めんぼく》醜陋《しゅうろう》」はちょっと気の毒だ。

しかしこういう表現はいつも有隣について回ったらしく、そう言ったのは決して横山幾太一人ではない。

たとえば松陰自身も『丁巳《ていし》幽室文稿』中の一文に、門弟吉田栄太郎――のち元治元年（一八六四）六月、池田屋騒動に際して新選組と闘って斬死した吉田稔麿《としまろ》と同一人物――の表現として、富永先生は「眇眼痘面《びょうがんとうめん》、音吐濁重」と評する言葉を記している（「富永有隣に与う」）。アバタヅラにすがめと来て、その上、口を開けば聞き苦しい濁声《だみごえ》と、三拍子も四拍子も揃っている。どうも押し出しはお世辞にも褒められないというのが有隣についての通り相場だったらしいのである。

一方、富永有隣の方は、持って生まれた性格が災いして親戚・吏僚から疎まれ、嘉永五年（一八五二）、三十二歳の時に時見島《ときみじま》（現在は見島《みしま》といい、萩北方の日本海上に浮かぶ島）に流され、翌嘉永六年（一八五三）、野山獄に移された。入獄歴では松陰の兄貴分にあたる。事実、文政四年（一八二一）五月十四日生まれの有隣は、同十三年（一八三〇、十二月十日改元して天保元年）八月四日生まれの松陰よりも九歳の年長であり、大いに兄貴風を吹かしたに違いない。

松陰が野山獄に収監された時、同囚の者は十一人を数えた(「野山獄囚名録叙論」『丙辰幽室文稿』)。全員、出獄の希望を持てず、口々に「われらはこの牢獄で死ぬしかない。二度とお天道様《てんとう》は拝めないだろう」と言っている有様だった。詳しく話を聞いてみると、一番長期の囚人は安政元年に年齢七十四歳、在獄四十七年。短い者でも二、三年であった。別に無期禁獄を言い渡されているわけではない。野山獄はいわゆる「借り牢」であって、十一人中、九人は親戚の意向によってここに禁錮されているのだった。また、残りの二人は官譴《かんけん》(官憲による訴追)で禁獄された者には違いないが、その後たとえ官府から赦免されても、親戚一同の希望によって牢舎に留め置かれたケースである。いずれにしても出獄できる時期は来ないのだ。

松陰には持って生まれた一種野放図な人の好さがあった。目標についていえば、一心不乱に追求することは必ず達成できると確信するウルトラ楽天主義《オプティミズム》。対人関係でいえば、「誠」を貫けば必ず相手は理解して受け入れてくれるという極端な性善論。いわば先天的な向日《こうじつ》性、自分の感化力に対する恐るべき自信、がこの人物にはあった。

松陰はまずその親切心を富永有隣に向ける。十一人の同囚のうち、松陰が最初に関心を抱いたのは、年齢や在獄年数では特に目立った特徴のない有隣だったということは注目に値する。十一人のうちでは、有隣だけが松陰と匹敵しうる知力をそなえていたからである。

有隣は、独歩にむかって、松陰は初対面の時「みずから願うてワシの禁獄の隣室へ来た」と得々として語っているが、まんざらの嘘ではない。野山獄では、竹格子で仕切られた中庭を隔てて、囚房は六室ずつ二列に向かい合い、全員がどこにどう配置されていたかまではわからないが、新参の松陰は北側の一番端の区画、すなわち「野山獄北第一房」(「福堂策」)、「北房第一局」(「賞月雑草に題す」)に入っていた(村岡繁『松陰吉田寅次郎伝』)。しかし、獄中規則はゆるやかであり、松陰が自分の房から隣房に話しかけたり、廊下に集まって話を聞いたりするのは別に禁じられてはいなかったようである。

だから、松陰の方から積極的に有隣に接近したということも充分ありうる。もしかしたら松陰は、その後実際の人生で何度か経験するように、他人を過大評価してしまう、他人を買いかぶる間違いを犯していたのかもしれないのである。

ともかくも野山獄に入って二ヶ月目の安政元年十二月二十六日、松陰は有隣にこんな手紙を書いている。「私寅次郎は、あなた様(原文では「老兄」という敬語を使っている)とは毎日言葉を交わしていますが、まだたがいに心を開き切っているとは思えません。この書物を通じて御意見を伺いたいと思う次第でございます(「同囚富永弥兵衛に与うる書」『野山獄文稿』)。この書物というのは、江戸時代前期の儒学者浅見絅斎《あさみけんさい》の『靖献遺言《せいけんいげん》』のことである。和漢の忠臣・義士の行状を記したもので先駆的な尊王思想の書として知られる。松陰はこの書物をいわばリトマス試験紙として、有隣の《勤王度》を測定しようとしたのである。

しかし、この人物は容貌・物腰がとっつきにくいだけでなく、性格的にもだいぶ問題があった。右の手紙への有隣の応答は残っていないが、そう素直な反応を示したとは思えない。松陰自身も富永有隣を顕彰する文章の中でこう書かざるを得なかったほどだ。

富永徳《とく》は、字《あざな》を有隣という。自分自身を評価することすこぶる高く、むらがる凡人どもをまるで親の敵《かたき》のように憎んでいる。だから、時流に乗れないどころか排斥され、親類からは疎遠にされてすでに一年。私松陰もまた罪を得て獄に入れられ、たがいに知り合ってたいへん喜ばしい。(「徳、字は有隣の説」『野山獄文稿』)

この文章が書かれた日付は安政二年(一八五五)七月六日である。前の手紙から約半年、有隣の狷介佶屈《けんかいきつくつ》な性格はテコでも揺るがなかったに違いない。

有隣は松陰より年上だったばかりではない。流罪・入獄する前は、藩校明倫館《めいりんかん》で碩儒《せきじゆ》山縣《やまがた》太華《たいか》に師事し、十三歳の時、藩主の前で『大学』を講じたほどの秀才だった。松陰もまた嘉永三年(一八五〇)、二十一歳の時に藩主に『武教全書』を講じて面目を施した経歴があるが、有隣にしてみれば「若僧め。猪口才《ちよこざい》な」ぐらいのところだったろう。有隣には『大学述義』『孫子秕説《ひせつ》』などの著述もあったと伝えられる。学問には一家言ある人物だったのである。おとなしく松陰の唱える新説に服したとは思えない。

松陰は思想の面から有隣に働きかけるのとは別箇の角度から、この人物のために努力を傾けている。有隣免獄のための運動である。たとえば安政三年七月二十二日付の来原《くりはら》良蔵（当時、藩の密用方祐筆《ゆうひつ》だった）宛の手紙では、「富永の言っていることも一方的に信ずるわけにはゆかないが、富永を訴えている羽仁《はに》彦兵衛（富永の親戚、免獄反対派）の言い分も聞きなりにはできない。比較検討する職責はあなたにある。彦兵衛が富永のことを虎狼《ころう》のように恐れているのは、ただ富永が狂暴であるからだけではない。何か後ろ暗いことがあってのことだろう。でなかったら彦兵衛一人が恐れていて、その他の親戚がさほど怖がっていない事情の説明が付くまい」と意見を述べている（「良三に与う」『丙辰幽室文稿』）。

いったんこうと思い込んだら、とことんまで突き進むというのが吉田松陰の流儀である。この有隣救援活動の場合も、松陰はしつこいまでに目的を実現するまで食い下がる。この年十一月二十七日、国老（家老）首座浦靭負《うらゆきえ》の家臣秋良敦之助《あきらあつのすけ》宛に手紙を送って、「有隣のような奇士を永く入牢させておくべきでない」とプレッシャーをかけ、十二月十三日には、さらに有隣の出獄の手配はもう済んだかと念を押している。そんな尽力の甲斐あってついに安政四年七月三日、有隣は野山獄から出獄できる運びになるのである。

こうした松陰のなみなみならぬ熱意はかなり有隣の心を動かしたらしい。思想的に共鳴したとはどうも思えないが、魚心あれば水心というところで、有隣は、その後、野山獄で松陰が組織する講読会や俳句の会に進んで協力するようになる。

安政二年四月十二日、松陰は野山獄囚のために『孟子』を講じ始める。といっても最初の三冊までの分で、同年十二月十五日、松陰は野山獄を出て萩郊外の松本村の自宅に幽閉される身となったが、ここでも残余の講読は続けられ、全部を卒業したのは翌安政三年の三月二十一日である。また獄囚十一人のほとんど全員が参加して「賞月雅草」の俳席が開かれたのは、安政二年八月十五日、仲秋の名月の夜であった。この他、俳句にたしなみのある獄囚を集めた俳句会が松陰の出獄まで何度も行われている。

これらの会合は、「私が野山獄に来てからというもの、日々書を読み、文を作り、忠孝節義をもって同囚と切磋琢磨《せっさたくま》するようになり、獄中がそれに感化されつつある」(「福堂策」)といういかにも松陰らしい性善説的理想主義の実践であったが、事実、松陰の活動があってから、牢内の空気は見違えるように明るくなったのは動かせない。

有隣は初めのうち、異論を唱えなければ沽券《こけん》に関わるという具合に意地になってゴネテ見せたようである。松陰はこれをうまく懐柔した。安政二年八月の頃とだけわかる(日付欠)手紙を見ると、松陰はこのウルサ型にずいぶん気を使っているのがわかる。

「今日、囲い替え(定期的な居房入れ替え)のことであなたが御立腹の由を伺いました。出過ぎるようですが、お叱りは覚悟の上で一言申し上げさせていただきます。

年に二度の囲い替えは先例通りでして、ぜひともやりたいと司獄《しごく》(牢番)の福川犀之助《さいのすけ》も申しております。このたび、吉村善作氏《うじ》を小生の房のお向かいにしたのは小生の発案です。

今までお向かいの方にいらした井上喜左衛門・粟屋予七両氏はどうも学問事はお好きでない御様子。吉村君が向かいにおいでになったら、都合がよいのではないかと存じます。季節柄、追々燈火《とうか》の使用も長夜になりますので、この北側の房ばかりに読書人が集まっては、ゆくゆくお向かいの方から苦情も出るのではないかと心配していたのです。まあ、小生の心持としては、ともかく野山獄中が静穏で、一同もろともに学問に相励みたいという存念の他はございません」

幸い、有隣のクレームはたいしたこともなく治まったらしい。右の騒ぎの直後の八月二十六日、兄杉梅太郎に宛てた手紙では、こんな風に野山獄の近況を伝えている。

吉村善作・河野数馬《かわのかずま》（俳号花逸《かいつ》）及び頑弟《がんてい》（松陰の謙称）の三人が志を同じうして協力し、獄中の風教《ふうきょう》を興すつもりです。吉村は発句《ほっく》で、頑弟は文学で、他に富永氏が書法で人を誘っています。

それぞれの特異な分野で才能を発揮させ、獄中に風雅の雰囲気を作り出したのである。同囚たちはめいめいの役割を与えられて張り切った。このあたり、松陰が人々の隠れていた素質を引き出す能力はみごとなものだ。同囚の大部分が参加した「賞月雅草」を見てみよう（本書では、引用文は原則的に現代仮名遣いで表記するが、和歌・俳句は原文通り古典仮名遣いのままとする）。

開巻劈頭《かいかんへきとう》、「有ちか」と名のる作者による和歌が一首ある。「有ちか」とは、歌人としての有隣の雅号。松陰も「富永又歌に小功者」（安政二年十二月二十日付、杉梅太郎宛書簡）と認めているように、有隣はちょっとした歌詠みでもあった。

〽夕がほにうらどもなびくかうしより
　　おのれとにほふけふの月影

獄舎の窓には格子戸が付いていていて、夕顔が絡ませてあったのだろう。その末葉が夕風に靡《なび》いて揺れ、夕顔の実もちらほらとまじっている。そしてそのうら枯れた景色を引き立てて自然に輝き出る今宵の仲秋の名月。

有隣の作物には、漢詩であれ俳句であれ、三十一文字であれ、つねに幽囚の思いが籠められている。この歌でも、一首のテーマは参加者全員のいわば「課題曲」としての「名月」であるが、歌に詠まれた抒情《じょじょう》では、その月を格子戸越しに眺めている主体、《幽囚の私》が陰画的に浮かび出て来る仕組みである。それに続いて松陰の発句が一句。

〽名月に香は珍らしき木の子かな

原本には松陰自筆の可憐なキノコの絵が添えてあるそうだ。何の下心も底意もない一句である。目立つまいと努力でもしているのか、わざと平凡にそつなく作っている感がある。
こんな調子で同囚の面々がそれぞれ自分の得意芸を見せてゆくのであるが、やがて趣向は同囚各自の競作である「仲秋各詠《ちゆうしゆうかくえい》」に移る。詠者は松陰を加えて十一人。中には牢役人一人もまじっているから、同囚九人で、四十五年も在獄している七十二歳の大深虎之助と花廼《はなの》舎《や》を名のる吉村善作を除く全員が参加している。大深の場合はおそらく高齢者ゆえに、吉村はプロの俳人なので初心者とは同席しにくいというのが不参加の理由だろう。
第一席には、なんと学問嫌いとレッテルを貼られた井上喜左衛門が「和暢《わちよう》」という俳号で納まっている。若侍らしく一本気に、一気に詠まれた句である。

〽名月や真つすぐに行く沖の舟

そして第二席が、野山獄でたった一人の女囚、高須久子である。俳号はなく、ただ「久子」と記されている。

〽宇治の茶の絆なりけりけふの月

この句中、中七の「けり」は、岩波版全集では二字脱字となっている。今、大和書房版選集のテキストで「けり」を補っているのに従う。また「絆」字は両全集とも「きずな」と訓読しているようだが、これはどうか。この漢字はむしろ「ほだし」と訓じた方がよくはないか。「きずな」と「ほだし」との違いは微妙なところだが、同じまつわりつくにしても、前者はより身体的・物理的束縛に傾き、後者はどちらかといえば精神的・心理的な密着感に近いと区別できよう。

野山牢の獄中生活では宇治の銘茶などめったに口に入るまい。久子は、萩藩で三百石取りの大番士高須家の跡取り娘で、養子の夫と死に別れた三十七歳の未亡人だった女性である。ほぼ一年前の嘉永六年（一八五三）二月六日（田中彰『松陰と女囚と明治維新』の考証による）に「密通」の罪で入牢するまでは、比較的余裕のある生活を送っていたと考えられる。宇治茶を嗜むほどの暮らしはしていただろう。

これも一年ぶりに仰ぐ仲秋の名月は、さんざん味わった宇治茶の味わいの記憶から、入牢以前の安楽な日々を思い出させる「ほだし」になるとでもいう句意なのだろうか。

久子の句をそう解釈すると、同じ「仲秋各詠」の七席目にひっそりと納まっている松陰の謎のような一句がうまく説明できるのである。

〽名月や木の葉にたるる玉の露

これは一見したところ、木の葉の上で夜露が月の光に照らされて映えている、といった程度の平凡な叙景に過ぎないが、「玉の露」を「玉露」と読み替えてみると、茶の縁語でまた別箇の句境が開けて来よう。「玉露」に註釈は必要あるまい。松陰は上茶も知らなかったろうし、茶道の知識も特にあったとは思えないが、この句には久子の〽宇治の茶の、に対する挨拶の気持ちが籠められていると言うべきだろう。松陰と久子はまだ顔見知りになってから日が浅い。しかし、両句のひそかな響応は間違いなく両人の心の通い合いの端緒になっていたに違いない。俳諧用語で「挨拶」ないしは「会釈《あしらい》」と名づけられる交情が早くもなされているのである。

有隣の句も「蘇芳《そほう》」という俳号で十一句中に連なっている。

〽きづかひし雲はいづこやけふの月

この男の関心事は「幽囚の雲」とでも呼ぶべき身辺の暗雲から離れないらしい。たとえ仲秋の名月を見ても、「せっかくの月も雲に遮られて見えないのではないか、宵のうちは曇って気を揉まされた」という具合に、つねに不安感と紙一重でしか抒情できないのである。いつもマイナス思考で現実に臨み、減点主義でしか発想できないのだ。

そして「賞月雅草」のハイライトは、花廼舎主人こと吉村善作が発句を詠み、撰句もして興行した「雅莚《がえん》の晴《はれ》」と題する歌仙《かせん》（三十六句で完結する俳諧連句の一様式）であろう。最初の六句（「表六句」という）を示す。

1　月今宵むしも嵐の下音《したね》かな　　顕竜（吉村）
2　晴れ行く霧に楽しみの秋　　花逸（河野数馬）
3　新米の俵に肘を打ちかけて　　蘇芳
4　兎角《とかく》子供も育つなり梟《けり》　　同
5　治まれる世にも鎧の威《おど》しかへ　　松陰
6　三昧《しやみ》の指南と書きし下《さ》ゲ札《ふだ》　　同

歌仙はいわば三十六歩の歩行であるが、その道のりは平坦なコースではなく、途中要所々々に言葉のハードルが仕掛けられている。ふつう二枚の懐紙を折り、その表と裏を全部使って三十六句をできるそばから書き込んでいく。「初折《しよおり》の表《おもて》」六句、「初折の裏」十二句、「名残の表」十二句、「名残の裏」六句、合計三十六句というのがその構成である。そして「初表《しよおもて》」の五句目、「初裏《しようら》」の八句目あたり、「名表」の十一句目あたりの三ヶ所では必ず

「月」を詠み込まなくてはならない。これを「月の定座《じようざ》」という。また「初裏」の十一句目、「名裏」の五句目には「花」を読み込むルールになっている。これが「花の定座」である。あわせて「二花三月」を読み込むということが制約であると同時に句主の腕の見せ所、技倆《ぎりよう》の揮い所になる。これらのハードルをたくみに飛び越えてこそ三十六句目の揚句《あげく》に余裕たっぷりにたどり着き、歌仙のコースの完了に至る。

右の例では、歌仙全体の趣向がそもそも「名月」であるから、「月」の句は、通例の「月の座」ではなく、発句に引き上げられている。したがって、五句目にはもう必要ない。初表の松陰の句を見ると、米が豊饒に取れる太平の世でも、鎧師《よろいし》は威《おど》しのつくろいに余念がないし、また片手間に器用な指を生かして三味線の指南を内職にする、というのである。

続きを見て行くと、「初裏」の七句目に松陰の〽八景《はつけい》の屏風の絵図は古めかし、の句がある。豊浦《ほうほ》（志道《しじ》又三郎）の前句、〽杖ついて寄る煎じ茶の会、に付けた句だが、その茶会の床の間に「八景」の絵が飾ってあったという趣向だろう。「瀟湘《しようしよう》八景」か「琵琶湖八景」のような模造品かは知らないが、いずれにせよ、「八景」に「秋月」の図柄は付き物である。「月」字を隠して「月」を詠む技法といえよう。

それ以下の月花の定座は順当である。「初裏」の十一句目は、和暢の〽花は今飛鳥道灌御殿山、と江戸の桜の名所づくし。「名表」の十一句目は、松陰の〽淀川の夜舟の窓に月の影、と穏当で無難。そして最後から二句目にあたる「名裏」の五句目は、顕竜の〽暖かさに花うつくしく咲き懸《かか》り、と派手やかに仕上げ、松陰の揚句〽けふも長閑《のどか》に遊ぶ永き日、と静かに巻き納める。俳諧連歌という江戸の庶民文芸は幕末の長州萩、それも野山獄の場末にまで普及し、初心者と素人連・門外漢をかき集めてさえこのくらいの芸当はできたのである。

この歌仙には、久子はわずか一首しか入集していない。「名裏」の四句目に〽土産に貰ふにしき絵の数、という句があり、〽暖かさに花うつくしく咲き懸り（顕竜）を挟んで松陰の付句《つけく》がさきの〽けふも長閑に遊ぶ永き日、なのだ。久子は都会的なものへのそこはかとない憧憬《あこがれ》を歌い上げ、松陰はそれを盛り場の絵双紙屋界隈の春景色に移し替えている風情である。両人の呼吸は初手合わせにもかかわらず不思議に合っている。

松陰の第一次野山獄入牢は前述のように安政二年十二月十五日までだから、死後編纂の「獄中俳諧」所収の作は、季節順に配列されているので、みな安政二年内のものとわかる。このわずか一年余りの歳月のうちに、松陰と久子との交情は親近の度を深めていったと断言してよい。露骨な言動はつつましく抑制されているが、俳言俳語のかたちを取った詩的言語が、何よりも正確に二人の心的距離を測定させるのである。

まず安政二年秋とだけ記載のある「短歌行」と題する歌群。これは一首の和歌を二人で上の句（五・七・五）と下の句（七・七）とに分割して完成する趣向である。全部で七首あるうち、厳密に松陰と久子の連吟と記載されているものを見る。

〽酒と茶に徒然《つれづれ》しのぶ草の庵《いお》　松陰
谷の流れの水の清らか　久子

野山獄は、いくら自由な雰囲気があったにもせよ、まさか獄囚が酒や茶を嗜むのまでは許さなかっただろう。してみれば、こうして徒然に耐えるのは松陰の夢想である。その夢想をさらにすがすがしい気持ちにさせるのは谷川の流水の清冽《せいれつ》なイメージだ。よくいえば夢想にほてった頭を冷やすのだし、悪くいえば水をさす働きをする。さもなければ、この夢想の想像力は、松陰をあらぬ天地に連れ出して行きかねない。右の連歌に続く一首、

〽四方山《よもやま》に友よぶ鳥も花に酔ひ
蝶と連れ行く春の野遊《のあそび》　松陰

下の句の句主は明確にわかるが、問題なのは上の句の作者である。この両句は松陰の独吟とも読めるし、前句の〽谷の流れの、の鎮静をなげうち、久子が松陰を〽四方山に友よぶ鳥、に見立てて挑みかかり、松陰の方でも浮き浮きと蝶と連れ立つ仕草であしらったというところか。

こういう心の張りがあってこそ、安政二年十二月五日に同囚みんなが別れの悲しみを詠んだ「送別詠草」の中の久子の一首が特に光るのである。

〽鴨立ってあと淋しさの夜明かな　　久子

鴨は渡り鳥であり、冬を日本で過ごし、冬が去るとまた北へ飛んで行ってしまう。冬の間、自然にいつもある風物のように見慣れていた、少し騒々しいところのある人物がいなくなった後は妙に空虚で、淋しさが夜明けの寒さのように身に沁みる。松陰が突然身辺からいなくなった時の体感的な寂寥感を惻々《そくそく》と伝える佳吟である。

富永有隣は、吉田寅次郎と名のる新顔の囚人が、安政元年十月二十四日に野山獄へ入牢して以来、この獄舎に巻き起こった善意と利他主義的な変動を、くすぐったいような、じれったいような、腹立たしいような、複雑に屈折した思いで眺めていた。

有隣こと富永弥兵衛は、在獄期間こそ短かったが、十人の同囚などまるで眼中に置いていなかった。みんな年齢も入獄暦も上なのに活力も覇気もなく、出獄の望みもなく、生涯禁獄の運命をいくじなく甘受していた。わしはこんな連中とは違う（！）というのが弥兵衛の虚勢であり、またプライドでもあったが、さりとて、当人自身もいつしか、親戚からも同僚からも社会のどんな層からも向けられて来た冷遇に長いこと曝《さら》された結果、いわば一億総性悪論というべき信念に凝り固まり、人間と見れば白眼視する性癖が身に付いてしまい、けっきょくは野山獄に沈殿している無気力・無感動・無関心の泥沼に身を浸して暮らしていたのだった。

ところが、寅次郎が現れてからはにわかに様子が違ってきた。人が寅次郎の周囲に群がって書物を輪読《りんどく》したり、へたな俳句を作ったりしているうちに同囚たちの目の色が変わり、肌に生気らしいものを帯びて来たのは認めざるを得ないようだった。

弥兵衛は自分が何だかいらいらするのを感じた。ありえないことだった。自分がこれまで生きてきて、人間というもの、社会というものについていろいろ辛酸を経ながら学んだと思っていた事柄が、あまりにもあっさりと覆されたような気持ちだった。人間にも善良な一面がある、そんなことは金輪際あってはならないはずのことであった。おのれ一人を高しとして、逆境ながら傲然《ごうぜん》と構えて世にうそぶいてきた自分の生き方が否定されるような気がするのだった。

おまけに、この寅次郎はなぜだか拗《す》ね者の弥兵衛がひどく気に入ったと見えて、これを年長の友人知己として遇し、何かというと自分の上に立てるではないか。部屋割りのことでは細かく気を使う。漢詩を作れば良い詩だといって次韻《じいん》（同じ韻字を用いて作詩する）するし、俳句の一座では自分を上席に据える。何よりも弥兵衛の虚栄心をくすぐったのは、寅次郎が弥兵衛の書芸を褒めて野山獄の手習い稽古のお手本に採用したことだった。たしかに弥兵衛は字が達者で、かなりミバのよい文字を書いた。それに対して、御覧になった読者も多いと思うが、松陰の筆蹟は右肩上がりの癖の強い文字である。弥兵衛は必ずしもこれにコロリといったわけではなかろうが、相当に気をよくしたことは事実である。寅次郎を中心にして同囚の人々が集まる会合では、しだいに自然と兄貴風を吹かすようになっていった。弥兵衛としては精一杯寅次郎に協力したつもりであった。

それにしても、松陰こと寅次郎は、いったいなぜ、弥兵衛を懐柔し、自己の陣営に取り込むことに熱心だったのだろうか。安政二年七月六日という日付のある「徳、時は有隣の説」（『野山獄文稿』）では、なるほど「余も亦《また》罪ありて獄に陥り、相得て喜ぶこと甚だし（私も有隣同様、罪を得て牢に入った。二人とも相手が見つかって大変喜んだ）」と書いているが、果たして、こうした同病相憐れむといった心理だけで説明が付くだろうか。

おそらく、寅次郎は弥兵衛、いや富永有隣のうちに、論破あるいは感化しなければ気が済まない仮想の論敵を見ていたのではあるまいか。別の言葉でいえば、是が非でも自分の論陣に引き込もうとしていたのではなかったか。自分の思想を相手に領略《りようりやく》せしめる、思想闘争の上で富永有隣を味方につける――もしそれができれば、寅次郎はたんなる異端の一青年以上の存在たり得るのである。

二

まだこの安政初年、吉田寅次郎は、時代の危機を鋭く感じ取り、下田踏海の挙に出て失敗した政治青年に過ぎなかった。野山獄に幽囚されている期間は、思索する余暇を充分に寅次郎にもたらした。『野山獄読書記』によれば、松陰が読破した書物は『四書集註《しつちゆう》』『武経七書《ぶけいしちしよ》』『日本外史』などを始めとして、六百十八冊を数える。「松陰」という号の由来には諸説があるけれども、この時代の寅次郎はまだ充分に松陰に成り切っていない。政治青年寅次郎が思想家松陰になるためには、『孟子』との激しい精神的格闘が必須だったのである。

松陰が儒学古典中の古典たる『孟子』の講読を始めたのは安政二年四月十二日であった（『年譜』）。なお『講孟劄記《こうもうさつき》』の目録には、第一場で「孟子序説」と「梁恵王上首章《りようのけいおう》」を講じた日付は六月十三日となっている。そして講義が第二冊「公孫丑《こうそんちゆう》」上下を終えたと思しい八月の頃、松陰は「講孟劄記序」を書いて門弟に示し、今『孟子』を読むことの意味を再確認している。

自分は罪を得て獄に下り、吉村善作・河野数馬・富永有隣の三友と出会って、相共に書物を読み、「道」を講じ、交流が進むのを喜んで、「われわれは逆境にある。励めば何か求めて得るものがあるに違いない」と言い合った。そこで『孟子』を読み、たがいに切磋琢磨して「道」を求めようとした。司獄の福川氏も来会して良いことだと褒めてくれた。（下略）安政乙卯秋、二十一回藤寅《とういん》これを野山獄北房第一舎に書す。

この時期、まだ松陰は「松陰」と自称することよりももう一つの号「二十一回猛子」と名のることの方に熱心だった。「藤寅」とは松陰の姓である藤原氏出身の寅次郎であるということ。

この文章によって、松陰の『孟子』の読み方が、初めは性善説一本槍だったことがわかる。これまで獄中の空気は殺伐で喧嘩ばかりだったが、『孟子』を読み始めてからは、みな善に向かい出したというのである。

『講孟箚記』（のち『講孟余話』と改題）は、もともと江戸時代の基礎文献であった朱子の『孟子集註』をテキストにして講読されたものである。朱子の註釈をそのまま是認している箇所もある。しかし、松陰の『孟子』解釈の特色は、決して孟子の権威に恐れ入らず、時としては堂々と反対意見を述べるなど、どこまでも自由かつ批判的に、『孟子』の本文を読みたどり、読み破ることにあるから、朱子をはじめ先学者の注釈にこだわらぬのみならず、孟子の言葉そのものも取るべき者は取り、意に染まぬものは明快にこれを拒否するという態度で一貫している。その立場は『講孟箚記』の開巻劈頭《へきとう》まずはっきり表明される「われ聖賢におもねらず」というテーゼに現れているといえよう。

経書を読む上で肝要なのは、聖賢におもねらないことである。もし少しでもおもねるところがあれば、「道」は明らかにならない。学んでも無益有害である。孔子や孟子が生国を離れて、他国へお仕えになったことは許せない。だいたい君と父とは意義が同じである。自分の主君が愚だ、昏《こん》（暗愚）だといって他国に主君を求めるなんてことは、自分の父親が頑愚だからといって家を出、隣の爺さんを父親にするようなものだ。孔子・孟子がそんなこともわきまえないとは、弁護の仕様がない。

孟子には小さいながら騶《すう》という生国があった。それなのに、斉《せい》の宣王《せんおう》とか梁《りょう》の恵王《けいおう》とかに仕えようとしたのは、孟子がいかに聖賢であろうと擁護できないと松陰はまず論断する。そして松陰は、孟子のそうした振舞いを、「もともとこれは国体上より出て来ることである。漢土（中国）では、君道がおのずと別に出来ている。（……）わが邦では、天朝（朝廷）から列藩に至るまで、千万世《せんばんせい》世襲して絶えないことは、なかなか漢土などと比べられるものではない」（傍点引用者）と論定し、問題を彼我《ひが》の《国体》の違いに帰着させる。

国体とは何か？　松陰は「国体」を「道」の概念と比較対照しつつ次のように定義する。

道は、天下公共の道であって、いわゆる《同》である。国体は、一国の体であって、いわゆる《独》である。君臣・父子・夫婦・長幼・朋友の五つは、天下の《同》である。日本で、君臣の義が万国に卓越するといったようなことは一国の《独》である。（……）しかし道は総名《そうみょう》（総合的な名称）である。だから大小精粗を問わず、みなこれを道と称する。してみれば、国体もまた道である。（「尽心」下第三十七、八章劄記）

道は総名であるから、国体もまた道の一種であり、天下公共の道と日本独自の国体とが原理的に対立するわけではない。松陰はこの関係を《同》と《独》という二つの論理的カテゴリーを駆使して説明しようとする。「同」は公共・通同のものであり、「独」は私有・独特のものである。道は総名であるから、大に対する小も精に対する粗も、論理上含意できるはずである。「してみれば」、どんな夷狄戎蕃《いてきじゅうばん》でも道のない国家はない。いわんや、わが比類のない国体においてをや。

道という語の「公共」「同」「総名」といったより抽象度の高いレベルでは、わが国体はもちろん「道」に含まれるとする苦心の論理操作である。わが国の国体はわが国に《独自》なもの・《固有》なものであって、明らかに「独」のカテゴリーに属するが、それは決して「同」に反するものではなく、その一部分をなすものなのである。

だから右の引用箇所にすぐ続けて、松陰がわざわざ割注してまでも書き足している次の文章は読み落とすことはできない。

国俗《こくぞく》と国体とは別物である。たいがいの国には自然の風俗がある。聖人が興ってその善を採り、悪を洗い去って、一個の体格を成す時は、これを国体という。匈奴《きょうど》の未開の風習のようなものは、国俗の陋悪《ろうあく》なものである。これを日本の君臣の体と比べるのは不適切かもしれないが、《独同の別》を現すために特に例示する。

松陰がこうして、《独》と《同》の論理を必死で運用して、日本の国体を万国公共の道と一致させる思想的立場を打ち出したのは、自分を一種の《境界領域》に押し出すことに他ならなかった。そのためには、日本に固有の価値体系が世界普遍的だと主張する離れ業を演じ続けなければならない。それは「皇国の君臣の体」を世界に比類のないものと自覚することによって、日本の文化＝社会構造・日本人の思考＝行動様式を特別視する、いわゆる「日本的特殊性」の信念の出発点をなしている。しかし、なおも「聖賢の道」の具体化形態の一つであるとする儒学的思考の卵のカラをくっつけているのである。

だが、いったん日本の国体を万国に卓越するという主張を唱えたからには、松陰はもはや引っ込みがつかない。孟子を読み破ることは、時に孟子に激しい言葉を連ねることでもあった。われ聖賢におもねらず。とはいっても、まだまだ多くの人々が儒学の権威に服している当時にあっては、この態度をつらぬくのはそう簡単なことではなかった。

松陰は粛々として『孟子』を読み進み、読み上げる。最後の「尽心」下第三十六章の註釈で、自己の『孟子』解読を総括するかのようにこう論じている。

孟子を理解しようとするなら、性善から工夫を下し、王政を行い、大道を万世に伝えれば、出処進退に思い残しはないといえよう。だから私は、『講孟劄記』の開巻第一義を国体人倫においた。結末では、叨《みだ》りに（かたじけなくも）この道をもって自任する決意をした。同志の諸君は本著を始めから終わりまでを検討して、私松陰の志が孔孟にもとるか否か、国体人倫にもとるか否かを論究し、教示して下されば幸いである。（傍点引用者）

孟子の原点は、「性善」である。だから松陰も議論を「性善」からスタートさせる。しかし天下の現況は、「性善」がただのお人好し、人性は生まれながらにして善であるだけで済ませることを許さない。

「今、どんな田夫野人《でんぷやじん》（いなかもの）であろうとも、夷狄《いてき》（外国人）に軽侮されて腹が立ち、歯ぎしりしない者はいない。これは性善である」（「告子」上第三章劄記）

つまり、今の日本人にとっては「攘夷」をすることが「性善」の証しだというのである。

整然たるカテゴリー操作がやにわに感情的発言に切り替わるといわれても仕方がない。松陰の『孟子』解読の特色の第二点は、孟子の言説を超歴史的な道徳教訓としてではなく、古代シナの歴史的現実の文脈で読み解いたのと同様に、幕末日本の危機的状況に読み替えて理解することにある。

しかも『孟子』解読のこのような根本的転換は、必ずしも松陰の頭脳の密室からのみ生まれたものではなかった。それは、野山獄の同囚たちによる容赦のないヒアリングを経ていたのである。当然、厳しい質疑応答もあったであろう。一同の関心は、松陰が全思考の起点をいきなり皇室尊信に取るかという論点に集中したに違いない。

尊王が先か、攘夷が先か。当時の松陰にとっては、その論理的先後《せんご》関係が大問題であった。というのは、松陰があえて国禁を犯す危険を知りながら下田踏海の挙に出たのは、「夷狄に憤をなし」たからであった。尊王の思いから発したものではなかった。

そんな松陰が尊王を第一義とするに至った思考径路については自分でこう語る通りだ。

私は幼少の頃から家学の兵学を学び、自分でも兵法を講じ、夷狄は国患であって憤るべきものであることを知った。以後広く夷狄が邪悪であり、日本が衰えた所以を知り、ついに、天朝（天皇の朝廷）の深い患《わずらい》は一朝一夕に起きたことでないと知った。しかし、天朝を憂えることと、夷狄に憤ることのどちらが本であり、どちらが末であるかは、まだ自分でもわからなかった。だが今年八月のこと、ある友人（勤王僧宇都宮《うつのみや》黙霖《もくりん》）に啓発されて、初めて愕然《がくぜん》と悟った。これまで、自分が天朝を憂えていた気持は、みな夷狄に憤をなしたことから発していた。これはすでに本末を誤っていた。本当に天朝を憂えていたのではなかった。（「又読む七則」『丙辰幽室文稿』）

こうして、皇室尊信という機軸を一筋通すことによって、松陰は一介の政治青年寅次郎から思想家松陰へと脱皮したのであるが、そのプロセスを間近で、しかも非常に意地悪い眼差しで、冷やかに観察していたのが富永有隣であった。

この男は松陰に少しも遠慮せず、論争になってもなかなか引き下らなかったらしく、『講孟劄記』の中でも「有隣は屈強の士、議論相下らず。（……）今より三、五年の後、必ず微《び》効《こう》を見《あらわ》すに至らん」（「尽心」上第九章劄記）と評されているくらいだ。

また松陰の方でも、有隣の口さがなさを一種の気骨として買っていたらしく、親しい友人には「僕在獄の知己富永有隣、僕称奨《しょうしょう》（ほめちぎる）甚だ務め、口焦げ唇爛《ただ》るれども、人未だ信ぜず」（「黙霖《もくりん》との問答筆語」、安政三年八月十四、十五日頃、『書簡』）（私松陰は牢舎で知り合った富永有隣を口がくたびれるくらい褒めちぎったが、人々はどうしても信じない）となおも信頼を捨てていない。

松陰がなぜ有隣にそれほど惚れ込んだのかは謎であるが、少なくとも有隣に「知性」を感じていたことはたしかである。有隣は周囲の敵意によって流罪・投獄される以前には、藩校明倫館の秀才青年であったことを忘れてはならない。

この明倫館で有隣の師であり、嘉永の初年、つまり有隣が流罪にされる嘉永五年（一八五二）前の時期、嘉永三年まで明倫館の学頭を務めていたのが碩儒山縣太華である。

安政年間にはもう太華は公生活から隠退していた。病を得て隠居していた太華に、何を思ったのか、松陰は『講孟剳記』の評を依頼したのである。いわく、「先生は今ではもう老退されておいでですが、才を愛し、道を憂えるお気持ちは昔通りかと存じます。矩方《のりかた》（松陰の名）の書くくらいのことはすでに包み込んでおいでだとは思いますが、このたび、厚かましくも『講孟余話』なる著書を書きました。先生におかれまして何卒私の狂をお咎めなく、後進の目をお開きくだされば、幸いこの上もございません」（「太華山縣先生に与えて『講孟剳記』の評を乞う書」『野山獄文稿』）。

それにしても、『孟子』解読に新機軸を打ち出しつつあった松陰はなぜまた太華に評を乞うたりしたのだろうか。

松陰はモラル・サポートを必要としていたのである。松陰の創見《そうけん》は、これまでの伝統的な『孟子』註釈のどれにも見られないものであった。すべて独創的な見解は、初めひどく孤立無援なものである。松陰は狂狷《きょうけん》と思われるほど自信たっぷりであったが、反面では、自説が人々にどのくらい受け入れられるか心細くもあったのである。それに、斯学《しがく》の権威から自分の仕事を評価してもらいたいという青年らしい衒気《げんき》も全然なかったとは言い切れまい。太華先生からどんな励ましの言葉が頂けるか。松陰は内心そわそわしていたに違いない。ところが、まるっきり予想に反して、太華の反応は手厳しかった。松陰の期待に応えないばかりか、頭から水を掛けるような挨拶だったのである。

太華が指摘した難点は二十五項目にわたる。それぞれに重要なのであるが、要点を絞ることにしよう。「国体」という概念である。太華はまず、「国体という語は、宋代の書物には往々見かけるが、わが邦の書物ではまだ見たことがない」(『講孟劄記』評語」下の一)と牽《けん》制《せい》し、さてそれから、当時のいわば思想的新語であった「国体」という言葉の耳慣れない一種のいかがわしさを警戒しながらこういう。

当世に「皇朝学」「国体学」などと称する一派の学は、もともと水戸藩から出たもので、ひとり外国を排斥するのみならず、ひそかに皇朝(朝廷政治)を再興する意図を持っているようである。

日本の歴史は、鎌倉時代以降、公家・武家と二つに分かれ、それ以前を「王代」、それ以後を「武家の世」と称し、公家は位を司《つかさど》り、武家は土地人民を司ることになって、王臣は朝廷に仕え、武臣は将軍家に仕えるという風に勢いが定まって、もうすでに六百年の歳月が経つ。位を司る者は貴いが権はなく、土地人民を司る者は権勢が甚だ重い。位は虚名であり、土地人民は実である。

だから、皇朝を再興しようとするなら、その名義を貫くせざるを得ず、「皇朝」とか「神州」とか「国体」とかいった最上級の言葉を使わざるを得ない。みな名義を揚げようとするためである。また、名義でもって将軍家を貶《おとし》めようとする。「覇」とか「公」とかいうのがこれである。（『講孟劄記』評語」下の三）

太華の警戒心は、やっぱり直感的に外れていなかった。松陰は「国体」という新語を「もしそれが現実に当てはまり、実際の役に立つならば、どうしてその語が古くないのを嫌うのか」（前出書「反評」）と反論するのである。太華の批判に恐れ入るどころか、それでも結構、どこが悪いのかと開き直った恰好だ。

太華と松陰との論争は、江戸時代ずっとタブーになってきた大問題を公然化することになった。見方によっては、老来なお矍鑠《かくしゃく》としていたこの正統朱子学者は、二十七歳の松陰の思想的挑発に乗ってしまったといえるかもしれない。何しろ、朝廷はなお虚権を持っているだけの存在であり、天下の実権は将軍家が掌握していると明言してしまったのだから。そして、論争というものの性質上、しだいに売り言葉に買い言葉で語気をつのらせてゆく両人の応酬は、終ってみたら思想の新しい地平が開けていたというような一つの壮観なのである。

さすがに松陰も最初は、「太華翁は、年齢七十歳、久しく病んでおられる。しかし、道を守る志は少しも衰えず、ご自分で数点を論駁《ろんばく》して返して下さった。翁は病廃後、半身が麻痺し、左手で字をお書きになる。その点や画は、勃卒《ぼっそつ》欹斜《きしゃ》（ぶっきらぼうではすっかけ）、絶えたかと思えばまた続くありさま。こんな苦労をしてお書きになった」（「太華翁の講孟劄記評語の後に書す」）と礼儀正しく謝辞を連ねているが、しまいには、「老先生それ喪心《そうしん》せしか（先生、気はたしかか）」と痛罵《つうば》を浴びせるに至っている。

しかし本当のところでは、松陰はひどく淋しいのであった。太華に評語を依頼してすげなく突き放された松陰の淋しさは、安政三年十一月十五日、「道太に与えて講孟劄記を示す書」に生々しく現れている。

（私には）常の師がいるわけではないから、議論を好み、文字を綴るといっても、たいていはみずから信ずることをみずから断定し、頼みとする人も参考にする所もなく、いつもあきたらない思いをしてきた。（……）このたび山縣太華翁に正論を聴こうとしたら、翁は『評語』一巻を著して、これを逐条的に論駁された。私が一所懸命に論じた尊王攘夷、国体、臣節を励まし、人材を育てる等々の諸条は、一つも翁の取る所とはならなかった。茫然自失、目が眩んで歩けないほどであった。

いくら気負っていても、若い松陰には太華の拒絶反応はショックだったのである。

三

有隣は、その一部始終を至近距離から意地悪く観察していた。若僧め、ざまを見ろと快哉《かいさい》を叫びたい気持ちも内心なくはなかった。ありていにいって、このまだ嘴《くちばし》の黄色い青年は、読書量といい、周囲への影響力といい、目を瞠《みは》らせるような所があったが、またひどく目ざわりで、小面憎くもあった。それが頭からザンブリ冷水を浴びせられたのだからスカッとした気分がなくもなかったが、反面また少し気の毒でもあった。どういうものかこの若僧を見ると、出過ぎるな！　といって頭を押さえつけたくなる気持ちと弟を相手にしているように庇護《ひご》してやりたくなる気持ちとが不思議にせりあうのであった。

かつて自分も若い頃、太華先生の門弟だった有隣は、いってみれば松陰の「兄弟子」だった。おとうと弟子にあたる松陰が師弟関係で苦境に立っているのだから、本来ならば取りなしてやるべき立場にある。しかし有隣は二人の間を調停しようとはしなかった。自分でも『大学述義』の著がある有隣は、学問的にはむしろ保守的な人物であった。いまさら新しがって「国体」の「皇朝学」のといえるか。そこで有隣が選んだ態度は形勢観望だった。野山獄では松陰がえらく自分を買いかぶって用意してくれた地位に納まる。内心では決して松陰の学に同調、まして心服はしない。つまり、俗世間では「二心《ふたごころ》」と呼びならわす態度に落ち着いていったのである。

しかし、問題が女のことになると話は別だった。まさか、有隣と松陰が一人の女を争ったとか、嫉妬が有隣の感情を狂わせたとか、そんな月並みな話に持って行くつもりはない。でも、二人の間に存在していたのは、やっぱり男女のことにまつわる情感の縺《もつ》れとしかよびようのないものであった。

男ばかりの集団にひとり女がまじるだけでもとかく波風は立つものだ。ましてや、野山獄の囚人たちときたら、在獄歴の長い者は四十九年、短くても四年は娑婆《しゃば》から隔離された男ばかりだったから、女と聞けば目の色を変え、性欲をギラギラさせた連中が揃っていたはずである。だが、そこはみんな武士身分のこととてそんな内心はオクビにも出さず、むっつりした不機嫌の中に欲求を押し殺して日を送っていた。みんなの関心の的は、野山獄の北房の東の端の獄室に四年前から監禁されているたった一人の女囚、高須久子に集中していた。

久子は当年（安政三年）三十九歳になる。少し年を食いすぎてはいるが、入獄の理由が人々の好奇心をそそるに充分であった。何しろ、武士の未亡人でありながら、被差別身分出身の三味線弾きとねんごろな仲になり、稽古に事寄せて度々家に宿泊させたスキャンダルがぬぐいがたい体面の汚れであり、「非法の至り」であるとして罪に問われたのである。

彼女の品行はそれ以上でもそれ以下でもない。藩法はそれを①武士の妻であるにもかかわらず、被差別身分の者と交渉したこと、②密通（の疑惑）の故をもって処罰した。反対に、ある既成左翼の学者は、久子の行動を被差別民に対して「すべて平民同様の取扱い」をしたことの故に評価する（田中彰『松陰と女囚と明治維新』）。事実は、すべて後付けの理屈を沈黙させずにはいない《女の性《さが》》のロジックであるというのに。

彼女の残《のこ》んの色香というより、まだ盛んに放散されている「色気」が、入獄前に過ごしてきた時間の独特な密度を想像させた。有隣はそれを想像してひとりでにやりとすることが多かった。人から「眇眼瘂面」といわれたご面相だった割には、有隣はその方面ではしたたかだった。江戸時代、人間はよく天然痘に罹《かか》った。一種の通過儀礼のようなものだ。だから、あばたの残っている人体は少なくなかった。残る部位がどこであるかは運次第である。有隣のように顔に残るケースはまことに不運であった。そしてこの運不運は男女均等に訪れるはずだから、世の中には、あまり人目に触れていないというだけで、顔とか、あるいはもっと別の他言を憚《はばか》る部位に、あばたの痕をとどめた女性も一定の確率で存在するに違いない。

男が女に飢えているのじゃない。逆だ。女はほっとかれたら淋しいものなのだ。何らかの弱点が自分にあると思っている女は、すこぶる男に弱い。——というのが、日頃の有隣の確信だった。事実、有隣はこの持説通り、何人かの女をモノにしたことがある。女は性《さが》としてある種の欲求には逆らうことができないのである。そんな場合には、自分がこんなご面相でもたいした障害にはならなかった。

久子の場合だって、と有隣は考える、あの何とかいう三味線弾きは、特別でかいモノを持っていたか、たくみにくすぐるツボを心得ていたかだろう。男と離れたら禁断症状が出るような仕掛けを施したに違いない。そうに決まっている。あの女の顔をよく見ろ。ある種の誘惑に弱いと顔に書いてあるじゃないか。

松陰があの女に示した反応は奇態だった。色恋の沙汰があったとは思わぬが、松陰があの女の境遇に同情して、どうにかして入獄生活から脱出させてやりたいと思っていることは有隣にもわかった。同情はもちろん恋情ではない。だが松陰と久子の間に、たとえていえば二つの物体の間に干渉波が生じたかのような具合に、曰くいいがたい交情が生じたことはたしかだった。

とりわけ和歌や俳句の贈答が二人の心を波立たせたことは前述の通り。しかし、有隣にその機微まではわからない。歌のやりとりが久子に生じさせたかもしれない心のときめき――「心」の音声ココロは、《動悸の脈打つ処《ところ》》から発している。つまり、ココロの語源は半ば動悸音の擬音語《オノマトペ》なのだ――も、生理的には女の体内で子宮のざわめきと連続している、というのが有隣の信念であった。その不可分の連続体の下半分だったら、有隣の得意な領域だった。心のときめきの方はさっぱりお呼びではない。だが、女というものは、男がただ頭がよい、自分に不可解なことをすらすらやってのけるというだけで、強烈なエロスを感じることがある。何かに向かって夢中になれる、一本気である、そんな姿にも女心をそそられるらしい。有隣は、松陰の薄いあばたと吹出物だらけの顔を思い出し、不意に息苦しいほどの嫉妬を感じた。

そんな久子の心事を知ってか知らずしてか、松陰は彼女の入獄事情を調べ始めた。もっとも松陰が奔走したのは彼女一人のためだけではない。いろいろ尽力した甲斐あって、安政三年も十月中旬の頃には野山獄の滞囚十二人のうち七人が放免されていた。松陰自身もすでに前年の十二月には解放されていた。皮肉なことに後に残った中には、富永有隣（安政四年七月四日放免）と高須久子がまじっていた。久子が釈放されたのは明治元年になってからである。

有隣は出獄後、松陰の要請ですぐ松下村塾の賓師《ひんし》（客分の教師）に迎えられた。いい加減な惚れ込みようではない。こんな文章まで書いて有隣を持ち上げている。


博学でも要点を失しているのを雑学という。雑学は学問とはいえない。だから、専門の学もまた廃すべきではない。有隣が松下村塾に来てから塾生は大いに振った。十数歳の童子《どうじ》でいながら、傍訓《ぼうくん》を借りずに漢字が読める者が次々と輩出した。（「村塾記事」『詩文拾遺』）

こういう贔屓目《ひいきめ》は何度となく発揮されたが、中でも滑稽だったのは、松陰が婦人教育に熱心になるあまり、有隣に曹大家《そうたいこ》の『女誡《じょかい》』七篇を訳述させたことだろう。曹大家とは、後漢《ごかん》の儒者班固《はんこ》の妹班昭《はんしょう》の称号。『女誡』はその著になる婦徳書で、卑弱、夫婦、敬順、婦行、専心、曲従、和叔妹の七篇に分けて理想的な婦人の道徳を説いたもの。実物が残っていないので本人の説はわからないが、有隣は内心さぞ苦笑したことだろうと思いの外、案外大真面目にしかつめらしい論議を述べるのは驚きであった。

もっとも松陰の方も、なにせ生涯童貞説もあるくらいの堅物のことだから、日頃の婦徳論も、「婦人は、もし子がなければ夫に殉ずべし」といった調子の杓子定規のものだったが、その断定的口調は、どうやら女の性に対するほとんど性悪論的にペシミスティックな認識と紙一重のものだったらしい。

安政六年（一八五九）四月二日、松陰は、伏見要駕策《ふしみようがさく》（参勤のため江戸に下る長州藩主毛利敬親《たかちか》を伏見で待ち受けて、勤王討幕を強要しようという策謀）に失敗して、岩倉獄に監禁された野村和作《わさく》に宛てた手紙を書いている。勤王のために死を覚悟した門弟を励ましたり、いい死期を選ぶべしと説諭するのが大意であるが、書中、今勤王のために死ねず、漫然と生き残った場合の自分たちを武士の未亡人にたとえる、その比喩がユニークなのだ。

今死ねばたがいに勤王の死である。今から数十年生きて、勤王ができなかった世の中で、身を潔《いさぎよ》く保ち、不義の人にならずにいるのはむずかしい。「夫が義に死んでも、幼児がいたら、婦人は道理として死ぬべきではない」という楊椒山《ようしょうざん》の論は当たっている。婦人は、もし子がなければ夫に殉ずべしという論にも一理ある。二十歳《はたち》かそこらの美婦が寡《やも》婦《め》暮らしをして、貞節を守るのは実にむずかしいものだ。その内に一回でも邪淫を行ったら、夫との信義にそむく。邪淫をしても知らぬ顔を決め込み、他人に対しては貞節な未亡人の振りをしても、鬼神が許すわけがない。それを思うと身の毛がよだつ。私も足下《そっか》（あなた）もこの美婦のようなものだから、今度死ぬことができない時は、後で節を守るために死ぬより苦しい思いをしなければならない。

こういう比喩の使い方一つを見ても、松陰には、女というものについてなかなかの知見があったといえそうである。貞操を守るための身を揉《も》むような辛さへの洞察力など相当なものだ。

だが、それはいわば書物による知識であり、直接女の官能性に触れた体感的なものではなかった。久子の未亡人生活の満たされない日々、芸人を家に引き込まずにはいられない官能の渇きといった原色的な生の画面は、ついぞ松陰の想像力のうちには現れない。松陰はその点では色盲なのだ。

その度しがたい律儀さを示す、またとない見本をお目に掛けよう。まだ安政二年と思われる時期の和歌一首である。

高須未亡人に数々のいさをしをものがたりにし跡にて

〽清らかな夏木のかげにやすろへど人ぞいふらん花に迷ふと　　矩方

詞書《ことばがき》（和歌の前文）中の「いさをし」には諸説あるようだが、ここでは単純に「功績」と解しておこう。聞き上手の女性にうながされて、うぶな松陰は下田踏海の冒険やしくじりの数々をつい興に乗るままに雄弁に語ってしまったのだろう。昂奮《こうふん》が冷めた後から、あれは少し喋りすぎたと反省する気持ちを籠めた一首である。自分としては何の下心もなく、ただ清涼感を求めて樹木の陰にいこったつもりだったけれども、世間では——といってもこの場合は同囚の面々しかいないのだが——あの寅次郎もやっぱり女には気を許すのかと口さがなく言い立てることだろう、というのだ。

傍らにいる有隣は、そんな松陰を、じれったいような、ハラハラするような、ずけずけ差図したくなるような、ちょっぴり複雑な気持ちで見やっていた。有隣に言わせれば、女は決して男に話し相手などを求めてはいない。せっかく松陰の房に出入りしているのだから、その間にはそれとなく怪しい謎を掛けることもあろう。いや、掛けるはずなのだ。今だ！　今が頃合だ。そこでチョイト手でも握ってやればイチコロなのに、と、はたで気を揉むこともしょっちゅうだった。しかし、松陰はその辺の呼吸がとんと鈍かった。松陰は委細構わず、いつもおっとりと、いらいらするほどマイペースで久子を遇し続けた。

そんな日々が過ぎ去り、安政二年十二月十五日、松陰は許されて松本村に去った。送別の句会があったことは前述の通り。

四

その後、富永有隣の賓師招聘《しょうへい》もあって、安政四年十一月には松下村塾の開塾となった。塾生は日を追って数を増し、年末には十数人を数えるに至る。メンバーとしては、早期からの門弟に久坂玄瑞、吉田稔麿、入江九一、寺島忠三郎、高杉晋作などがおり、これらの人々が内戦で戦死・病死してみんな亡き後、後続世代として伊藤利助（のち博文）、山県小助（のち有朋）、品川弥二郎、山田市之允《いちのすけ》（のち顕義）、野村和作（靖《やすし》）、松本鼎《かなえ》、岡部富太郎《とみたろう》らが、維新を生き延びて明治政府の要員になった。また他に、萩の乱を起こした前原一誠や飯田吉次郎（俊徳）、渡辺蒿蔵《こうぞう》（天野清三郎）、松浦松洞、増野徳民《ましのとくみん》、有吉熊次郎、時山直八、駒井政五郎、中村精男《きよお》、玉木彦助、飯田正伯、杉山松助、久保清太郎《せいたろう》、生田良佐《りょうすけ》、宍戸璣《たまき》（山県半蔵）らがいて、多士済々《たしせいせい》だが、運命は戦死・獄死・病死・栄達などいろいろである。

これらの門弟たちに入りまじって富永有隣の立場はデリケートである。松陰の主張に公然反論はしないまでも、さりとて心服するわけでもなく、「中道」を行く態度で如才なく振舞っていたらしい。その様子を窺わせるエピソードがある。

安政四年九月初めのある夜、杉家での集まりの時のこと、松陰は有隣と最近の士風について論じていた。もう夜が更けて、部屋の燈火も燃え尽きかかっていた。同座していたのは、無咎《むきゅう》こと増野徳民、無逸こと吉田栄太郎。それに市之進・溝三郎という近所の田舎の少年たちもその場に居合わせた。この二少年はその後どうなったのか記録がない。話題は岸田多門という同門の子弟のことに及んだ。まだ十四歳の子供のくせに大きな顔をしてスパスパ煙草を吸うのが心配だというような話になったらしい。

松陰は煙草が嫌いだった。それも体質的に煙を受け付けなかったらしい。その嫌悪感が顔色に出て、一座はむっつり黙り込んでしまい、何とも気詰まりな空気になった。

しばらくして、吉田栄太郎が「では、私から始めましょう」と言いざま、思いつめたように煙管を折った。声に応じて、徳民、市之進、溝三郎の三人が続けて煙管を折った。有隣が口を挟んで、「皆さんがそうするのなら、わしも折らないわけにはゆかないな」といい、松陰に煙管を折らせた。松陰はいった。

「煙草は飲食の添物だというが、慣れると癖になる。私は生まれつき煙草が大嫌いだ。しかし、諸君がいっときの勢いで禁煙し、やがて後悔することにならないか心配だ」

すると、有隣、徳民、栄太郎の三人は憤然として、「先生はわれらの言葉をお疑いですか。世の悪習に対してするのであって、岸田の小僧一人のためにではありません。こう言ってもまだお疑いか」と色をなした。松陰は頭を深々と下げて、

「済まぬ、済まぬ。疑ったわけではない。諸君が本当にそういう気持ちなら、松下村塾は真

の第一歩を踏み出すことになる。もう心配はない。このことを文章に記しておくことにしよう」といった。

松陰は翌朝早く起き出して、「煙管を折るの記」(『丁巳幽室文稿』所収)を書き上げ、岸田多門に読み解いてやった。話がまだ終わらないうちに多門はわっと泣き伏した。泣いているだけで一言も言わない。松陰もその場では何も責めなかった。数日経ってから、多門は煙草道具を全部親元に送り返し、その後二度と吸わなかった。

この話にはまだ続きがある。

安政四年七月四日に有隣が野山獄から釈放された後、有隣は、禁酒の誓いはよく守ったが、禁煙の方はすぐに破ったらしい。節を折るのは煙管を折るより平易だったのだ。

高杉晋作は、「有隣は節を折ってまた煙草を吸い始めた。多事は推して知るべきである」と激論した。有隣をもっと悪くいう者は、作り話をして、「有隣の奴は酔っ払ってどこそこの川へ落っこちた」などと言い立てた。

有隣の日頃の人となりがそんな作り話を信じさせるのだろうが、松陰は、有隣を極力弁護していう。「有隣は獄から抜け出すために気を遣って大変だった。釈放された後、少し気が弛んだとしても無理はない」。

松陰の煙草嫌いはほとんど神経症的だったようである。門弟が無遠慮に煙草をくゆらすのに一々イヤな顔をする師に対して、吸う方でもピリピリしてさぞ気詰まりだったろう。この場合もまた、「多事は推して知るべし」である。この潔癖といえば潔癖な気性は、どんな目標でも徹底的にやりぬき、途中で妥協することを自分にも他人にも許さない生き方になって、時としては、周囲のそれほど《純粋》ではない人間には、はた迷惑なほどだった。来原良蔵は、いつも「義卿《ぎけい》（松陰の字《あざな》）は自分の意見を人に強制する弊がある」（「小田村伊之助宛書簡」、安政六年一月二十六日）といっている。たしかに、人からそう批判されるようなことがあったのは否めない。

松下村塾がますます盛況になる一方、大老井伊直弼による日米修好通信条約の「違勅調印」をめぐって国内情勢もいよいよ緊迫していた。「水戸密勅」が下され、幕府は「安政の大獄」に着手していた。安政五年九月七日には、松陰の最後の運命に大きく関わる勤王家梅《うめ》田《だ》雲浜《うんぴん》が逮捕された。以下続々と志士たちの捕縛が行われていた。

危機感をつのらせた松陰は、初めて直接実行計画を立案するようになる。水野土佐守（忠《ただ》央《なか》）暗殺計画、伏見獄を襲撃して梅田雲浜を救出する作戦、老中間部《まなべ》詮勝《あきかつ》要撃《ようげき》（迎え撃つ）計画などが次々と思い付かれる。師松陰のこうした急激な先鋭化を心配した門弟たちは本気で気を揉み、間部要撃計画では血盟に名を連ねた入江杉蔵という愛弟子《まなでし》までが、江戸にいる吉田栄太郎への手紙で「栄太よ早う帰ってくれ、先生のも（守）りには困っちょる」と悲鳴をあげたと伝えられている。藩当局もとうとう黙認できなくなった。安政五年十二月二十六日、松陰は再度野山獄に入れられる。そして、ちょうどこの前後の時期に、富永有隣は松下村塾を逐電《ちくでん》したようである。機を見るに敏というか、いかにも有隣らしいのだが、この人物は、師のあまりの急進化ぶりに門弟たちの動揺が激しいのを見透かしたように素早く、いずこへとも知れず姿を消したのであった。

松陰の落胆は大きかった。がっかりした気持ちを率直に手紙に書き付ける「富永生大失節、同志中残らず絶交。歎ずべし、歎ずべし（富永くんが大いに節度を失い、同志はみな絶交したそうです。残念々々）」（「中谷正亮《しょうすけ》宛書簡」、安政六年一月六日）。中谷正亮は、松陰より年長で、友人というよりは兄貴分だった人物である。松下村塾には入らなかった。この手紙で松陰は「失態」とも「失策」ともいっていない。有隣が「大いに節義を失った」ことをひどく残念がっているのである。それと、手紙の日付から有隣の逐電事件が年末年初の怱卒《そうそつ》の間だったことがわかる。当然、有隣の評判はガタ落ちだ。塾生たちは怒って全員が有隣と絶交するに至った。

また、松陰はこの時、一月十一日に書いた宛先不明の手紙に「江戸在住の諸友、久坂玄瑞・中谷正亮・高杉晋作などもみな僕と意見が違う。意見の分かれる所は、僕が忠義をするつもりでいるのに、諸友は功業をするつもりでいることだ」と感情的に言いまくるくらい、孤立感に陥っていた。

こんな失意のまっただ中で、それこそ後脚で泥を引っ掛けるような恰好で出て行ったのだから、松下村塾中が憤慨した。何しろ、間部要撃計画が発覚して、血盟した八人が連座して捕まった時、有隣は藩内の俗論と一緒になって八人のことを誹謗《ひぼう》したというのだからみんなが怒るのも無理はなかった。

だが、塾生があんまり有隣のことを悪くいうものだから、松陰はかえってこの憎まれ役を弁護している。不思議な人格である。一世一代のメガネ違いをしたというのに、松陰はなおも有隣を哀れがる。五月十三日になってから、土屋蕭《しょうかい》海宛に出した手紙の中にはこう書かれている。

富永の事はよくわかっています。僕には今、やたらにこのような輩《やから》を怒る気持はありません。危惧の際には、この人に限らず右顧左眄《うこさべん》（周囲を窺ってばかりいて、くよくよ決断しない）して、事が過ぎるのを待ってあれこれお喋りする者は少なくありませんから、それを一々怒っているのではあまりに愚かしいから僕はしません。

この人の身になってみれば実に憐れむべきことなのです。第一に、居所にも困るでしょう。また、家も貧乏だから徒食《としょく》しては立ち行けない。生業を営むことが出来る人間ではありませんし、特に酒食にヨワイという弱点があるから、生活経費も少なくないでしょう。表に出て旧友に逢えば面罵されて、進退きわまる事は避けられません。

早晩行き詰まるのは目に見えている、というのだ。松陰には有隣という人間が、いや、有隣のような人間がよくわかっていたのである。いや、よくわかっているつもりだったのである。自分で招き寄せたとはいえ、暮らしに切羽詰まるであろうという危惧を感じて、生計の心配までしてやっているくらいだ。

この人は国外に去るか獄中にいるのが最良の計だけれども、それを議するのは恐れ多いから言ってても仕方がない。中計《ちゆうけい》は在所に帰って老母へでも孝行し、手習師匠などして世間の議論に関係しないことだ。萩をうろうろして何の職業もないなんていうのは、下計《げけい》という外はない。

生涯最後の意念《いねん》を「誠」に籠めて、「一の誠字の工夫を付けたり」（『留魂録《りゆうこんろく》』）と言い残した松陰は、すべての人間を《誠》の光源が照らし出す明かりの中に見ようとした。さきほど「ウルトラ楽天主義《オプティミズム》」、「極端な性善論」、「先天的な向日性」、「自分の感化力に対する恐るべき自信」という一連の形容をしたような精神態度は、どうしても、有隣のようなアマノジャクの、皮肉屋の、他人には悪意しか向けない、生まれつき後ろ暗い、とはいっても、陰翳《いんえい》があるのではなく、すべてにウラのある人間気質が理解できなかった。

松陰の政治思想、とりわけ国体論は、当時もちろんこんな言い方はなかったが、《反体制的》な思想の最たるものだった。明治以後の王政復古史観のもとでは、完全に主客逆転してしまったが、徳川幕藩体制に向かって皇朝主義を対置することは不逞な反体制思想以外の何ものでもなかった。大多数の藩論、健全な社会常識にとっては、松陰と松下村塾にはびこる一派は危険な思想家だった。松陰はアブナイ人間だったのである。

だが、有隣の目するところ、なるほど後生畏《こうせいおそ》るべしということはあるかもしれないが、まだ嘴《くちばし》の黄色い寅次郎は不安定で危なっかしい政治青年にすぎなかった。この保守的な朱子学で凝り固まった人物は、新しい思想に何か根本的にいかがわしいものを感じていた。怪しい、怪しいとためらっているうちに案の定、松陰門下の八人が揃ってお咎めを受けた。そして、松陰自身も再度の牢屋入りになったではないか。そろそろ松下村塾には鼬《いたち》の道を決め込む潮時だ。

それでも松陰は、有隣がそんな考え方をするとは信じなかった。俗な言葉でいうなら、「人を見る目がなかった」のである。「義卿、人を知らず。有隣、義を知らず」とうまいことをいった者もいる。それほど有隣には甘かった松陰だが、さすがに今度ばかりは多少腹に据えかねたらしい。蕭海への手紙の続きでいう。

小生は、世間の批判にさらされることが少なくありません。それは自分でも甘んじていることですから敢えて辞しませんけれども、今の場面でまた有隣などに、「松陰がああいった、こういった」と売り歩いて貰っては面白くありません。この人は嘘の名人ですから、一度でも文通か面接でもするとたちまちそれに尾鰭《おひれ》を付けて、埒《らち》もないことを云い散らすにきまっています。それが一番迷惑です。

小生の性質はあなたがご存じの通り、いつも技痒《ぎよう》（自分の技倆《ぎりよう》を見せたくて腕がムズムズする）とかいう癖が出て、何ごとにも出過ぎる男ですので、「今後は国事を言わないとか、人物を論じない」とかいっても嘘になりますが、今は朝廷の方も一段落、わが公（藩主敬親）も江戸へ参勤交代でお留守ですので、またの機会までは沈黙する他はないでしょう。こんな時、そそっかしい有隣が聞きかじり見かじった臆測だけで物をいってくれたのではどうしようもありません。

有隣はこうして松陰はじめ松下村塾の面々にさんざん気を揉ませながら、どこの身空にいるのやら、杳《よう》として行方知らずになってしまった。

野山獄では、安政五年十二月二十六日再び入牢の身になった松陰と変わらず幽囚の中にあった高須久子との久しぶりの再会があった。

しかし今度は松陰の処遇のしかたがまったく違っていた。今の松陰は機会があれば門弟たちをそそのかして、いつでも危険な行動に出かねない要警戒人物であった。当然、身辺の監視も厳しくなる。昔のように松陰の囚房をたずねて行って話を聞くなどはとてもできない相談だった。久子との再会といっても、遠くから目と目を見交わすぐらいしか不可能だった。

松陰の方も、いろいろ書き物があって忙しかった。

そして安政六年五月二十五日、ついに松陰が江戸へ送られる日が来た。二度と萩に戻ることのない永訣《えいけつ》の日である。

あまたの門人知己が別れに臨んで心情を吐露した。時は五月。折からホトトギスの季節であった。寄せられた和歌にも、「五月雨《さみだれ》」「死別」「五月闇《さつきやみ》」などホトトギスの縁語が多い。

この唱和集の中に、久子の詠み草がひっそりと一句だけ入っている。俳句である。

〽手のとはぬ雲に樗《あふち》の咲く日かな

樗は、俗名センダン。初夏に薄紫の花を咲かせる。「夏」の季語である。「手のとはぬ」は、「手の届かぬ」意味の方言であると松陰全集の頭註《とうちゆう》はいう。もう手の届かない絶望的な距離の向こうに可憐な樗の花が咲いている。「あふち」は、事によったら「あふ」をひそかに掛けていたのかもしれない。かなたに樗の花が咲いている、というより、花が咲いているのは、決して手の届かぬ距離の向こう側にあるという、手が届かないということに重点のある句だ。もう会えないかも知れない、と離別感がひしひしと身に迫る。

法制史学者滝川政次郎の随筆「樗《おうち》と棘《いばら》」によれば、平安朝の昔、京都の左右獄には、樗の大木があって、重罪人の首をその枝に懸けて晒したそうである。不吉な連想だ。女は、男が死所に向かおうとしているのを本能的に察知し、それゆえに冴えかえる一種のエロスを感じるものであるらしい。

その気配を悟ったのか、江戸への帰らぬ旅直前に最後の情感を伝える松陰の二作。

高須うしのせんべつとありて汗ふきを送られければ

〽箱根山越すとき汗の出《い》でやせん君を思ひて拭き清めてん

高須うしに申上ぐるとて

〽一声をいかで忘れん郭公《ほととぎす》

汗のイメージは日頃の松陰らしからず肉感的である。この一首を送られた久子はそれにあらぬ想像をかきたてられたかもしれない。すでにいったごとく、女性のエロスは精神的な昂《こう》揚《よう》と肉体のそれとを区別しない。

永訣の一句もホトトギスの鳴き声に悲痛な情念がこもる。鳴いて血を吐く郭公。この成句への連想も強くはたらいている。ホトトギスの声は、女性からかけられた一声のなまめかしさを思い起こさせると共に、身近に迫った死と離別を予感させるのである。

松陰はその五ヶ月後、十月二十七日に武蔵野の土になった。その死の前後に関しては、あまたの松陰伝記が書いている通りであるから、今さら贅言《ぜいげん》を費やさない。

さて、その頃富永有隣は、どこでどう過ごしていたのやら、消息は定かではない。万延・文久の頃、故郷の吉敷《よしき》郡で「定基《ていき》塾」と名づけた学塾を興し、門弟に兵学や経書を講じたと伝えられる（玉木俊雄「富永有隣について」）。その講本になった『孫子臆評《そんしおくひょう》』（伝わらず）には、有隣が松下村塾で聴聞したはずの松陰の『孫子』講義からの引用も多いそうだ。事実、この時の講義録『孫子評註《ひょうちゅう》』の跋《ばつ》（あとがき）には「ちかごろ有隣・正亮の諸友と（『孫子』を）読むや、随読随評、三日にして訖《おわ》る」という語句があって、有隣が講席にいたことはたしかである。ただし、松陰の説を信じ、従った者は久保清太郎・中谷正亮・尾寺新之允・高杉晋作であるとして、有隣は『孫子評註』に関与していないと明言している。

それから元治・慶応・明治と進む長州藩の内訌《ないこう》と内乱の時代、有隣の名は『奇兵隊日記』などに散見するそうだが、なお明らかではない。多少とも足跡がたどれるのは、明治二年（一八六九）十二月に起きた奇兵隊など諸隊の脱退兵騒動である。脱退兵は三田尻を拠点として藩政府常備軍と戦い、七万発の小銃弾を使わせた末にやっと敗退するが、鎮圧後、藩政府が「暴徒の巨魁」として投獄した十三人のメンバーには富永有隣の名もまじっている（内田伸『大楽源太郎』）。諸隊の一つ鋭武隊の指揮を執ったという理由である。その後、有隣は官憲の探索から逃れて当時反政府勢力の一拠点だった土佐に潜入したらしい。そこで数年間かくまわれていたが、明治十年（一八七七）、西南戦争に連帯する全国的運動の嫌疑で捕えられ、明治十二年八月、大審院で終身禁獄の判決を受け、東京の石川島檻獄に収監された。が、間もなく減刑され、明治十七年（一八八四）特赦で出獄し、甥の入江長祐《ながすけ》（宮内省主馬頭《しゅめのかみ》）の家に身を寄せた。

通常の扶養・被扶養関係を逆転したこの伯父・甥の間柄が、この二十年近い歳月のうちに起きた社会変動のすべてを物語っている。有隣が石川島に服役している間に、世の中はまさしく桑田《そうでん》変じて滄海《そうかい》となっていたのだ。

吉田松陰亡き後、松下村塾の塾生たちははっきり二つに分かれた。師の衣鉢《いはつ》を継いで幕末維新の変革に挺身《ていしん》し、獄死・戦死・過労のあまりの早死にを遂げた人物たち、ならびに明治政府内部で昇進し、身の栄達を果たした連中である。いや、そのどちらにも属さない三つ目のグループも勘定に入れるべきだろう。富永有隣のように雲の梯子からふり落とされた人々である。

明治十九年（一八八六）、有隣は山口県熊毛郡田布施村に移って、村童に漢学を教える毎日になった。

平穏な日々が過ぎ、明治二十四年（一八九一）八月のある日のこと、新進文学者の国木田独歩が有隣をたずね、今後も東京へ登られることはありませんかと質問した。

有隣はことさらに冷たく、「馬鹿な事！　東京へ行ってどうする？　役人にでもなれというのか知らないが、ワシはまだ、役人になるほど罪を作ってはおらぬワイ。ハハハ、、、」。

骸骨を乞う

一

骸骨を乞う、という成語がある。老臣が辞職を願い出るという意味だ。これから書こうとするのは、幕末の時代に徳川幕府の旗本だった男が維新の後やむなく明治政府に仕え、我慢に我慢を重ねた揚句、ついに上司に辞表を叩き付けるという物語である。

男の氏名は大谷木《おおやぎ》醇堂《じゅんどう》という。幕府の瓦解このかた、あまたの旗本・御家人が失職し、没落の生活にあえいでいた中で明治政府に職を得るには、当人の努力だけでなく、周囲の友人・知己の支援や助力もいろいろあったと思われるが、この大谷木醇堂はあまり気を使った気配はなく、しごくあっさりと勤めをやめてしまった様子である。どうもあまり人間関係をうまくやってゆける男ではなかったようだ。事実、醇堂という人物は、生まれつき不幸な性分だと自他共に認める外はないような偏屈者だったのである。

筆者は十年ほど前この人物を「江戸のヨブ」として読者に紹介したことがある（『江戸のヨブ』、中央公論新社刊、一九九九。『江戸の毒舌家』、同社刊、二〇〇五、参照）。醇堂は、世の中に自分ほど不幸な運命のもとに生まれ合わせた人間はいない、という自意識のもとに一生を生きた男だった。まだ少年だった頃のある時期から、その身に次々と落ちかかった災厄の数々は、個人攻撃と思うしかないほど執拗に狙い撃ち的で、あまりにも念が入っていて、まさに「天意」としての特別な不遇と考えるのがいちばん納得がいくような性質のものだった。
　たとえば、文久二年（一八六二）、醇堂は、まだ二十四歳の若さで「十五年間僥倖遭厄《ぎょうこうそうやく》記事」という一文を書いている。弘化三年（一八四六）から万延元年（一八六〇）までの十五年間、続けさまに自分を襲った不幸の記録である。「僥倖」と「遭厄」というのは、決して、悲喜かわるがわる訪れるという意味ではない。自分の半生を「遭厄」の連なりと見て、その間たまさかに「僥倖」が訪れることがあっても、たちまち不運に反転するという暗い確信の言葉なのである。

　天に口なし、問えども答えず。夢か〳〵はやくさめよ。世人皆さめずしてひとり夢のさめたりとても、語るべき人のなきは如何せん。筆記して蠹魚《とぎょ》（シミ）の餌にせんも益なしと思えども、記せざれば久しきに伝うべからず。
（天には口がないから、問うても答えない。夢だろうか。夢だったら早く醒めてほしい。世界で自分一人が目覚めていても、話す人がいない。書き付けてもシミの餌になるだけだとは思っても、書いておかなければ後世に伝わらない）

　この満身これ呪詛《じゅそ》に満ちた文章は、天の一角に向けて問われた、わが身の不幸についての根源的な発問であり、醇堂を「江戸のヨブ」と呼んだゆえんである。「遭厄」とは言いも言ったり。醇堂にしてみれば、自分のこれまでの半生はまったく切れ目のない災厄の連続であった。平たく言えば、オギャアと生まれたその日からツキのない男だった、とかたく信じ込んでいるのだ。

醇堂こと大谷木忠醇《ただあつ》は、天保九年（一八三八）正月、江戸の麻布狸穴《まみあな》で生まれた。名は季純《としずみ》、後に季良《としよし》、通称は源太郎、醇堂はその号である。父勝之助は二十九歳で百俵取りの御小姓組、祖父藤左衛門は七十一歳ながらまだかくしゃくたる現役で、十一代将軍家斉《いえなり》の女《むすめ》盛姫の用人並《なみ》を勤めていた。

弘化元年（一八四四）、藤左衛門は峯寿院の用人に栄転する。峯寿院とは、やはり家斉の女で名は峰姫、水戸藩主の徳川斉脩《なりのぶ》に嫁《か》し、その没後に落飾《らくしょく》して（尼姿になって）こう呼ばれるようになった女性である。ちなみに斉脩は、あの有名な斉昭《なりあき》（九代）の兄に当たり、斉昭の一代前の八代藩主である。三位《さんみ》以上の大名に嫁した女性を御守殿《ごしゅでん》と敬称するが、藤左衛門の勤務はその御守殿付に出世したわけであり、身分は従六位相当の布衣《ほい》になり、三百石高、役料三百俵を支給されて、たいへん羽振りがよかった。

醇堂は幼児から異常に読書を好み、「狸穴の奇児」という異名を取ったそうだ。弘化三年（一八四六）から、幕府学問所の儒員だった松崎柳浪《りゅうろう》（名は純倹《じゅんけん》）に入門。勉学の功あって、嘉永五年（一八五二）、十三歳の時に、「素読吟味」の甲科（上等）に合格した。

素読吟味というのは、幕臣の子弟に課された学力試験のことで、主たる課目は、儒学の基礎文献である四書五経（大学・中庸・論語・孟子の四書および易経・書経・詩経・礼記《らいき》・春秋の五経）であり、十五歳未満の年少者あるいは十七歳から十九歳までの子弟を対象として実施された。幕府機構で登用されるためには必須の登竜門だったから、熱心な受験勉強が行われた。少年時代から《神童》といわれた醇堂はこの最初の関門を楽々と通過したらしい。

次のハードルは「学問吟味」である。

学問吟味とは、松平定信の寛政改革以来きちんと制度化された学術試験である。幕臣の子弟は十五歳以上になると、この吟味を受けて一定の評価を得ることが慣わしになっていた。吟味は初場（予備試験）と本試（本試験）に分かれ、初場に合格した者のみが本試を受験できる。初場では『論語』と『小学《しょうがく》』、本試では、『大学』『中庸』『孟子』と『易経』『書経』『詩経』『春秋』などの経義《けいぎ》、歴史は『左伝《さでん》』『史記』『漢書』『後漢書』『通鑑綱目《つがんこうもく》』の歴史から出題し、作文は記事（和文漢訳）と議論（論述）と復文《ふくぶん》（訓読文を原漢文に復原する）を課した。この吟味は、当初、学業成績優秀な者を表彰するものだったが、後には次第に身分・家格によらぬ能力主義的登用試験に変わっていった。

無役の旗本・御家人が番方《ばんかた》（武官）、役方《やくかた》（文官）どちらかの役職に就くことを「番入り」と称する。この番入りと学問吟味とは、本来、目的を異にしていたはずであったが、番入り選考に際しては、やはり「学問吟味の成績優秀者を優先的に役職に任用する慣行」（橋本昭彦『江戸幕府試験制度史の研究』）が出来上がっていたのである。また、江戸時代に幕府役人だった故老たちが往時を回想して語る座談会記録『旧事諮問録《きゅうじしもんろく》』では、出席した元幕府学問所勤番の面々が学問吟味のことを「出世に関係するから。あそこを及第すると、履歴になりますから」「二、三年前から試験を受けることにばかり掛かっておる者があったようです。何でもことごとく暗誦をしておるようでした」(「昌平坂学問所の話」)などと発言していることからもその辺の事情が窺われよう。

そんなわけで、学問吟味はどうしても通過しなくてはならぬ関門だったのである。

この頃から、運命がしだいにこの青年を意地悪くもてあそび始める。地震の当夜、醇堂は予定されていた学問吟味の受験勉強のため、友だちの家で輪講会を開いていた。散会して辞去しようと玄関に出たところで、岩石が砕けると思ったほどの天地鳴動《めいどう》が起きて一歩も歩けなくなり、その場で眼をまわした。しばらくして息を吹き返し、やっと今のは稀に見る大地震だったと知ったのである。

この大震動で湯島の学問所の建物が大破したので、せっかく詰め込んだのに学問吟味は翌年に延期された。小石川の大谷木家の屋敷も倒壊。大枚百五十両を投じて修理に取りかかったが、江戸中に改築需要が生じていて、大工・職人がなかなか見つからず、いても手間賃は沸騰していた。祖父藤左衛門はその心労で十一月にどっと寝込んでしまい、翌年四月、急に容態が悪くなって死んでしまった。八十九歳だった。大きな痛手だった。

安政三年(一八五六)秋八月に、予定より遅れて実施された試験は、江戸を襲った未曾有の大風雨の中で挙行され、醇堂は神経性の激しい下痢で悩みながら、それでも乙科合格して、白銀十枚の褒賞をもらった。同じ松崎門で机を並べて勉強した伊東金之丞（祐継）・内藤七太郎（正明）も一緒に合格し、世間では「松門の三学士」と呼ばれて評判が高かった。この年、十九歳の人生はすこぶる順風満帆と見えていた。しかし、天の悪意は、その得意満面の瞬間に終生つきまとう不幸を落とし穴のように用意していたのである。

三秀才のうち、伊東と内藤は定石通りに番入りした。伊藤は御系図出役《しゅつやく》になり、内藤は甲府徽典館《きてんかん》（甲府学問所）の教授に任じられた（『昇平学科茗録《しょうへいがっかめいろく》』）。二人とも歴史の波立ちの中で消えてしまったらしく、その後の動静は不明であるが、二人には学問吟味の及第がともかくも幕府の任官資格試験のような機能を果たしたわけだ。現在の国家公務員Ⅰ種試験のようなものだ。伊東と内藤の場合は、それに合格して省庁に配属され、それきりで終わったケースに似ている。ところが、醇堂はその選抜から洩《も》れていた。慣例では、学問吟味の合格者は林大学頭《はやしだいがくのかみ》からしかるべき部署に推薦を受けることになっている。だが醇堂は枠から外されていた。

なぜかといえば、特別に複雑な家族関係が災いしたのである。

大谷木家では、藤左衛門の死亡を秘匿して届け出なかった。名目上では非職扱いになり、寄合《よりあい》（一般旗本の小普請《こぶしん》入りに相当）に列した藤左衛門には、三百俵が支給され続けた。死者を生きていることにして俸禄を取るのが不正受給であることはいうまでもない。だが当時、こういうことは「御褒美寄合《ごほうびよりあい》」と称して、公然の秘密として行われていたらしいのである。それが別に幕末特有の末期的事象ではなかったのは、あの大田南畝《おおたなんぽ》さえもが死んでから数年間「生きて」いたことにされ、孫が俸禄を受給していた先例もあったことからわかる。

幕府では一家の三代が同時に勤仕することを禁じていた。祖父が寄合にまだ在籍することになっていて、父が御小姓組に勤続し、さらに醇堂が出仕するわけにはゆかない。醇堂は、当時の言葉でいう「二重部屋住《にじゅうへやずみ》」の状態になってしまっていたのである。

醇堂が番入りするには、藤左衛門の死亡を公表して（発喪《はっそう》して）、父がその跡を相続すればよかった。手続きは面倒ではなかったのに、進取の気性のない勝之助はそれを渋った。醇堂の妹の嫁入り費用が必要だったし、地震で壊れた家の建替え費用も莫大だった。みすみす三百俵の給与を捨てることはないという判断から、発喪は見合わされた。同時に、醇堂の番入りのチャンスも見送られてしまった。その機会を見送った醇堂は、その後一生番入りすることができなかった。奇人変人となったのも無理はない。以後、世に向ける眼はつねに白くなり、頬には悪意で輝く暗い喜びが浮かび、舌には血の凍るような皮肉が宿り、口を衝《つ》いて出る言葉にはゆっくりと回る毒が含まれるようになった。

自分には世界中の不幸が襲いかかって来るという被害妄想が亢進《こうしん》するたびに、その思いを文章に綴った。ほとんど異様という印象を与えずにはいない筆録物の多さが、この人物の性格を物語って余りあろう。それにはあまり学問的著作のたぐいはない。経・子・史・集の学問体系は一わたり身に付け、だからこそ万延元年（一八六〇）五月、二十三歳の時に学問所の准博士――名前はしかつめらしいが、実際には初歩の学生に素読を授けるくらいだ――にはなれたのであるが、当人は儒学の講義をしているだけでは不満であった。自分では「譜《ふ》諜学《ちょうがく》」が一番得意だといっている。譜諜学とは「御政事学問」だそうである。城内での諸行事の慣例とか、大名・旗本を問わぬ諸家の内部情報とか、もっと実社会に役立つ雑識の集積を内容にしていたらしい。しかしこの「譜諜学」にはさっぱり幕臣社会から需要がなく、いきおい醇堂は毒舌と辛口評論に憤懣《ふんまん》を吐き出すしかなかった。

祖父が御守殿付の用人をしていたことから、醇堂には江戸城内の裏情報を集める有力なパイプがあった。大奥関係のニュースは筒抜けなのである。そんなわけで、『醇堂叢稿《そうこう》』にはさまざまなゴシップや幕閣要人のルーモア（噂話）が散見している。

醇堂は思うさま毒舌をふるい、人々を端から罵倒しまくっている。中には「チトドウカ」と思われるものがなくもないが、その毒こそが醇堂の文章の身上《しんしょう》なのだ。

時にはそこに盲点が生じる。たとえば職掌柄学問吟味の合格者の名簿を眼にする機会があった醇堂は、「合格者は大田南畝以外はみんなバカだ」と断言している。そんなことはあるまい。

天保十四年（一八四三）の甲科合格者には栗本鋤雲《じょうん》の名があり、乙科には岩瀬忠震《ただなり》がいる。安政三年（一八五六）、醇堂と同時に受験して甲科首席の成績だった人物に池田長発《ながおき》がいる。

いずれも幕末外交の現場で第一線に立って事を処した人材である。学問吟味からは、外国奉行所エリートも出ているのである。こういう秀才連が醇堂の眼中にはない。偏見である。自分が番入りの際に推挙されず、排除・疎外されたことへの被害者意識が生み出したひがみ根性としか思えない。

肩を並べて受験し、一緒に及第した伊東と内藤は、前述したように、慣例に従ってすぐに番入りした。だが醇堂には、幕府学問所の平教員の職が与えられただけだった。「安政年間、予、昌平黌《しょうへいこう》の教員たりしが、助教局にて嘲弄《ちょうろう》の応酬に日をくらしつ教導したり（わしは安政年間に昌平黌学問所の教員を勤めていたが、毎日助教局で学生をバカにしたりされたりしながら指導して日を送ったものだった）」（『大谷木醇堂筆乗』、以下『筆乗』と略称）と自嘲的に語る通り、どこまでも意に染まぬ、自分ほどの人間がなぜこんなことをさせられるのかという不満憤懣《ふんまん》びたりの毎日だった。

醇堂の言い分はこうだ。

> わしは安政年中の学問吟味で乙科優等の成績で及第したのだから、向山隼人正《むこうやまはやとのしょう》（一履《かずふみ》・若年寄）・山口駿河守（直毅《なおき》・外国奉行）・塚原但馬守（昌義《まさよし》・若年寄）・江連《えづれ》加賀守（堯則《たかのり》・外国奉行）・依田《よだ》伊勢守（盛克《もりかつ》・神奈川奉行）・設楽《したら》備中守（能棟《よしむね》・目付）たちと同様に栄抜されたのは間違いない。それが亡父の失錯と林家の奸意《かんい》によって不可能になったことは恨んで

も恨みきれない。もしもこの時番入りしていたら、徒頭《かちがしら》か小十人頭《こじゅうにんがしら》を経て目付部屋に入り、やがて外国奉行になることは手中のものだったであろうに。

父親の判断ミスは恨んでも当然として、ここでもう一つ自分の逆境の原因に「林家の奸意」を挙げているのはどういうことなのだろうか。醇堂は書く。「大学頭《だいがくのかみ》（林檉宇《ていう》）は殊の外わしを忌憚《きたん》した。わしの方でも、いささかもこれに屈せず、意地を張り通した」と。なおいうには、「大学頭の気質は、さすが鳥居耀蔵《ようぞう》の兄弟だけあって、偏執的な所、強情な所がそっくりだ。国子祭酒《こくしさいしゅ》（大名・幕府官僚の子弟教育の長官）に似合わぬ鄙劣《ひれつ》千万な行いが多い」とも酷評している。

どうも醇堂は大学頭をはじめ林家の人々とは犬猿の仲だったようだ。番入りがうまくいかないでクサっているところを学問所に拾ってもらったのだから、多少は恩義を感じてもよさそうなものだが、醇堂の方では、逆恨みとまでは言わないが、自分の才能を認めてもらえず、かえってダメにされたと感じていたらしい。

約三十年後の明治二十年（一八八七）、醇堂は、学問吟味のことを思い起こしてこう書いている。その日まで三十数年間、筆先に万斛《ばんこく》の怨みをこめて現在『醇堂叢稿』として残る文章を書き続け、身辺に草稿の山をうずたかく積み上げてきた醇堂の姿には切なく鬼気迫るものがある。

安政三年の試験の時、時務策の答案に開国貿易の得失を痛論したのが幕府の気に入らなかったらしい。しかし、わしの論点はことごとく時事に適切であり、また先見の明もあったので別に譴責《けんせき》をこうむることはなかった。その論は今から三十年も前のことだから、迂《う》遠《えん》陳腐なものになっていて自分でも笑ってしまう。でもその三十年間の変化がすべてわしの予想通りだったのは不思議だ。（『醇堂放言』五）

醇堂はいやに自信たっぷりである。時務策の答案に、当時の幕府が取ろうとしていた開国貿易の政策を痛烈に批判する文章を書いて当局（つまり林家）の忌諱に触れたと信じているのだ。事実、醇堂の出世が思うようにゆかず、醇堂は邪魔しているのは林家の人々だと被害妄想に陥っている。番入りし損ない、やっとのことでありついた幕府学問所の教官の職は林大学頭の支配下である。せっかくの職場なのに醇堂はまた上司と対立した。当人は自分の講義では漢籍ばかりでなく、国史の文献にも力を入れて輪読講習などしたのが大学頭の気に入らず、それで疎んじられたといっているが果してどうか。どうしても対人関係がうまくゆかない。

醇堂にとっては安政地震以来の災厄続きと学問所での冷遇とは一つながりの不運であった。憤懣の捌《は》け口はまっすぐ林家の人々に向けられる。人間を至近の肉眼的な距離で見る人物論になると、醇堂先生の独擅場《どくせんじょう》である。悪口が立派に文芸ジャンルの一つになることの見本であるといってよい。

当代の大学頭林復斎《ふくさい》は、寛政異学の禁当時の「快烈公《かいれつ》」こと林述斎《じゅっさい》の子供である。兄弟に悪名高い鳥居耀蔵がいた。耀蔵は林家から鳥居家に養子に入ったのである。耀蔵との奇妙な関係については後述。

ともかくそんな境遇で生きてきたものだから、醇堂が「天保以後の歴史はただひたすら下り坂を降り続けるだけだ」と確言するのも無理はなかった。醇堂は確固たる下降史観の持ち主だったのである。弘化・嘉永・安政・万延とだらだら進行してゆく歳月は、すべて社会衰退の一里塚にすぎない。醇堂はみずから「天保老人」と名のり、やがて幕府の瓦解を経て訪れる明治の世に同化することを頑固に拒絶するのである。いわく、

天保出生の人は何処にても天保をおし通して死ぬのがよい。何もいらざる明治の人間の真似をする事はない。時風に佞《ねい》したり、習俗に媚びたりして、昔をすてて今を求むるには及ばない。世上を見るに親父《オヤヂ》の真似をする息子《ムスコ》は見えぬが、かえって悴《せがれ》の真似をする老父の方が多い。甚だおこがましく、奥ゆかしからぬ事だ。こんな老人は風上に置けない。

（『筆乗』）

すでに封建時代からその志を果せず、世に入れられなかった。況んや怪化蚊鳴《かいかぶんめい》（開化文明）の時代だ。誓って官職を求めたりするものか。戊辰《ぼしん》の鼎遷《ていせん》（明治維新）以来、舌耕《ぜっこう》と筆一本で二十五年の長日月を居暮らして来たではないか。（同）

こんな憎まれ口を叩きながらも、醇堂は明治三十年（一八九七）、六十歳で死ぬまで明治社会で生き延びた。生計は私塾を開き、旧幕時代に身に付けた漢学の舌耕で立てるしかなかった。それでも明治になってから活計のために気は進まないが十年ほど、御役所の吏員になって口を糊《のり》したことがあったらしい。勤め先は草創期の外務省である。本編が語ろうと思うのは、その醇堂がついに意を決して外務省に辞表を出す日の話である。日付は明治十四年（一八八一）三月二十一日だった。

二

そもそも大谷木醇堂のような偏屈者がいったいなぜ外務省などに採用されたのだろうか。こういう経緯があった。

明治四年の二月だった。友人の一人だった高麗環《こまたまき》が、わしの気質が世に合わず、怨みっぽく不安定な生活をしているのを心配してくれて、わしを外務庁の記録局文書司《ぶんしょし》の職に吹《すい》挙《きょ》してくれた。わしはその厚意に感じて、外の三人と一緒に外務庁というこの梁山泊《りょうざんぱく》(『水滸伝』の盗賊たちの巣窟)に入ることにした。職名は写字生。高麗が周旋した四人は、八十島・高橋・井上それに大谷木。「四傑」、いや「四欠」というべき四人組だった。(同)

ここに名前の出て来る高麗環という人物は外務省の下級職員であるが、近年話題になった「ペリーの白旗」論争で、急に有名になった。この論争で争点になったペリーの「白旗書簡」——ペリー提督が浦賀来航の際、応対に出た日本の役人に降伏の印として二旒《りゅう》の白旗を送ってきた、とされる——の典拠文献『高麗環雑記』(東京大学史料編纂所蔵、請求記号4109‐55、データベースあり)の著者としてにわかに注目されるに至ったのである。毎日新聞の岸俊光は『ペリーの白旗』の中で高麗環のことを「幕府の下級役人」と呼び、また外務省の明治四年省員履歴書によって「明治三年雇士をもって外務省写字生仰せ付けらる。月給金三両下賜《かし》。同年五月、文書少令史仰せ付けらる」と紹介している。それ以前の経歴は学問所下番、同所調役下役《しらべやくしたやく》、霊屋《たまや》(徳川将軍の霊廟《れいびょう》)付《つけ》となっている。

その高麗環が外務省の少令史時代に醇堂の就職の世話をしたのである。ことによったら自分の昇進で空きのできた写字生の口に押し込んだのかもしれない。あてがわれた仕事は「傭《よう》書《しょ》」というから筆写・筆耕《ひっこう》のたぐいである。記録文書をただ筆録して作製するだけの作業であって、自分で作文するわけではない。機械的で単調な仕事である。醇堂や他の三人にとっては退屈極まりなかったに違いない。醇堂がこの職場を「梁山泊」と呼んだわけもわかる。梁山泊とは地名で、山東省西部にあった沼沢《しょうたく》地のことだが、この土地が『水滸伝』で宋代の盗賊団の拠点として有名になってから、比喩的に、世に不満を抱く野心家たちの群がる所という意味になった。醇堂は生計を立てるためにやむを得ず、ここで同僚たちを嘲弄しながら十年間も勤続したのである。

醇堂ら学問所上がりの連中には、それなりに《特技》があった。漢文が読めるのである。必要とあらば、漢文を綴ることも出来なくはなかった。しかしこの職場では、誰もそんな能力を醇堂らに要求しなかった。漢文能力の高い醇堂は、同僚たちの文書作製の手腕に技痒《ぎよう》を感じていた。

このことを実感するには、この時期、外務省という官庁が置かれていた特別な位置を知っておく必要がある。

機構としての外務省は、旧幕時代の外国奉行所からの連続性を濃く残して出発している。外務省という名称の政府機関は、明治二年（一八六九）に設置されているが、これは前年の慶応四年（一八六八）一月、徳川幕府の外国奉行所（幕府外国方）を廃止して外国事務総裁・同取調掛を置き、次いでこれを同年中に外国事務局、外国官などと改め、さらに明治二年七月、太政官制度の発足と共に外務省が創設され、今日に至っている。

初代の外務卿には公卿の沢宣嘉《さわのぶよし》が就任し、翌三年、外国に駐箚《ちゆうさつ》する弁務使、四年には領事、五年には公使・書記官が設置されるなど表向きの機構は着々と整備されていったが、総務・通商・取調・翻訳・記録・会計といった内局の陣容はそれに一歩遅れるの感がなきにしもあらずであった。単純にいえば、文明開化と条約改正要求という、時には矛盾し対立する国是を極力調和させつつ外国との交際を円滑に進めようとしている外務省上層部に対して、下部はそれほど熱心でも一枚岩的でもなかったのである。明治政府の内部にも外交方針をめぐってはいろいろな意見があった。尊王攘夷のスローガンをもって政治権力を手中にした明治政府が平然と万国交際をうそぶくことへの疑問も批判もくすぶっていた。

こうした国家進路の根本問題は、外務省の内部でも独特の対立のうちに矮小《わいしょう》化して現れる。上層役人は主として薩長土肥出身の官僚に占められる一方、下部で実務を担当する職員などは、旧幕時代から外交事務官僚やその他の実務吏僚を経験してきた徳川幕府出身者を登用しなければ機構を運営できない実情があったのである。

この時期、外務省は霞ヶ関の元福岡藩黒田邸にあった。江戸時代の広壮《こうそう》な大名屋敷を明治政府が接収したものである。黒白の写真が残っている。正門の黒木の柱に「外務省」と墨書した木の標札が掲げられている。門前に昔の辻番小屋が見えている。たぶん、その頃邏卒《らそつ》と呼ばれた巡査が警備のため配置されていたのだろう。

高官は自分の屋敷から馬車で乗りつけた。平の吏員は腰弁当で、思い思いの姿恰好で歩いて出勤した。まだ斬髪《ざんぱつ》令も出ていない時代だから、チョンマゲあり、ザンギリ頭ありとまちまちだった。政府高官は身なりもよく、流行のフロックコートを着込むお歴々もまじり、髭を生やすのも時代の好みとあって、ナポレオン髭・泥鰌《どじょう》髭・狢髭《むじな》等々各自のご面相や体格に似合う種類のものが選ばれた。だが下部の腰弁連中はたいがい無髯《むぜん》で、通常の官員の服装である羽織袴の着用が一番多かった。足元はもっと雑多で、革靴やら下駄やら草履やら貧富に応じた何種類もの履物がつどい、珍妙な雑沓《ざっとう》が毎朝の登庁時間帯には霞ヶ関一帯にくりひろげられた。

醇堂のような旧弊者のグループはどうしてもこんな風潮に馴染めず、もちろんチョンマゲの髪形を容易に改めず、ことさらに欧化風俗を拒絶するかたくなな態度を取り続けたのであった。

明治四年（一八七一）四月、外務省は「文書司」を新設し、「翻訳通弁《ほんやくつうべん》」「外交書翰《しょかん》」「記録編集」の三課で構成した。旧幕時代の外国方以来山積し、現在ますます多端《たたん》化する外交文書を整備し、新時代の要請に応じられるようにする構想であった（田中正弘『近代日本と幕末外交文書編纂の研究』）。

新任された記録局文書司で上司になったのは、外務少丞《がいむしょうじょう》（五等官）の田辺太一《たいち》だった。醇堂にしてみれば、人もあろうに「こいつか！」という気持ちだった。「現在、郡県制度の世の中で勢力を得ているが、封建の世がもっと長く続いたら、わしに顎《あご》で使われるような仕事をしているはずだ」と醇堂は毒づいている。「太一の父親は幕府の閑職でぴいぴいしていた男だったし、太一とは昌平黌の学友だった間柄だ」とえらく軽視しているが、じつは、田辺太一は弘化五年（嘉永元年戊申、一八四八）度の学問吟味を甲科で及第し、翌年甲府徽典館の教授になった。

それからのキャリアにはめざましいものがある。安政六年（一八五九）、外国奉行水野筑後守忠徳《ただのり》に引き抜かれて幕府外国方で横浜外国事務を任せられ、最終的には外国奉行支配組頭になった。その間、文久三年（一八六三）と慶応三年（一八六七）の二度、外国奉行と同行したり、水戸藩世子昭武《あきたけ》に随行したりしてフランスに派遣されている。のち徳川幕府の瓦解に伴って徳川慶喜と共に静岡に隠棲し、沼津兵学校で教鞭を執っていたところを明治政府に招かれて、明治三年（一八七〇）、外務少丞のポストに迎えられた。翌四年には岩倉使節団に随行して洋行しており、外交経験の浅い明治政府の要人を補佐する仕事に活動の機会を得ている。

つまり、旧幕時代には幕府官僚として過ごしながら新時代にもみごとに適応しているわけで、醇堂に言わせれば、こういう連中こそ断じて人の風上に置いてはならない手合なのである。世が世なら自分の部下だったはずの人間だという負けず嫌いのセリフも奇妙に実感がある。「太一〳〵と呼すてにして使えたのが、今ではその下でへエ〳〵言っているとは情けない。「昨日の旦那今日の舁夫《かごかき》、か」（『筆乗』）と醇堂はぼやく。

とはいっても、その田辺太一の引きもあって、文書司の下僚には静岡藩出身者が多いのである。そんな感情も微妙に影響してか、醇堂の反応は複雑である。瓦解後、明治政府に帰参したというのではないが、静岡に移住した、あるいは静岡の慶喜に近い旧幕臣グループも醇堂の嫌悪感の対象であった。山岡鉄舟・高橋泥舟《でいしゅう》・大久保一翁《いちおう》・関口隆吉《たかよし》といった人士たちである。栗本鋤雲に至っては「売国奴」の一言で片付けられている。

この罵言《ばげん》で言われている「国」とは、要するに徳川王国のことだろう。想像するに、醇堂は水戸から徳川本家に養子で入って宗家を振り回し、最後にはこれを潰してしまった慶喜にあまり好感情を持っていなかった。醇堂は慶喜びいきではない。その徳川家への忠誠感は、いかに自嘲的で皮肉たっぷりな口調で語られていようとも、一つの《永遠に過去なるもの》に対する懐旧なのである。

それでは、この世の中には、醇堂が共感を覚えるような人間は一人もいないのだろうか。そうではない。この偏屈男がひそかに喝采を送っている相手がいないことはない。それは、意外なことに、天保年間に酷吏として辣腕を揮い、世に「妖怪」といわれて憎み嫌われた鳥居耀蔵である。

耀蔵の受領名《ずりようめい》は甲斐守といった。受領名とは、幕府の要職に就いた旗本が称号として贈られる官職名をいう。すなわち、耀蔵の通称は鳥居甲斐守耀蔵、諱《いみな》は忠耀《ただてる》であったが、人々はその甲斐守耀蔵をもじり、「妖怪」との語呂合わせで「耀甲斐《ようかい》」と綽名《あだな》して恐れた。

耀蔵の悪名の大部分は、耀蔵が時の老中水野越前守忠邦《ただくに》の片腕として天保改革の施策を実行し、改革政治が目標とした物価凍結・贅沢禁止・風俗取締りなどを徹底的に厳密適用した剛腕ぶりに由来している。どうやら耀蔵には、職務に忠実だったという以上に残忍酷薄な性質があったようである。醇堂はこれを「偏執的で、強情」と評し、林家に固有の気質だとしている。

事実、耀蔵は寛政改革の綱紀粛正に力のあった儒者、林述斎の四男として生まれ、三男で林家を嗣いだ榿宇《ていう》とは兄弟だったが、旗本の名家鳥居家に養子に入り、徒頭《かちがしら》、目付、町奉行と昇進して、水野政権で勘定奉行になった人物である。生来権力志向が強く、権力を手に入れるためには手段を選ばないところがあった。町奉行の地位を得るために前任者を讒言《ざんげん》して失脚させたとか、罠に陥れたとかいくつもの風評がある。

生家が儒者の家系だったせいで思想は至って保守的で、大の蘭学嫌いだった。西洋流砲術家の高島秋帆《しゅうはん》を長期投獄し、また、高野長英・渡辺崋山《かざん》らの海外事情研究家のグループを弾圧した「蛮社《ばんしゃ》の獄」事件は有名である。

しかし、その強烈な権力志向が逆に耀蔵の墓穴を掘ることになる。水野忠邦の天保改革は最後に「土地上知令《あげちれい》」――海防要地の大名領を収公《しゅこう》して幕府の直轄地にする――の失敗でつまづき、忠邦の老中の地位は危うくなる。と、見るや、耀蔵はすばやく反水野派に回り、自分の地歩を守ろうとするが、いっとき権力の座に返り咲いた忠邦の報復に遭い、弘化二年（一八四五）、四国の丸亀藩に軟禁されて蟄居《ちっきょ》する身になった。

その後無慮《むりょ》四半世紀、耀蔵の丸亀幽閉は続く。さしもの強情我慢もこの長年月の間にだんだん角が取れ、耀蔵は周囲の人々に按摩《あんま》揉み療治などを施すようになっていた。

やがて徳川幕府は瓦解し、明治元年（一八六八）十月、新政府は恩赦で幽閉を解いたが、耀蔵は「自分の処分は徳川幕府によって下されたものであるから、幕府の命令でなければ動かない」と言い張って赦免に応じなかった。困りきった丸亀藩の懇望で、ようやく明治五年（一八七二）一月、東京に帰った。七十六歳の老人になっていた。

ところで、大谷木醇堂は、明治二十五年（一八九二）に旧記をまとめて一冊にしたと奥書《おくがき》（成立の由来を記したあとがき）にある『燈前一睡夢《とうぜんいっすいむ》』（『鼠璞十種《そはくじゅっしゅ》』所収）に鳥居耀蔵のことを書いている。

約二十五年ぶりに東京へ戻ってきた鳥居耀蔵と対座して、貴殿は昔「妖怪」と呼ばれておられましたが、どういうお気持ちでしたかと無遠慮な質問を発したというのである。今でこそ尾羽《おは》打ち枯らしたとはいえ、耀蔵の前歴を知る人間ならばとてもできないほど大胆不敵な態度である。醇堂にはだいたいこういうところがあった。『燈前一睡夢』はただ耀蔵が「あの時代は誰もがそれなりに妖怪だった、決して自分一人ではなかった」と答えた、と記すのみである。

このエピソードは、世に流布した耀蔵「悪人」論とは一味異なる人間像を生み出した。『醇堂放言』乙集には、耀蔵に関する興味深い記事が続いている。

鳥居耀蔵は生まれつき奸智にたけており、権力者に迎合《げいごう》した。羅織《らしょく》（でっちあげ）・搆陥《こうかん》（おとしいれ）がうまく、不遇な人間には冷酷で、自分が嫌う人間を圧迫するなどのことが多く、実に憎むべき佞人《ねいじん》である。しかしわしの見方では、大いに取るべきところがある。丸亀に久しく幽囚され、世態の推移を知らないで言ったことかもしれないが、開港後すでに二十余年を経てもなお攘夷を主張し、鎖港を唱えて屈しない。現代随一のバカモノであり、また現代随一の豪傑である。時勢を知らない俊傑として賞めるべきだ。またかつて建議した件々は、当人が、流刑にされた後すぐその通りになった。洞察力である。闇夜の礫《つぶて》ではない。いや、豪傑である。

また別の条では、えらくくわしく鳥居家の耀蔵の家庭内情報を伝えている。醇堂はこういう面になると生き生きする毒舌も冴えて、まったく言いたい放題だ。

耀蔵は林快烈（述斎）を父とし、檉宇を兄として生まれている。父兄ともに耀蔵に似ていない。弟の依田錕之助《こんのすけ》は夭折《ようせつ》して事歴がなく、その人となりも耀蔵と異なっている。もう一人の弟、復斎は大いに耀蔵に似ていて、偏執・我慢・愛憎が甚だしい。その弟の坂井右近は身体が弱く、可もなく不可もない。その弟の小倉内蔵助は、ただ五体満足というだけの人物だった。

醇堂が耀蔵の林家という家庭関係に特別の関心を持つのは、かつて自分が昌平坂学問所の下僚だった時分、大学頭復斎にさんざんいじめられたという被害者意識が奇妙に屈折しているからでもあるが、それ以上にまた、醇堂の時世観が耀蔵のそれと類似していて、大いに我が意を得たからでもあった。

鳥居耀蔵は、自分の失脚の原因は水野忠邦を裏切ったからではなく、大評定の席で過激な意見を吐いたからだと言い張る。時は弘化元年（一八四四）のことである。この年八月、オランダ国王の親書がもたらされ、アヘン戦争における清国の敗北を奉じ、日本も鎖国の制を見直すべきだと勧告した。幕閣は事態の重大さに緊張し、一度失脚した水野忠邦を再度老中に復職させた。忠邦は決意を定めており、「外国から強制されて開国するより、むしろ積極的にこちらから開国策に打って出るべし」と主張したが、将軍家慶《いえよし》がためらいを見せ、他の老中も反対してついに採用されなかったという。この時、寺社・勘定・町の三奉行、大小目付に諮問した大評定で、耀蔵は——みずから主張することによれば——即時打払いという強硬策を唱え、それがもとで罷免されたのだと言っている。

その耀蔵に引き比べると、開国問題では終始幕府外交交渉の窓口になった林家本流に対して、醇堂の風当たりがすこぶるきついのは当然であった。それどころか醇堂には、そうした歴史的役割に明らかに災いされて、ケチが付き、徐々に没落してゆく林家の運命に意地悪な喜びを感じているふしが見て取れるのである。

四

徳川慶喜がイチかバチかの大政奉還をやった時、外交権だけは抱え込んで放さずに押し通したふしがある。外国方はその無理も背負い込まなければならなかった。幕末もこの頃になると、外国奉行には水野忠徳《ただのり》、小栗忠順《ただまさ》、栗本鋤雲《じょうん》など気概のある人士が就任して切り回すほかはなくなっていた。それを下支えする実務下僚が洋学畑からからどんどん巣立ってきたのである。その中にはたとえば福沢諭吉、西周《にしあまね》、福地源一郎（桜痴《おうち》）などがまだ下っぱでまじっていた。

こうして学問に新たな需要が生じ、いわば当時としての《社会的ニーズ》が発生したので、開成所（幕府の洋学教育研究機関）は大繁盛であった。「此時、蘭学漸ク衰ヘ、英・仏・独ノ三学日ニ盛ナリ。是ニ於テ学則ヲ更革《こうかく》シ、外国学校ノ法則（規則）ニ倣《なら》ヒ、教場ヲ広クシ、教授ヲ盛《さかん》ニス」（『文部省第一年報』、圏点《けんてん》ママ）と語られるような盛況であった。文中の「此時」とは慶応三年（一八六七）である。教官数は六十名を越えて学問所をしのぎ、生徒は英学科だけで毎日三百人もが出席したと伝えられる。

これに対して幕府学問所の方は、教官数は十五、六人を出ず、学生も寄宿寮（旗本の子弟）・書生寮（諸藩志願生）それぞれ四十八人ずつと旧態依然たるものであった（『旧事諮問録』）。だがそれ以上に、勉学意欲の低下が問題であった。慶応元年（一八六五）五月、林大学頭（昇＝学斎）・林式部少輔（晃《あきら》＝鶯渓《おうけい》）らが若年寄田沼玄蕃頭《げんばのかみ》に進達した文書はこう訴えている。

心なき輩《やから》は、もう文学（漢学）は廃止になったのだと思い込んで学問所の授業に出席しなくなった。生徒がどんどん減って定例の講義日など有名無実になっている、奥儒者とも相談して学問所の振興を図っているが、何としても教師がいても教室に学生が来ないありさまでは如何ともしがたい。

こうまでしなければ学生が集まらなくなったら学問所もおしまいだ。旗本の子弟、諸藩の青年たちが勉強しなくなったのではない。むしろ向学心に燃えていたことは開成所への殺到ぶりからも想像できる。時勢は漢語から英語へ大きく動いていた。しかも、事柄はすでに林家だけの問題ではなくなっていた。学制を建て直す前に、幕府の屋台骨が崩れてしまったのである。大学頭という官職そのものも消滅した。

醇堂の毒舌は容赦がない。人格攻撃も辞さない。学斎時代になると、学問所の風儀はすっかり乱れ、師弟こぞって学問に泥を塗ったと酷評するのである。

林学斎は後に大学頭に任じられた。その品行の第一は、感心するほどの好色さで、林氏の門をくぐった婦女は一人の例外もなく、ことごとく手を掛けたのを自慢する事だ。だから、宅地のあった八代洲河岸《やよすがし》近所では林家の屋敷をさして「ふきやの姫初め」「居風呂《すえ》屋敷」と陰口を言った。(『醇堂放言』五)

さてその学斎が大学頭になった。淫行専門だと本人が自慢するのだそうだ。近所の評判がまた凄い。「ふきや」は吹き矢か。当時、吹き矢で女の局所を狙って当てるいかがわしい見世物があったのである。その「姫初め」というのはよくわからないが何となく猥褻《わいせつ》なイメージがある。「居風呂屋敷」とは湯女《ゆな》同然という陰口であろう。

好色の次は酒である。

大学頭はめちゃくちゃな酒飲みで、酒と名が付いたら樽底の残り酒だろうがドブロクだろうが、酒には代りがないといって何でもがぶがぶ飲んだ。酔っ払うと自分で三味線を弾き、鉢巻をして踊り、「トウハチ、ゴモン、キミョウ」と奇声を発して藤八拳《とうはちけん》を打つありさま。「拇戦《ぼせん》」といって拳《けん》を打つ遊びに興ずるのである。その酔態は見ていても恥ずかしく、汚らわしく、とても正視に耐えなかった。かなり中傷誹謗の気味合いはあるが、これは自分が酒席に連なって目の当たりにしたところである。学斎の飲みっぷりはかねて噂に聞いていた。

だが現場はそれ以上に乱れていたので愕然とした。

こんな体《てい》たらくで徳川将軍家の後継ぎの教育などができるのだろうか。林家の先祖である林羅山（道春）、中興の祖といわれる述斎（快烈公）がもしこの姿を見たら、何と思われることだろうか。——醇堂の書きっぷりにも私怨に公憤のオブラートをかぶせたようなところがあるが、林家の衰亡が歪んだなりに見えてくることは確かだ。

こんな風に誰彼の区別なく悪口を言いまくる醇堂だが、ただ一人だけ例外的に、嘘でなく心の底から誉めちぎっている人物がいる。学問の師として仰ぐ松崎純倹《じゅんけん》である。純倹は名で、通称満太郎。字《あざな》は柳浪《りゅうろう》。享和元年（一八〇一）に生まれ、若い頃から林家に学び、天保十四年（一八四三）に幕府学問所の儒員になる。幕末も間近なこの時代になると、学問所も人材不足だった。純倹はその中で異彩を放っていた。

林大学頭から大抜擢、というよりむしろ見込まれて活躍したのが浦賀・下田での日米談判であった。嘉永六年（一八五三）六月十五日、浦賀からもたらされたアメリカ大統領の国書を翻訳する作業が江戸城内で始まった時、「和解《わげ》御用」担当者の顔触れには、筆頭に林大学頭の名前が見える。当時の大学頭は十代壮軒《そうけん》である。七月十六日に卒《しゅっ》している。純倹の名は記録では確かめられない。

翌嘉永七年（十一月に改元して安政元年）一月に再来航したペリー一行との間でなされた日米和親条約をめぐる交渉では、談判の矢面に立ったのは林家十一代大学頭の復斎である。

『横浜応接所日米対話書』を見ると、この年二月晦日、「今日使節上陸につき、林大学頭、対馬守《つしまのかみ》（井戸覚弘《さとひろ》、町奉行）、美作守《みまさかのかみ》（伊沢政義、下田奉行）、民部少輔（鵜殿長鋭《うどのながとし》、目付）、満太郎（松崎純倹）、それ以下役々、朝五ツ時（午前八時頃）より横浜応接所へ罷《まか》り越し、四ツ半時（午前十一時）頃、ペルリ始めアーダムス以下二十人ばかり上陸、応接所に来る」とある。前年と比べると、大学頭は代替わりし、壮軒から復斎になっている。

談判が始まった。記録では、下田港での薪水・食糧・石炭などの供給を定めるなど議定書の細目を詰めてゆく一問一答は、ペリーと大学頭との間で交わされたことになっているが、現代の外交折衝と同じで、案件はそれぞれの側の事務方によって練られていたはずである。日本語をまずオランダ語に通訳し、それをさらに英語にする。またその逆の過程を繰り返す。談判がまとまると書面を双方の翻訳官が読み上げて確認する。神経を使う仕事である。できあがった文章を吟味・推敲するのも純倹の受け持ちだった。日本側の文書はあらかた純倹の手になったのである。『続徳川実紀』の五月二十二日の条には、右の条約に調印した日本側の全権の中に、復斎と並んで松崎満太郎の名前がある。

そういう「縁の下の力持ち」的な役割を果たした純倹先生はアメリカ側から最初のうちどうやらスパイだと思われていたらしい。見てくれの印象がよくなかった。

彼は少なくとも六十歳の人で、ひょろ長く痩せた身体であり、非常に黄色い胆汁質の顔と不愉快な消化不良らしい顔付きをしていた。ひどい近視のためにその顔付きはよくなかった。何故ならば物を見ようとする努力のために、元来大して立派でない容貌を非常にゆがませたからである。(『横浜応接所日米対話書』)

実際の年齢は数えで五十四歳だったのに、これでは可哀想だ。肩にのしかかる大任のストレスで、胃も悪くなろうというものだ。とりわけ必死になって近眼の目を書類に押し付けるようにしている姿はもう少し同情されてもいいのではないか。

しかし間もなく、純倹はアメリカ側にまったく違った一面を見せることになる。二月二十九日、ペリーは日本の全権委員たちをポーハタン号の艦上に招待して饗宴を開いた。上甲板に宴席が設けられ、司厨《しちゅう》長が腕を揮った料理と酒がたっぷり振舞われた。日本の役人たちはすっかり酔っ払ってしまい、おまけに余興で女装したり、黒人に扮したりした水兵の演芸を見せられて完全にリラックスした。正気でいたのは林復斎だけだったらしい。純倹先生はべろべろになって相好《そうごう》を崩していた。

愉快な松崎は腕を提督の頸にまきつけて、よろよろと抱きかかえ、両肩の新しい肩章(エポレット)を押し付けながら、涙ぐましい感情をもって日本語で次のように繰り返した。それを英語に翻訳すると"Nippon and America all the same heart"と云ふ意味であった。それから彼は自分よりしっかりしている同僚に助けられながらよろよろとボートに乗り込み、そして間もなく陽気な一行全部が艦隊を去り、速力を早めて岸へ進んで行った。（同右書）

他の史料によると、純倹がペリーに抱きついて上機嫌で繰り返していたのは「日米同心」という言葉だった。ペリー提督の迷惑そうな顔が目に見えるようではないか。外交の現場は存外こんなものなのかもしれない。日本全権団は決してこれで懐柔されたわけではなく、この後も領事権をめぐってけっこうしぶとく粘った。五月の調印からしばらく経った嘉永七年十一月に純倹は世を去っている。意外な急死であった。たぶん過労が祟ったのだろう。

このように見てくると、やはり大谷木醇堂という人物は、林家および林家一門の人々に対する癖のある愛憎関係も含めて、客観的には、どうも林家に象徴される一つの文化伝統と運命を共にしたかのように思われる。文化伝統の運命とは、江戸時代の政治文明において支配的だった漢文漢学勢力の衰退である。

ともかく醇堂は物心ついてからというもの、骨の髄まで漢文文化を仕込まれて人となった世代である。日常の言い回しはおろか、猥談さえ漢文口調でないと納まらなかった。『醇堂放言』四に風呂屋の三助《さんすけ》（銭湯で風呂を焚いたり浴客の体を洗ったりする男）の話がある。

一と通り陰門を展覧するのみにては大小・広狭《こうきょう》・肥瘦《ひそう》を評するにとどまり、皮裏《ひり》の陽秋《よう》なしてこの事なし。しかるに、その孕婦《はらみおんな》の裸体を見るに及んでや、春意発起して耐忍すべからず。誰人かこの布袋和尚《ほていおしょう》、いかなる寧馨児《ねいけいじ》（俗語で神童）を現出せしむるやと羨慕《せんぼ》のあまり知らず識らずここに至るなりと云う。この言を聞きてその孕婦を見ば、人いづくんぞ廋《かく》さんや。

（商売柄、毎日女性のその部分を見ているから、一通りの眺めではその大小やら濃淡やら豊満貧弱の別などいろいろ評論するばかりで、特にどうということはない。ところが、妊婦の裸体を見ると途端に春情がムラムラと兆《きざ》して、どうしても我慢できなくなる。この布袋さんのような腹からどんなガキが出てくるだろうかと想像すると、羨ましくてたまらず、つい自分の手でやってしまう、と生々しく語るのである。膨れた腹部を見ると変にそそられるのだそうだ）

女色ばかりでなく、男色の方面にも話頭《わとう》は転じられる。

彼《か》の隠語に菊座《きくざ》（男色でいう肛門）と唱ふ。破瓜《はか》の竜陽《りゆうよう》（男色家）に逢たる僧いまだ肛門皆授《かいじゆ》の心法に熟せず。その艱渋《かんじゆう》を嘆じて云う。「肛門に入るに鞠躬如《きくきゆうじよ》たり、容《い》れられざるが如くす」と。この僧定めて弓削《ゆげ》姓なるべし。またその肛門より少しく出血せるを見て云う。「血を見てせざるは勇なきなり」と。釈氏《しやくし》には似合わず。実に論語道断の所為《しょい》なるべし。

（その世界には「菊座」という言葉がある。この道でも初体験を「破瓜」というらしくて、そういう相手にぶつかった坊さんは「肛門偕《とも》に授《さず》ける」技術に未熟だとさんざん手を焼かされる。歎息していわく、「入ろうとするがどうも向こうが小さすぎて、うまく入らないみたいだ」と──『論語』「郷党《きょうとう》」篇の「公門に入るに鞠躬如たり、容れられざるが如くす」のパロディ──。弓削姓とは弓削道鏡《ゆげのどうきょう》のこと。巨根だったという伝説が歴史に語り残されている。肛門から血が出ているのを見ていわく、「血を見てせざるは勇なきなり」と──『論語』「為政《いせい》」篇の「義を見てせざるは勇なきなり」のもじり──。仏僧らしくない。これを「ロンゴ道断」という）

一事が万事、こんな調子である。ジョーク一ついうにも大真面目で、四角四面なのだ。言われた方は挨拶に困らされた。何から何まで「あれはオレがやったのだ」という自己顕示欲が冗談めかした口調の合間に透けて見える。

嘉永年中、将軍が水練を台覧《たいらん》なさった時、水半纏《みずはんてん》というものを着用する事が例になっていたので、わしはその模様を案じたが、ふと思い付いて、白地に紅《くれない》の丸形を背に大きく染めぬいて着用したものだから、水泳の技倆はダメだったが、着衣の意匠（デザイン）で喝采を博した。その後数年ならずして、幕府軍艦の旗章に日の丸を採用なさったことは、偶然暗合にしても不思議なことであった。（『醇堂放言』四）

醇堂がまだ若かった嘉永年間に、水練を将軍に御覧に入れる催しがあった。御徒士衆《おかちしゅう》にはふだんから水泳調練が課されていたが、幕末には水泳教授方などもできて一般にも奨励されたので、醇堂も張り切ったのであろう。どうしたら目立つか。ふとひらめいて白地の水半纏の背中に真っ赤な丸を染め出して実地にのぞんだ。技倆の方はすいすいと水を切ってというう具合にはいかなかったが、「誰だ、あの日の丸は。しゃれたデザインじゃないか」と皆が注目して大いに喝采を博したと醇堂は自慢タラタラである。

果たしてその数年後、幕府は軍艦の旗章にこの日の丸を採用した。なるほど偶然であり、暗合ではあろう。しかしいかにも不思議だ、と醇堂は、そこに自分のアイデアが生かされたのではないかとでも言いたげな口ぶりである。この少し自意識過剰気味の御仁は、本気でそう思っていかねないからおそろしい。

五

この時世とはまるで合わないくせに、プライドだけはやけに強い男は、それでも十年の間、ガマンにガマンを重ねて外務省に勤めたのである。林大学頭は明治になって十二代学斎（昇）の代になり、司法省の明法権大属《みょうぼうごんのだいさかん》にまで出世するが、その前のポストは外務省文書局にあったらしい。醇堂の上司になり、それに巧言令色《こうげんれいしょく》（こびへつらい）の態度で接しない醇堂はひどく邪魔に扱われたが、仕事はきちんとするので、クビにする口実は見つからず、その代わり「沿革調査」という閑散な部署に追いやられた。この部局で十年も辛抱したのである。

明治十四年（一八八一）といえば、政治史的には、大隈重信が下野した大きな政変の年であり、外務省では、琉球の帰属問題をめぐる日清関係の緊張を前にして、幕末開国以来の日本の一大外交史を編述しようとする動向があったが、醇堂の辞意はそんな大局とは関係なく、たんに溜りに溜った鬱憤を晴らしたものだったらしい。

待ちに待った辞表提出の日が来た。明治十四年三月二十一日である。

その朝、醇堂は満を持し、眥《まなじり》を決して、意気揚々と霞ヶ関の庁舎へ出勤していった。黒田邸の外務省建物は明治十年（一八七七）に火災に遭って焼失したが、その後、同じ屋敷跡の敷地に仮庁舎を作って省務をこなしていた。醇堂は今日が一世一代の晴れ舞台のつもりなので、身なりにも気を配った。羽織袴も毎日通勤する羊羹《ようかん》色のやつでなく、一張羅《いっちょうら》を着込んだ。草履も取って置きの畳表に白皮の鼻緒をすげたのを履いた。

登庁すると、執務室でいつもの書類仕事をしている職場の同僚を尻目に、上司の松平庄九郎の机の前につかつかと進んで行った。

松平庄九郎忠敬《ただたか》は元幕府旗本で、代々書院番を務める家禄千二百石の出自である。忠敬自身は番入りした後、嘉永四年（一八五一）、林大学頭手附《てつけ》書物御用に出役し、文久三年（一八六三）、幕府の沿革調頭取になっている。明治以後はやはり林家の引きで外務省文書局へ入り、そこそこの地位に達していたらしい。明治十四年現在、ここで今も「沿革調査」に従事していたわけである。ちなみに、この人物は明治二十四年（一八九一）に枢密院属になっている記録がある。終生明治政府の吏僚として官界にいたのであろう。

庄九郎は、目の前に突っ立っている醇堂を丸い眼鏡越しに見やり、その只ならぬ顔付きから、これは何かあるなと直感したが、さあらぬ体《てい》を繕《つくろ》って応対した。何か知らないが、ここで醇堂に騒ぎを起してもらいたくなかった。

醇堂はひどく昂奮した面持ちで上気し、早口の切り口上で意見を述べた。

この部局にいる人間はみな豚犬《とんけん》に等しく、だいたい沐猴《もっこう》の冠冕《かんべん》、馬牛の襟裾《きんきょ》（猿が冠をかぶり、馬や牛が衣裳を着けたようなもの）である。こんな冗員《じょういん》は不要だ。私大谷木とその他二、三人に文書局の仕事を委任すれば、何年もしないうちに集大成は一挙に出来上がるであろう。（『筆乗』）

庄九郎は聞こえないふりをした。居合わせた同僚たちは、自分たちが豚犬と罵られているのを知らぬげに、醇堂の言動を無視していた。平静を粧って机上の書類に没頭している男もいた。仲間同士で笑い合っている連中もいた。
醇堂は懐中から用意してきた懐紙を取り出し、おもむろに拡げると、書いてきた漢詩を読み上げた。

塵穢《じんあい》横流《おうりゅう》成濁河。
満城荊棘《けいきょく》没銅駝《どうだ》。
可憐典午《てんご》西傾日。
不見《みずや》一人駆酒魔《しゅまをくす》。

(汚れた塵が横に流れて濁った河になる。
市中一面に茂ったイバラが銅製の駱駝《らくだ》を埋めつくす。
憐れむべし、将軍家は西に傾く落日のようだ。
それに心を痛めた一人の人間が酒浸りになっているのがわからないか)

この詩がすんなり理解されたとは思えない。使っている漢語は漢文に馴れていた明治人にも難解だったろう。承句の「荊棘銅駝」は『晋書《しんじょ》』に見える成語を踏まえている。伸び放題のイバラの茂みが宮殿に飾られていた銅製の駱駝を覆い隠している。国が滅んだ歎きをいう言葉である。転句の「典午」とは、「司馬」――大勝軍職《だいしょうぐんしょく》――という官名の異称。落ちぶれた徳川将軍家のことと見てよい。しかし朗唱されて耳から聞かされたのではチンプンカンプンで意味不明だったはずである。えらい迷惑だったろう。

この突飛な行為に出た時、醇堂は酔っ払っていたのだろうか。いや、完全にシラフだったはずである。ただいう、「世みな醒めて予ひとり酔う。尤もよし、〳〵。目の不たしかなる主人に仕うるは無益々々(『筆乗』)」と。

醇堂もコリャ無理だと判断したのか、腰を探るとこれもかねて用意の矢立を取り出し、墨壺にたっぷり筆を浸すと、執務室の板壁にくだんの七言絶句をさらさらと書き付けた。壁書《へきしょ》である。古代、法令・掟などを壁に大書した伝達方法であったが、後世には、不遇の士が信条を壁に書き付けて訴える表現の手だてをもいう。醇堂より早く明治二年(一八六九)九月、米沢藩の雲井龍雄も、集議院に抗議の壁書を残して去っている。書き終えた醇堂は目に勝ち誇ったような、せいせいしたような色を浮かべていた。

今日という記念すべき日。大谷木醇堂ともあろう人間が纓《えい》を洗い、耳をそそぐ特別なハレの日なのだ。照り掛ける日光もふだんよりも輝きを増しているはずだった。

が、視線を向けられた同僚一同は揃って愚鈍にも無反応であり、満座みな馬耳東風《ばじとうふう》、蛙《かえる》の面《つら》に水といったふぜいで、誰も関心を持たず、ひたすら事を穏便に済ませたがっている雰囲気だった。

「大谷木君、まことに遺憾ながら」と、松平庄九郎が意を決したように口を開いた。

「本官は、貴殿の取られた行動は重大な規律違反であると指摘せざるを得ない。壁に墨を塗ったことによって発生した損害は、政府財産の棄損として、応分額が貴殿の俸給から差し引かれることになります」

天《あめ》の浮橋《うきはし》

——神風連事件——

一

明治九年（一八七六）十月二十四日は、旧暦では九月八日、月齢は上弦《じようげん》の半月《はんげつ》にあたる日だった。その日の午後十一時頃、熊本の西方にある金峰山《きんぼうざん》（現熊本市西区）の山際にちょうど月が入る時刻を期して、熊本城西端の台地にある藤崎八幡宮（現藤崎台球場）をめざしてひしひしと集まって来る総勢百七十名あまりの人々がいた。

八幡宮の背後には代継《よつぎ》神社の祠官《しかん》（神職）愛敬正元《あいきようまさもと》の家があった。愛敬は、今夜これから決起しようとしている熊本敬神《けいしん》党の幹部であり、当年四十六歳。天保九年（一八三八）から、同志たちが「神人《しんじん》」と呼んで心酔し敬愛した林桜園《はやしおうえん》に入門、敬神尊攘の道に徹した。桜園は、生前の本居宣長の門弟だった長瀬真幸《ながせまさき》から宣長国学を受け継ぎ、独自に発展させた孤高の思想家である。愛敬だけでなく、敬神党の幹部クラスは、その影響でみな熱心な神道の信者であり、明治七年（一八七四）の夏頃、大部分が県下の大小の神社の神官職に就いている。

伝説がある。この時、県で神官の採用試験が行われ、敬神党の面々の答案には、全員が異口同音に「皇道が興隆したら、かの元寇《げんこう》の時のごとく、神風が吹き起こり、外敵を吹き払うことは疑いない」と書いてあったので、びっくりした試験官が「奴等は本当に神風連《かみかぜ》だ」といったのが、神風連《しんぷうれん》の名の起こりだというのである。

今夜も総決起する同志たちは、愛敬宅に結集するに先立って、それぞれ最寄りの小集場に三々五々寄り集まり、目立たぬようにここに参集して来たのだった。小集場になったのは、阿部景器《かげき》宅、古田十郎宅、鶴田伍一郎《ごいちろう》宅、深水栄季《ふかみえいき》宅、大野吉太《よした》宅、松田栄蔵宅などで、当主はいずれも敬神党の領袖・中堅で、乱のさなかや乱後に戦死あるいは自刃したメンバーである。

弦月《げんげつ》が金峰山に傾いた頃、同志たち一同は藤崎八幡宮の社前に呼集された。面々の軍装は見ものだった。みな思い思いに、家重代《じゆうだい》の鎧兜を着して来た者、腹巻を付けた者、烏帽子《えぼし》・直垂《ひたたれ》姿の者、あるいは何も身に付ける物がなくて普段の服装に短袴《たんこ》だけを穿いた者など身なりは不揃いだったが、みな一様に白鉢巻を締め、白布で襷《たすき》掛けをし、「勝」の一字を黒々と墨書したのを肩章《けんしよう》にして目印としていた。兵学にくわしい同志の発案で、乱戦中「天」といえば「地」と応じる仲間同士の合言葉も定められていた。

社頭に勢揃いした一同は、刀槍《とうそう》を頭上にかざして気勢高く出陣の誓いをなした。頃あいを見はからって首領の太田黒伴雄《おおたぐろともお》が社頭に進み出た。太田黒は初め名を大野鉄兵衛といい、林桜園の愛弟子《まなでし》だったが、ある時「神明《しんめい》の幽助《ゆうじよ》」をもって幕末の国難を救おうと熊本の新開《しんかい》大神宮に祈願を籠めた。その姿に打たれた大神宮の神官太田黒信濃《しなの》は桜園に懇望して鉄兵衛を養子に貰い受け、神事に専念させた。伴雄と改めたのもこの時である。そして今、太田黒は、先師桜園から譲られた八幡宮の御霊代《みたましろ》を背負って社頭に立っていた。「御霊代」とは、文字通り神霊の代わりをなすもので、神霊の宿る聖なる物体である。何であるかは想像しがたいが、小早川秀雄の『血史熊本敬神党』はこれを背に負う「御軍神」としている。してみれば、細長い木主《もくしゅ》のようなものだったか。それを奉持して人々の前に立った太田黒の全身から神軍を統率する神々しい威厳が放出されているようだった。

〽広幡《ひろはた》の八幡の神を背に負ひて行けば恐るる仇《あだ》だにもなし（桜園）

「われらはここに畏《かしこ》くも神勅を奉じて兵を揚げ、熊本城に拠《よ》って義兵を募り、機に乗じて軍団を輦轂《れんこく》（天皇の乗物）の下に進め、内は奸臣の専横を罰し、外は諸外国の傲慢を懲らそうとするものである」

凛《りん》とした音声《おんじょう》であった。社前に結集した人々の間に見る見る生気と昂奮が伝わる。次に副首領の加屋霽堅《かやはるかた》が檄文《げきぶん》（触れぶみ）を読み上げる。

加屋は安政五年（一八五八）、太田黒と連れ立って桜園に入門し、やはり敬神皇道の学にいそしんだ。二人は桜園門下の双璧《そうへき》（一対の宝玉）というべき存在であり、甲乙付けがたかったが、わずかな年齢差があるけで（太田黒は天保五年生まれ、加屋は同七年）、首領・副首領の格に扱われることになったのだという（荒木精之《あらきせいし》『神風連実記』）。

「そもそも熊本に鎮台と県庁があるのは、朝廷の政治を輔《たす》け、万民を安んじ、外敵の侮りを防ぎ、治安を守るべき任務を尽くすはずのところ、鎮台と県庁とは、かえって外国勢力に阿《あ》順《じゅん》（おもねり）して、古来の刀剣を禁止し、邪教（キリスト教）の蔓延《まんえん》を勧め、しまいには、神聖な国土を外国に売り渡し、内地に外国人との雑居を認めようとしている。

そればかりではない。畏《かしこ》くも聖上《せいじょう》（天皇）を外国に遷幸させようとする姦謀まであることがわかった。その大逆無道は神人を共に怒らせる国賊的行為である。

われらは臣子《しんし》の情義としてこれ以上黙視していることはできない。上には、玉体（天皇の身体）の不測の危難を防御したてまつり、下には万民を塗炭《とたん》の苦しみから解放するために、このたび畏くも神勅を奉じ、諸方に同盟の義兵を興し、奸臣ばらを誅戮《ちゅうりく》し、皇運挽回の基《もとい》を固めようとするものである。士農工商を問わず、有志の者はこぞって、ただちに城内に馳せ参ぜよ」

この文章はこれから出撃の時、城下の要所々々に貼り出されることになっていた。

かねて太田黒伴雄の神籤《しんせん》（おみくじ）によって、一同の部隊編制は決まっていた。全隊は七つに分けられていた。

第一隊　熊本鎮台司令長官種田政明襲撃
（統率）高津運記《たかつうんき》・森下照義《てるよし》・桜井直成《ただしげ》・立島《たてしま》駿《しゅん》太《た》など
第二隊　歩兵第十三連隊長陸軍中佐与倉知実《ともざね》襲撃
（統率）古田孫市・中垣景澄《かげずみ》・斎藤熊次郎・平野寅雄など
第三隊　参謀長陸軍中佐高島茂徳《しげのり》襲撃
（統率）石原運四郎・水野貞雄・加来《かく》十郎・荒尾延彦《のぶひこ》など

第四隊　熊本県令安岡良亮《やすおかりようすけ》襲撃
（統率）吉村義節《ぎせつ》・沼沢広太・愛敬元吉《もとよし》・伊藤健《たけし》など
第五隊　熊本県民会議長太田黒惟信《これのぶ》襲撃
（統率）浦《うら》楯記《たてき》・坂本秀孝など
第六隊（本隊）　砲兵営襲撃
（統率）太田黒伴雄・加屋霽堅・上野堅五《けんご》・斎藤求三郎《きゆうざぶろう》・阿部景器など
第七隊　歩兵営襲撃
（統率）愛敬正元・富永守国《もりくに》・吉海良作《よしうみりようさく》・福岡応彦《まさひこ》など

以上の七部隊、百四十名ほどの人数が一斉にそれぞれの目標に向かって歩き出した。時に十月二十四日午後十一時頃、いよいよ出動の刻限だった。藤崎台の夜風に四旒《りゆう》（四ながれ）の白旗がひるがえり、法螺貝が吹き鳴らされて勇壮をきわめた。一同の得物《えもの》はみな白兵《はくへい》（刀や槍など）だった。軍議の席で上野堅五らの長老は、銃砲の使用を進言したのだが、「神風連の大義の戦いに、異国の兵器は無用である」との主張が大勢を支配して、飛び道具のたぐいは沙汰止みになった。放火用の焼玉《やきだま》だけが用意されたが、これは火器とは称しがたいだろう。

このこと一つをとってみても、神風連の決起は、その規模にもかかわらず、尋常の軍事行動とは言いがたい奇矯さを備えている。このかなり奇妙な行動様式はいったい何から由来しているのだろうか。

　ここでどうしても、熊本神風連、いや、もっと正確には、熊本敬神党の根本教義を形作った林桜園の思想にさかのぼってみなくてはならない。

　いつのまにか牢固としてできあがっている先入観に反して、明治初年代の熊本はびっくりするほどハイカラな町だった。幕末にこそ藩内で佐幕派と尊皇派が対立拮抗して藩論を統一できず、明治維新に出遅れた感があったが、明治三年（一八七〇）五月、守旧派の細川韶邦《よしくに》が隠居して、弟で尊王派の護久《もりひさ》が藩知事に就任してからというもの、人事の刷新と藩政の大改革が大胆に進められた。

　旧藩の学校時習館や医学の再春館《さいしゅんかん》は廃止され、代わってアメリカ退役将校のジェインズが教える洋学校、オランダ軍医マンスフェルトを迎えた西洋医学校が開設された。熊本洋学校では、数学、地理・歴史・物理・化学・天文・地質など文明開化の授業をすべて英語で行い、良家の子弟は同校で英語を学ぶのがステータス・シンボルになった。ジェインズはすぐれた教育者であると同時に信仰豊かな宗教者でもあり、自由主義神学を信奉して、同校で多くの宗教青年を育てた。中でも小崎弘道《こざきひろみち》・海老名弾正《えびなだんじょう》・徳富猪一郎《とくとみいいちろう》（後の蘇峰《そほう》、徳富芦花《ろか》の兄）、横井時雄（小楠《しょうなん》の子）などは「熊本バンド」を結成して日本のプロテスタンティズムの一源流になった。このグループは、明治九年（一八七六）に熊本洋学校が廃校されてからは、揃って京都の同志社英学校に入学したことで知られる。

明治四年（一八七一）八月には熊本に鎮西鎮台《ちんぜいちんだい》（明治六年一月、熊本鎮台と改称）が設置された。「鎮台」というのは、明治四年（一八七一）から明治二十一年（一八八八）までにおける日本陸軍の最大編成単位で、二十一年に「師団」に取って代わられた。普通、内戦を想定した国内の治安対策優先といわれる。

熊本鎮台は、熊本城二の丸をつぶした跡に作られ、広大な敷地に歩兵営と砲兵営が建てられていた。封建支配の象徴だった熊本城は廃城化し、それに代わって平民の兵士たちが由緒ある城跡を占拠したわけだから、元武士だった連中の反感はすさまじく、師団兵が休暇で外出して引き起こす旧士族との乱闘騒ぎが明治初年の熊本の名物になるほどだった。

そして何よりも文明開化の熊本の空気を伝える風物は、明治八年（一八七五）三月に開局した熊本電報局であろう。その一帯は「電信町《ちょう》（現熊本市中央区新町《しんまち》）」と呼ばれ、町内には蜘蛛の巣のように電線が張りめぐらされた。神風連というと必ず語られる、邪教の妖気に汚染されるのを嫌がって電線をくぐる時、扇を頭上にかざして通ったという話は、じつはこの電信線が起こりだったのである。

このように新旧の諸思潮がせめぎあう明治初年の熊本には、藩校時習館で江戸時代以来の儒学を継承した学校党、横井小楠の影響を受けた実学党、及び両者と対立する肥後勤王党が三派鼎立《さんぱていりつ》していた。勤王党は維新後、明治国家に仕え、新政府に協力する進歩派と、「国体」の擁護、国粋の保存、国威の宣揚等に固執する保守派とに分化した。敬神党とは、このように勤王党内部から分生した党派である。敬神党は、反時代的な一派が結集し、宗教性をいわば純粋培養して自立した一党である、といえよう。分派したのは明治五年（一八七二）のこととされ、太田黒伴雄・加屋霽堅・上野堅五・斎藤求三郎・愛敬正元・高津運記・石原運四郎・阿部景器などがそのメンバーであった。

この派は、幕末の孤立した思想家林桜園の国学を信奉した。林桜園は寛政十年（一七九八）に熊本で生まれ、明治三年（一八七〇）に世を去った特異な思想家。原道館《げんどうかん》と名づけた私塾を開き、敬神の道と国学を講じた。桜園はその思想が異色であっただけでなく、容貌もまた魁偉《かいい》（大きくて立派）だったらしい。鼻が異様にそびえて眼光鋭く、下唇が垂れ下がって頤《おとがい》（下あご）を蔽《おお》っていたそうだ。坐っているさなかに時々独り言をいい、人々は先生が神と話をしているのだと噂した。

桜園が本居宣長の国学から受け継いだのは、顕幽《けんゆう》二元論——この世（顕世《あきつよ》）の出来事はあの世（幽世《かくりよ》）からすべてを見守っている神の意志によって定まるという神学——であり、歴史もまた神意で動くという信念であった。しかし、人間は「顕世」でひたむきに人事を尽くせば、必ずや「幽世」に理想的な迎えられ方をすると説いた点で宣長国学を一歩進めている。

桜園の理想は、昇天であった。文字通り天に昇るのである。もし人間が心身共に清浄潔白であって神明の道に叶うならば、みずから昇天して神の不生不滅の域に達することができる。「凡《およ》そ天に昇るは必ず当《まさ》に天《あめ》の柱《はしら》・天の浮橋《うきはし》に従うべし」（『昇天秘説』）といわれるように、人は天空と地上を結ぶ浮橋を伝って、神々の住み処《か》である高天原《たかまがはら》に昇れる、というのがその教義である。

明治・大正のジャーナリスト・史論家の福本日南《にちなん》は、この教義を仏教の「即身成仏《そくしんじょうぶつ》」ならぬ「即身成神論《じょうしん》」と形容している。こうした境地に達した桜園は、幕末の激動期にあってもいっさい政治的な情勢に心を動かさなかった。たとえば嘉永七年（一八五四）に東遊して水戸を訪れた時、豊田天功《とよだてんこう》や会沢正志斎《あいざわせいしさい》に会って時局について意見を交換したが、水戸学の主張にたいして興味を示さずに水戸を去っている。明治政府がいっとき神祇《じんぎ》政治を実現しようとして、三条実美《さねとみ》太政大臣が東京へ招こうとした時も、まるで愚人のように振舞ってはかばかしく応対しないで呆れられた。すぐ国に帰されたことはいうまでもない。こうして生涯、政治的な事柄とは一線を画したまま、七十三歳まで世をまっとうした。

〽世の中はただ何事もうちすてて神に祈るぞまことなりける

この世の政事にはすこぶるうとく、神事にのみ関心が向いている。「世の間の理《ことわ》りに現事と神事と二つあり。神事は本なり。人事は末なり（世界の理法には現《うつ》し事《ごと》と神事《かみごと》の二つがある。神事は本である。人事は末である）」（「宇気比考《うけいこう》」）というみずからの言葉通り、桜園は神に仕えることしか知らなかった。人事、殊に政事は桜園のよくするところではなかった。

幕末期、外国列強の砲艦外交に脅かされた危機の最中でも、さして動じた様子はなかった。門弟の危惧に答えていわく、「もし今外国と戦端を開き、江戸城が灰になったら、そのおかげで、三百年来の驕奢《きようしや》で淫靡《いんび》な贅沢品はすべて焼き尽くされ、われらごとき老衰し腐朽した無用者は大砲の音に驚いて頓死し、兵食の費用を減らすことだろう。寄木細工《よせぎざいく》のようなお役人やら、乳臭いお大名やらは溝《どぶ》に捨てられ、真に有為の人物が腕をさすって現れ、やりたいようにやるならば、あなた方が望むような武備充実ができるだろうよ」（木村弦雄《つるお》「林桜園先生伝」）と、いかにも突き放した口調である。

しかし、桜園自身はともかく、維新動乱の荒波をもろにかぶり、ナマグサイ現実政治とつきあわざるを得なかった太田黒伴雄・加屋霽堅・斎藤求三郎・上野堅吾など次世代の門弟たちは、そう脱政治的にはゆかなかなかった。明治四年（一八七一）の廃藩置県以来、全国の士族は常職を失ったが、熊本の士族も勿論その例外ではない。各地でこれに反対する士族の動きがあり、山口県では奇兵隊の反乱が起きたが、熊本敬神党にもこれが波及して、河上彦斎《げんさい》が国家の転覆を企てていたという理由を言い立てられて刑死した。この頃持ち上がった征韓論でも、敬神党の同志たちは有力な支柱であった。国際緊張こそ士族復権のための又とないチャンスだったからである。

そして明治六年（一八七三）の徴兵令。国民皆兵の国家方針は旧士族の存在理由をますます希薄にしていった。果然《かぜん》、九州各地で士族反乱が続発した。明治七年（一八七四）には、征韓論に敗れて下野した江藤新平が佐賀の乱を起こした。敬神党の内部からこれに呼応すべしという意見も出たが、宇気比によって神意を問うたところ、答は不可だった。下部の若い同志たちはこういう情勢の下で何か行動を起したがり、年長者の太田黒に迫って「先生はいつ私共を死なせて下さいますか」と口々に訴えたといわれる（石原醜男《しこお》『先君行状《せんくんぎょうじょう》』）。「宇気比」とは、ある秘密の方法によって事の吉凶・正邪・成否などの神意を伺う占法のことである。

二

さて、神風連の乱のきっかけになったのは明治九年（一八七六）三月の廃刀令である。同志たちはそれだけでは激発せず、刀を「袋刀《ふくろがたな》」にして帯刀せずに手で持ち運んだ。加屋霽堅は長文の抗議書「廃刀奏議書」を熊本県令安岡良亮に提出した。

加屋はこの長大な文章で、古くは記紀万葉から近くは江戸時代国学者の文献を博引旁証《はくいんぼうしょう》して、わが国の伝統上いかに刀剣を廃すべきでないかを述べきたった後、「今、神武天皇以来の利剣を廃止し、外国軍装の襠嚢《ダンブクロ》（ズボン）のような醜態を模倣して、固有の勇武を磨損《まそん》し国勢を衰弱させたならば、外夷の勢力をますます増長させるに至り、せっかく廃藩置県の詔《みことのり》を発して内万民を安んじ、外万国と対峙しようとする朝旨にも反する」と論じている。だが、この奏議は、壮大なアナクロニズムとして完全に無視された。

古来、「刀は武士の魂」だとか「刀にかけて」誓言するとかいった成語や慣用句があるように、刀剣には、それがたんに鋭利な刃物でできた武器であるという以上に、精神的な、というより呪術的な意味が付加されている。特に武士には、腰に帯《たい》した両刀の重さは平均約三キログラム。ほとんど自分の体重の一部分であって、日頃は感じさえしないほどだった。丸腰になってみて初めて、そのあまりの軽さに、かつてずしりとこたえた刀の重さをなつかしんだのである。それは自己実存の重量感であった。その重さが消え失せたら、自分の何か貴重なものが失われるのだった。

だから、この一党は廃刀令に凝集した文明開化の風潮を病的に嫌ったのも当然だった。前述したように、電線の下をくぐる時は扇を額にかざし、道で洋装した通行人とすれ違えば塩を撒く、鉄砲を担いだ鎮台兵を見たら鉄拳制裁を加える、といった振舞いに出た。新しい時代と社会に生きることの全身的な拒絶であるという外はない。

その忍耐も限度に達した。太田黒は七人の参謀を新開大神宮に集め、「宇気比」の秘法によって神慮を伺った。もうこれ以上若い者の憤激を抑えるのは無理だという判断があったかもしれない。神の答は「嘉納《かのう》」であった。同志たちは大喜びだった。桜園学が「宇気比」の具体化として挙げているのは「審神者《さにわ》」(神託を聞く霊媒)、「卜事」(うらない)、「夢占《ゆめうら》」という三つの道である(「宇気比考」)。この場合の「宇気比」——以後ウケイと表記——がどの方法によったのかは秘密とされているが、「神事は本なり。人事は末なり」という原理の通り、一同が無条件にこれに従ったことは疑いない。ウケイによってのみ開示される神意は絶対だった。同志たちの意気がいかに盛んでも、どんなに気持ちが逸《はや》ろうとも、神意が不可であったら、これまで何度も機会を見送ってきた。今度ばかりは神明のお許しが出たのである。

決起する日も十月二十四日と定まったのでただちに使いが萩の前原一誠《まえばらいっせい》のもとに飛んだ。また秋月、柳川、久留米、島原などにも当方の決行を知らせ、また先方の旗揚げを促した。鹿児島へは使者として野口満雄が行ったが、西郷隆盛には会わず、桐野利秋《きりのとしあき》と会っただけだった。熊本に戻った野口は、「桐野が果たして本当に尊王憂国の士であるかは疑わしい。わが党と共に事をなす人物ではない」と太田黒に報告した。太田黒はただ微笑するだけだったという（『西南記伝』）。どうも神風連と鹿児島の私学党との間には何か冷やかなものが横たわっていたようである。神風連の目には、鹿児島の徒党はまだ卑俗に「政治的」であると見えたのだろう。逆に、私学党の面々には神風連がただ意味もなく「神がかり」でしかなかった。

肥後勤王党には、また住江《すみのえ》甚兵衛・池辺吉十郎《きちじゅうろう》・桜田惣四郎《そうしろう》・佐々知房《さっさともふさ》など明治政府の文明開化政策に反対して学校党に接近したグループがあった。この派は終始神風連の武装蜂起には時期尚早として反対し、翌明治十年（一八七七）に西南戦争が勃発するや、「党薩《とうさつ》熊本隊」を組織し、薩摩軍に呼応して参戦している。戦意がないのではない。神風連とは一線を画していたのである。

神風連はその宗教的純粋化に比例して孤独になっていった。どうしても孤立無援を恐れず、率先して事を起さなければならないような形勢だった。

そしてついに決起の時が来た。奔馬《ほんば》はくびきを放たれた。みな嬉々として深夜の霜を踏み、それぞれに与えられた持ち場に向かって散って行く。

第一隊のターゲット、陸軍少将種田政明である。種田の邸は城下の東の外れ、白川の川岸に程近い新屋敷町（現熊本市中央区新屋敷）にあった。高津運記に率いられた一隊は、高い板塀をめぐらし、門扉《もんぴ》を固く閉ざした邸に乱入する。高津は忠臣蔵の討入りよろしく梯子を伝って中に飛び入り、立島駿太が裏門を固めて逃路を塞ぐ。面々は玄関を押し破って奥の間に突入。

愛妾《あいしょう》を抱いて眠っていた種田は咄嗟《とっさ》に枕刀《まくらがたな》を取って立ち向かい、所々に傷を負いながらも懸命に応戦した。高津に尻を刺されてよろめくところをみな一斉に斬り付け、桜井直成が首を落とした。

笑止だったのはおメカケの小勝である。乱刃の中で衣を裂くような悲鳴をあげ、だれかれ構わず取りすがって哀訴するので、誰かが「エエ穢《けが》らわしい」と軽く刀を当ててその場へ突き放した。が、小勝はしっかりしているのか、図太いのか、後で東京の親元へ「ダンナハイケナイ、ワタシハテキズ」と電報を打った話は仮名垣魯文《かながきろぶん》編集の『仮名読《かなよみ》新聞』の記事で有名になった。

この電報を扱った熊本電信局も同日神風連に破壊された。「兇徒」が局内に乱入した時、モールス電信機は卓上で軽快な音を発していたという。

これを見るや、彼等は狂気のように、提げたる太刀を上段に振りかざし「これぞキリシタン・バテレン」と大喝するや、機械を一刀の下に斬ったが、刃さきあやまってインキ壺をも打ち破ったので、黒インキは爆然《ばくぜん》として四散し、頭上にあびせかかった。これを見て、「バテレンの生血《いきち》だぞ」と、さも愉快げに意気揚々と引き揚げていった。

翌十月二十五日、県は前日の事件を中央に報告しようとしたが、熊本電報局は破壊されていたので久留米局へ行かなければならなかった。電報料金はきちんと請求されたという（『熊本電報百年史』）。

第二隊以下の諸隊それぞれの戦功、誰を打ち取り、誰を逃がしたかの顚末を一々物語る必要はあるまい。襲撃を終えて引き揚げる途次、通りすがりの橋の上などに見物人が群がって混雑している情景があったことに注目しておこう。ただ県令安岡良亮邸の情景だけは見逃すわけにはゆかない。

安岡の邸宅は城下町の中央部、山崎町（現在も同名）にある豪壮な建物だった。ここでは、早くも椿事《ちんじ》勃発の知らせを受けた県庁の上層部——県令、参事、警部ら——が集まって対

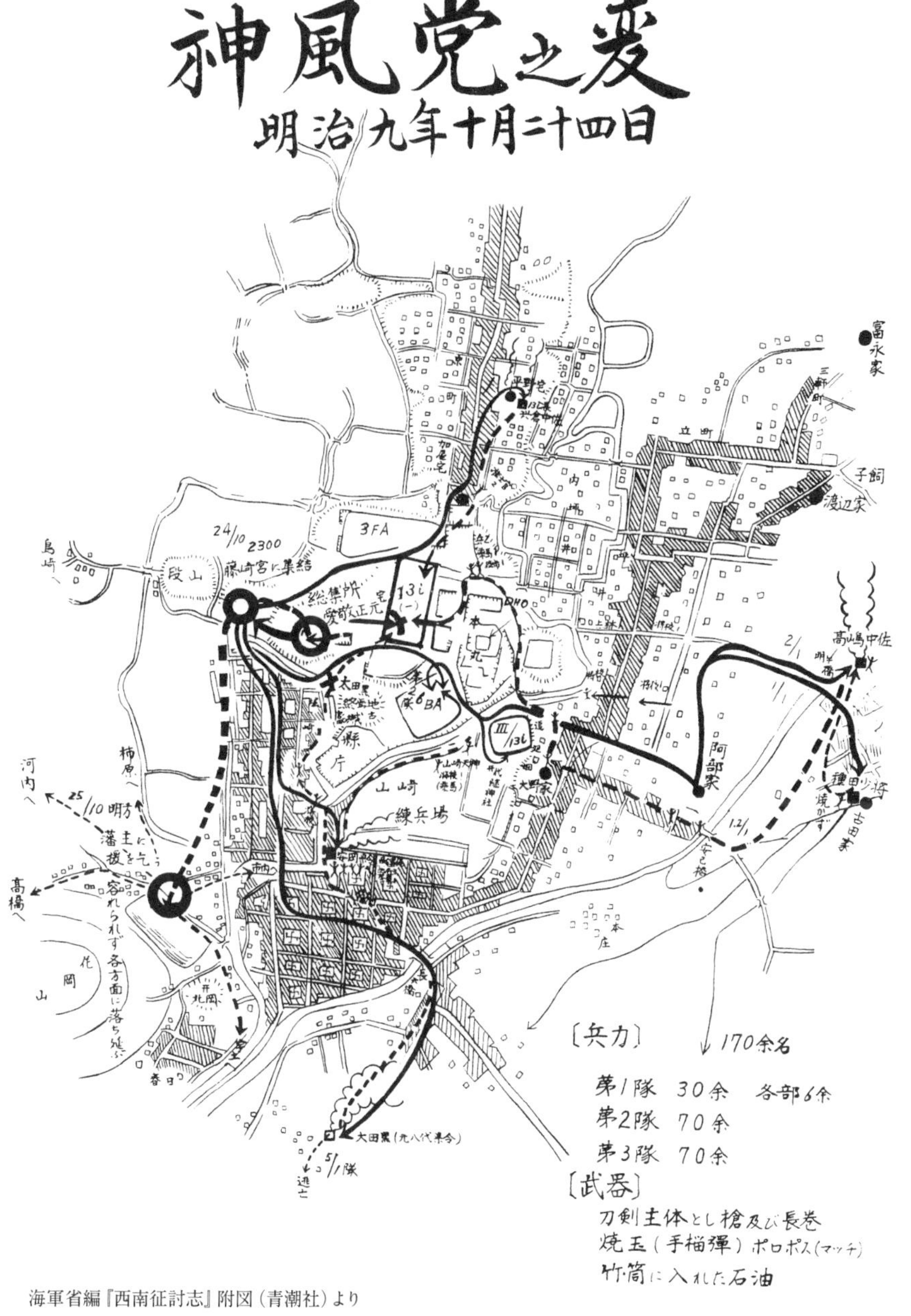

海軍省編『西南征討志』附図（青潮社）より

策を協議している最中だった。吉村義節の率いる第四隊が飛び込んだのである。

「国賊、失せろ！」と吉村が一番に斬り込む。邸の誰かがすばやく灯火を吹き消したので、家中は闇。安岡は旧土佐藩士で、藩兵がフランス水兵を殺傷した堺事件のみぎり、報復として宣告された切腹刑が中止になって生き残った九人の一人である。運の強い男だったが、今は衆寡《しゅうか》敵せず斬り立てられて、参事と共に隣室に逃れる。伊藤健が追う。参事は徒手《としゅ》で安岡を庇《かば》ったが、安岡は腰を斬られて戸外の芋畑へ逃れた。が、傷ついた下腹からは大腸がはみ出し、ただ呻吟《しんぎん》するばかりだった。翌日、鎮台病院に運ばれたが、二十七日に絶命したという。神風連側でも、愛敬元吉が深手を負って引き揚げる途中で死んだ。

さて、砲兵営攻撃を受け持った第六隊は、首領の太田黒伴雄、副首領の加屋霽堅、長老格の上野堅五・斎藤求三郎などが直接率いる本隊である。総勢七十名。この人数、しかも白兵だけで、近代火砲と三百名の将兵を擁する砲兵営を襲撃しようというのだ。砲兵営は熊本城二の丸の南の桜馬場（その後、熊本県合同庁舎）にある。

第六隊の面々は、歩兵営と砲兵営を結ぶ慶宅坂《けいたくざか》で二手に分かれ、東門と北門から中に押し入った。それから始まった戦闘は、刀を持つ旧士族と無刀の平民兵士との絵に描いたような勝負だった。寝入りばなを襲われた鎮台兵は不意を衝かれてあわてふためき、ただ逃げ回るばかりで、見る見る神風連の刀の錆《さび》となった。さすがに緒方小太郎や阿部景器のようなベテランは、「逃げる者は斬るな」「抵抗する者だけ斬り伏せよ」と声を掛けたが、血気にはやる若者は輿に乗ってスッパスッパと鎮台兵を斬って回った。あたりはたちまち血の海、屍の山だ。

　砲兵側でも佐官・将校クラスには果敢に斬り結ぶ相手もいたが、これはやはり旧士族出身者で、剣の心得もあり、何よりも軍務に忠実な人士だったのだろう。しかし砲兵はもともと銃を装備していない。崩れ立つ鎮台砲兵はもう統制が取れず、捕虜になって脅かされるままに神風連を大砲小屋に案内し、山砲まで撃《う》って見せる始末。

　第七隊が担当したのは熊本城二の丸跡を所在地とする歩兵第十三連隊の兵営である。人員は一千九百名。襲撃する富永守国以下の第七隊はわずか七十名であった。ここでも量は問題ではなかった。門扉が固く閉ざされていたので柵を乗り越えて内側から柵門を開き、どっと構内になだれ込んだ一同は、かねて用意の焼玉を兵舎に投げ込んで回った。

　兵営内部は阿鼻《あび》叫喚《きょうかん》、周章狼狽《しゅうしょうろうばい》の巷《ちまた》だ。ようやく誰かが非常ラッパを吹き鳴らしたが、たちまち斬り倒された。あいにく、数年前に起きた諸隊反乱に懲りた軍上層部は兵士に弾丸を持たせていないので、銃はあってもタマがない。仕方なく銃剣だけを付けさせて抗戦させるが、しょせん剣術で鍛えた旧士族の敵ではない。兵舎は次々と炎を上げて燃え上がり、あたりは白昼のように明るくなった。その光に照らし出されて、黒羅紗の制服の鎮台兵が銃剣を持って右往左往し、その中を縫って、甲冑を着込んだり、烏帽子・直垂を着用に及んだ武々しい神風連の姿が妖しく躍っていた。

しかし、敵の無防備を衝いた緒戦《しょせん》の優位はそう長く続かなかった。

歩兵隊側で士官の射的用の弾薬若干が見つかり、それで射撃しはじめたのである。将校連も気を取り直して乱れ散った兵卒を収拾する。そこへ法被《はっぴ》姿で県令宅の難を逃れた与倉連隊長も駆け付け、一同やっと活気づいて弾薬庫の扉を開き、一斉射撃に転じた。

にわかに攻守は所を変えた。これまで当たるを幸い兵士たちを撫で斬りにしていた神風連の同志たちは、恰好の的になってバタバタと倒れた。当時、師団兵に制式銃として採用されていたのはイギリス製のスナイドル銃（元込ライフル）である。訓練通りに銃陣を構えて、前列は一発射つと左回りに後ろへ下がり、後列が前へ進み出て銃を構え、「狙え、射て！」の命令一下《いっか》、ズドンズドンと発射する。狙いを付ける必要もないほどの至近距離だ。相手は燃えさかる兵舎の火光に照らし出されて、これほどよく見える目標はない。二十三歳の大石虎猛《とらたけ》はもともと眇《すがめ》だったのだが、残る片目にも弾丸が命中して完全に失明した。加屋霽堅は得意の二刀流で、大刀・小刀を左右の手で振い、敵兵を自在に斬りなびけてきたが、一弾に急所を打ち抜かれ、「弓矢八幡！」と一声叫んで息絶えた。享年四十一。

一隊を叱咤激励していた太田黒伴雄も敵弾に胸板を貫かれて、法華坂《ほっけざか》の民家に担ぎ込まれ、そこで脚に負傷して運ばれて来ていた上野堅五と一緒になった。上野は石原運四郎や高津運記には銃器を使うという自分の作戦が採用されなかったことに憤懣を洩らしはしたが、重傷の太田黒を見ては、わが党も銃砲を使うべきだったとはさすがに言えなかった。太田黒は、もはやこれまでと義弟の大野昇雄《ひでお》に介錯させて死んだ。享年四十三。最期の言葉は、「みな城を枕に討死にするがよい。わが宇気比の戦いは敗れ、志業《しぎょう》はついに廃した」というものだった。「宇気比の戦い」という言葉は充分に暗示的である。この一戦に敗れたことはそれ自体が神慮の現れなのである。六十六歳の上野はしきりに自決したがったが、太田黒も加屋も今は亡き後、残党を仕切る長老格が入用だというので、みんながご老体をだいじに運んだ。

時刻は十月二十五日の午前二時頃になっていた。思えば、このウケイの戦いは、前夜午後十一時頃に始まってから、まだわずか三時間ほどしか経っていないのである。

三

その同じ時間帯にこの事件を聞いて慄え上がり、戦々《せんせん》兢々《きょうきょう》と恐怖におののいていた人物がいる。後に「芦花《ろか》」という号で文名を高く響かせた徳富健次郎である。神風連が決起した時は、まだ数え年で九歳の少年、というより幼年で、熊本の東郊十六キロぐらいの生家にいた。犠牲になった種田少将の邸宅とはわずか一筋の小川と少しの畠を隔てただけの距離だったという。

兄の猪一郎（後の蘇峰《そほう》）は、この時京都の同志社英学校に行っており、キリスト教の洗礼を受けたばかりだった。

芦花は、まだ物心も付かない年齢で心に深く焼き付いたこのいわば《幼児体験》の鮮明な記憶を作品の中でたどっている。明治二十八年（一八九五）八月発表の『恐ろしき一夜』である。原文は文語体で書かれているので、適宜口語にパラフレーズするとこうなる。

明治九年十月二十四日、秋の夜は更けて、空一面に星、城下の士女はみな甘美な夢に浸っている。種田少将は泥酔して新しい妾と一つ蒲団に臥《ふせ》っていた。ちょうどその頃、二百人ほどの壮漢が、城の西南、樹木の影が墨のように黒い藤崎八幡の社殿に集まって来ていた。

腹巻・小手・脛当《すねあて》に身を固めた者がいるし、烏帽子・直垂の者がいる。振り乱した髪を白綾の鉢巻で束ねた者がいる。色が黒く、髯のたくましい大丈夫がいる。十四、十五の花のような美少年もいる。伝家の宝刀は腰々に横たわり、雪白の襷を十文字に掛けて、着衣の袖を絞っている。

社《やしろ》の神官で、巨魁《きょかい》（頭領株）の一人である加屋霽堅（太田黒伴雄の誤り）は、神前にぬかずいて、一同の代表として拝み、二人の神官が霜のような剣を抜いて神前で舞った。拝礼は終わり、剣の舞も終わった。太鼓が三回鳴った。首魁の大野（太田黒の誤り）、加屋、上野堅五は、神殿の石階にうずくまって部署を定めた。一隊は県令安岡の宅へ、一隊は鎮台司令長官種田の宅へ、一隊は陸軍中佐高島茂徳の宅へ、一隊は実学党の太田黒惟信《これのぶ》の宅へ、一隊は県庁へ、本隊は鎮台へ。時は午後十一時に近く、風が立ち、露は満ち、満天の銀河が空に横たわり、霜が白く、風は寒かった。

〽夜は寒くなりまさるなり唐衣うつに心の急がるゝかな（太田黒伴雄）

二百人の壮漢は、霜を蹈《ふ》み、馬に枚《ばい》を啣《ふく》ませて、藤崎社頭を出発した。

この書出しは熊本で神風連について語る場合の公式スタンダードに従った筆致になっており、地元では、神風連の人々の素意には一応敬意を表さなくてはならない約束事があるらしい。だが、芦花が本気で語りたいのは、この決起によって突然甘美な夢を醒まされた城下の一般子女の恐怖感である。

平和にまどろむ開化期の熊本で、何かとてつもない修羅場の舞台が幕を開けようとしていた。敏感な耳には、平穏なしじまを縫ってどこかから聞こえてくる修羅囃子《しゅらばやし》の響きが届いていたかもしれない。遠くから伝わってくるそれには、だんだん早太鼓《はやだいこ》のリズム、しまいには裂帛《れつぱく》の早笛《はやふえ》の音《ね》さえ加わって、何かの出現を予兆しているかのようだった。

寒い夜だった。その時まだ九歳だった芦花少年にはそんな理解を望むべくもない。たまたま姉が重病だったこともあって緊張に疲れた少年は、いつのまにか眠りこけ、蜜柑山《みかんやま》で遊んでいる夢を見ていた。母親の緊迫した声で起こされる。どこかで只ならぬ音がしたというのである。耳をそばだてると、たしかに、小川の向こうから怪しい物音が聞こえる。

音はしだいにくっきりしてきた。バタバタと人の走る足音。ニワトリが咽喉《のど》を突かれて苦しむような声。アッと驚く女の声がしてそれがバッタリ止まったと思ったら、ヒーッとたまぎるような悲鳴。再び荒い足音。戸障子の倒れる音がして、それから急にあたりが静かになった。

母親が急いで二階に上がり、雨戸を開けると、こはいかに、熊本の空は真っ赤になっていた。城の輪郭も黒いシルエットになって浮き上がっている。見れば、火の手は五ヶ所から燃え上がっているではないか。

さっきは強盗騒ぎと思ったが、この火事は尋常ではない。何か特別なことが起きているに違いない。家中が起き出してきて変事に備えた。母親は戸外に様子を見に行ったが、すぐに「戦争、戦争！」と言いながら戻って来る。流れ弾だろうか。城の方角から火玉が二つ三つ花火のように飛んで来たそうだ。

戸口の外でドタバタと慌しい足音がして「もうし、もうし」

「誰だえ？」

「私でござります」

「私？　私じゃわからないよ。どこの誰だえ？」

「〇〇の家内でござります。どうぞお開け下さいまし」

戸が開かれ、外からさっと寒気が流れ込んだ。行燈《あんどん》の光の中に、三十五、六の女が乳呑み児を抱いて慄えている。日頃よく出入りする材木屋の女房が難を逃れてやって来たのだった。背後にはその両親らしい老爺と老婆がフジツボのようにぴったりくっついていた。

「町中は今大戦争でございます。来がけにも、橋際に二人、切り倒されておりました」

材木屋の女房が泣きながら城下町の現況を告げた。くどくどいう言葉がよく聞き取れなかったので、芦花少年はかえって想像の中で町の戦争状態を大きく膨らませた。

何とも名状しがたい異形の者たちがギラギラ光る長い刃物を振りかざして、逃げまどう人々を追い回していた。走っても、走ってもしつこい追跡から逃げ切れない。……

不安のうちにその夜は明けた。白茶けた朝を迎えた町は、うそ寒く、不穏な空気に包まれ、まだ昨夜の悪夢から醒めていないかのようだった。凶事の詳報が一つまた二つと伝わってきた。「安岡がやられた、種田少将がやられた、鎮台はみなやられた」という噂が来合わせた人々の口々に語られ、自然、いったい誰がこんなことをしたのかという話題になる。まだ混乱の最中で、最初はこれが神風連の仕業だとはわかっていなかったが、だんだん皆々の話の符節が合っていった。昨夜、火光に驚いて家を飛び出したところ、烏帽子・直垂の連中が五、六人、白刃を提げて歩いていたので腰を抜かしたとか、路上に倒れている人がいたので提灯《ちょうちん》を差し付けてよく見たら、洋服を着た男が斬られて、まだ温かい血潮に浸されていたとか、藤崎八幡の境内に群がる大勢の人影を見たとかばらばらの話から出来事の構図が見えてきたのである。

「さては神風連！　やっぱりやったか」

神風連爆発の報は熊本中に飛び交い、噂は噂を呼んだ。この一派の振舞いは実力以上に過大評価され、熊本鎮台、熊本県庁、実学党本拠はことごとく壊滅したという風説が流れて、一時は熊本中がパニックに陥った。

ようやく事件がありのままに、神風連の成功と共に失敗もまたあった通りに伝えられて、全貌が明らかになったのはだいぶ時間が経ってからであった。

兵営に乱入した神風連隊士たちが、飛び出してくる師団兵を待ち受けて、「一、二、三！」と声を掛けて斬った。馬に乗っている者は斬った。靴を履いている者は斬った。狼狽した者は、通りかかっては斬られ、道で出会いがしらに斬られ、辻々で斬られ、兵営前で斬られ、死骸は至る所に算を乱して折り重なった。しかしこうした刀の専権もそれが絶頂だった。師団兵が弾薬を入手すると、にわかに勝敗は逆転する。「彼らのツキは落ち始めた」という芦花の一文が、そのまま、徳富一家の神風連との距離感を示している。

もう一人、冷静にこの騒ぎを見ていた人物がいる。松山守善《まつやまもりよし》である。

熊本出身の法律家・地方政治家・自由民権活動家・キリスト教信徒であり、嘉永二年（一八四九）に生まれ、昭和二十年（一九四五）に死去した長命の思想家として知られる松山守善も、明治二年（一八六九）、斎藤求三郎に入門し、国学を学んでいる。斎藤求三郎は、前述のように、神風連の長老と呼ばれた人物である。その縁で敬神党に加わったのも不思議ではない。

その後、明治七年（一八七四）には鹿児島の私学党に共鳴し、また自由民権運動家宮崎八郎（革命家宮崎滔天《とうてん》の兄）から植木学校創立に協力を依頼されて尽力している。立場を勤王敬神主義から民権自由主義に急変させた。神風連の決起にはそんな時期に遭遇したのである。その時守善は熊本県裁判所に出仕していた。はるか後年の昭和八年（一九三三）に刊行した『松山守善自叙伝』は、当日の出来事をこう記している。


九年十月二十四日、敬神党（神風連）爆発の夜は八月結婚したる蝶子《ちようこ》の郷里に行き酒肴の馳走をうけ、十一時ごろ帰臥《きが》（家に帰って横になる）したるに、警鐘ひびき、前後に火光を見る。


守善は芦花と違ってもう二十七歳の青年だったから、落ち着いていて、まず家族を避難させた後、旧勤王党の友人知己《ちき》たちの間を経めぐって様子を聞こうとしている。

第一に、今も懇意な三宮勝重《みつみやかつしげ》。決起に参加して去就に迷っていたが、提灯を持って相談に来たので、「君は末輩だから切腹するには及ぶまい」と助言してやった。この三宮は後に懲役二年の判決を受ける。

次に、今は熊本県に出仕して中属《ちゆうさかん》になっている青木保弘《やすひろ》。青木は事件の報を聞いてすぐ職場に馳せ参じていて留守だったが、じつはもうこの時、県庁の門外で神風連の浦楯記に斬殺されていた。

翌朝、裁判所に出勤した守善は裁判所出仕の肩書を利用して、許された権限の範囲内で、自首してきた者、捕縛された者、誤認逮捕された者の取調べに当たり、元勤王党の知り合いを多く解放した。裁判所の廊下に倒れていた昔なじみの友の死に顔を見て暗然としたこともあった。

それから死骸検視のために町中を巡回して、たくさんの顔見知りの遺体を見て歩いた。城の近くで愛敬正元（と信じたが、じつは息子の元吉）。歩兵営は死屍累々。先師斎藤求三郎をはじめ、加屋霽堅、福岡応彦、野口知雄等々二十人ばかりの死骸。また、神風連撤退の時、隊士が一時立ち寄った鹿島邸では富永次雄（参謀長格だった富永守国の次弟）の死骸。富永次雄は守善と斎藤門下で肩を並べた間柄であり、潔癖なほど厳格に神道を信仰し、紙幣のごときは穢らわしいとしていっさい手を触れず、守善のことを戯れに「無神論者」といってなぶるような仲だったという。死骸の周囲にはいろいろな神社の矢除けのお守りがたくさん撒き散らしてあった。鎮台兵が円札と間違えて奪おうとしたらしかった。ちなみに、次雄の死因は弾創《たまきず》であり、矢除けのお守りは役に立たなかったらしいと、守善は皮肉に付け加えている。

藤崎八幡宮の鳥居前の通りに行ってみたら、遠くに死骸のようなものが見えた。富永三郎

（守国の末弟）の死骸が仰向けに横たえられていて、その胸の上に太田黒伴雄の首級が載せられてあった。これも鎮台兵の悪戯《いたずら》らしかった。

翌明治十年（一八七七）一月、守善は日田区裁判所（その頃、大分県はまだ熊本県裁判所の管轄だった）に転勤する時、朋友知己と別れの挨拶をしたら、宮崎八郎らは天井を眺めて見向きもしなかった。守善が県庁に出仕したことをまだ含んでいるらしい。守善は席を蹴って帰り、それがもとで西南戦争時に宮崎らの「熊本協同隊」には参加しなかった。

こうして松山守善という人物を間に置いてみると、神風連の一党をめぐる生々しくも複雑な人間関係が見えてくる。敬神党の面々が突出していたことは間違いないが、これらの人々も初めからそれほど孤高だったわけではない。分化する以前の旧勤王党の同志とはもちろん、明治初年の諸党派・諸学派の人士とも相互了解の余地は残っていたのである。

それにもかかわらず、神風連頭領の太田黒伴雄は、同時代の士族反乱の数々とはあえて同調せず、共闘さえも辞して、みずから孤立無援の立場を選んだ。そてはあたかも、かたくなに周囲を俗悪と軽蔑し、断乎として他派と和さないことで自己の純潔さを保ったように見えるのである。

四

その精神態度は、まず第一義的には、全同志が先師と仰ぐ、いや、それどころか、「神人」

として絶対的に尊信する林桜園の教義を信仰したからだといえる。「神事は本なり。人事は末なり」という原理からいえば、政治は、たとえそれがいかに国のため、世のため、人のためであろうと人事に属する事柄であるからしょせん末事である。政治的功利はあくまでも二の次のことにすぎない。

一番大切なことは神事、すなわち神祇を祈禱《きとう》することであった。毎朝早く起きて神拝式を行い、昼は藤崎八幡宮など各所の神社に参拝し、月に一度は新開大神宮・杵築宮《きつきみや》に参詣する。桜園のその遺風を継いで、敬神党の人々は辟穀《へきこく》（穀物断ち）・断食《だんじき》などを日常の修行とした。そうした修行の目的は、一にかかって、その身を清浄にし、人間のケガレを除き去って神に近づくことにあった。

桜園は主著『昇天秘説』の中で、信仰の極致、理想の実現としての「昇天」の秘義をこう述べている。

およそ天に登るは、必ず当《まさ》に天《あめ》の柱・天《あま》の浮橋に従うべし。天の柱・天の浮橋は其の道異なることなし。上古より今に至るまで存す。然りといえども、天下の蒼生《そうせい》は蠢然《しゅんぜん》としてこの道を知らず、死地に陥る。これ凡愚の穢体《えたい》、これを知りこれを見ること能わざるゆえなり。況んや上に挙《おくりあ》ぐることにおいてをや。吾が身の汙穢《おわい》を祓除《ばつじょ》して、清々の心をもって古《いにし》えに復《かえ》り、上古の神人となり、天神伊弉諾尊《いざなぎのみこと》、大日孁尊《おおひるめのみこと》の道を得ば、天の柱・天の浮橋自ずから目前に在らん。天の浮橋、天の柱を得ば、自ずから高天原に至るを得ん。これぞ神の道にして天地の秘なり。

（天に登るには、必ず天の柱か天の浮橋かを通じてでなければならない。天の柱と天の浮橋とは、共に天に通じる道であって違うところはない。上古にも今の世にも存在しているのだ。ところが世間の人々はおろかにもこの通路を知らずに死んでしまう。凡愚の汚い身体にはこの通路が見えないからである。まして、そこから天に送り上げることなどを知るわけがない。もしも人間がわが身のケガレを取り払い、清らかな心で上古に復帰し、「神人」となり、天神イザナギノミコト、オオヒルメノミコトの道をわがものにするならば、天の柱と天の浮橋はおのずから目の前に出現するであろう。天の柱と天の浮橋が現れたなら、おのずと高天原に至れるであろう。これが神の道、天地の秘密である）

桜園はこの教義の心を三十一文字に歌い込めてもいる。

〽白鳥《しらとり》の天かけりけむ跡とめて身のなきからを世にな残しそ

〽浮橋は神代のまゝに残れども行くべき人のなきぞ悲しき

〽天地《あめつち》の神のみたまを賜はりてわが和魂《にぎたま》よ世を守りなむ

『古事記』のヤマトタケルは死後の霊魂が白い鳥に化身し、亡骸をこの世に残さず天翔《あまがけ》った。現代人よ、なぜそのように美しく死をまっとうしようとしないのか。天の浮橋は現代でも神代そのままに残っているのに、現代を生きる人間がそれを伝って天に登ろうとしないのは悲しいことだ。天地の神霊はその分身のニギミタマをわが身にも宿らせている。わがニギミタマよ、平穏に人間世界を守れ。

しかし、太田黒伴雄、加屋霽堅、上野堅五、斎藤求三郎のような現役世代は、もはやニギミタマだけでは世に処することはできなかった。いってみれば、これらの人士はアラミタマの時代を生きなければならなかったのである。それと共に、そのような世に便々と生きていることの罪障感もつのりまさる。

〽朝な〳〵身の罪咎《つみとが》を払ひつゝ愚《おろ》かなる身を神に任せむ（太田黒伴雄）
〽岩屋戸の前にうけひのうけ伏せて踏みとゞろかし御魂ふりすも（同）
〽つるぎ太刀《たち》さやかに磨きし丈夫《ますらお》がてぶりをいつか世に示すべき（加屋霽堅）
〽古き世に立ちかへるとは名のみにてたゞ下《くだ》ちゆく御代ぞ悲しき（同）

毎朝のように潔斎《けっさい》して身に染みついた罪科のようなケガレを払っている自分であるが、究極に何をなすべきかの判定は神に任せている。ウケイの古法は、神が身を隠している岩屋戸の前に「うけ」（桶の古語）を伏せて置き、それを踏み轟《とどろ》かせて神意を問うためにまず神の心を強く揺すぶることだ。それがまた、われとわが身に対するアジテーションでもあったことは、太田黒が神風連の同志のために実行したウケイに明らかであろう。

世のために何かをなさねばならないという強烈な使命感は、加屋をも常住《じょうじゅう》とらえていた。「いつか」がいつ訪れるか。それを常住問いかけていなければならない日々の連続が神風連指導者たちの日常なのである。王政復古などは嘘っぱちであった。ただ名のみであった。まだ機にあらずと決行を延期してゆけば、そうこうするうちに、世は確実に下降してゆくばかりなのである。

神風連の同志中、年長者に数えられるのは、上野堅五（享年六十六）・斎藤求三郎（同五十八）・愛敬正元（同四十六）・鶴田伍一郎（同四十八）などであろうが、これらの長老中堅層は、まだ太田黒・加屋にも通じる神人相通のセンスを保持しているといえる。日常の一々の挙止《きょし》進退が神の見そなわし給うところである、という感覚が脈々と生きているのである。

〽高山の庵《いほり》かきわけ雲の上に君が昇らむ時近みかも（上野堅五）
〽宇土浜の疎《うと》ぶる浪は高くとも守りてたまへ住吉の神（斎藤求三郎）
〽たまちはふ神の軍《いくさ》に親と子と共に立ち出《いづ》る今宵《こよひ》うれしも（愛敬正元、辞世）
〽濁る世にわれは住まじな住吉の神のみまへにいざ立ちゆかむ（鶴田伍一郎）

それよりも若い二十代、三十代の同志になると、そうはゆかない。決して信仰が薄くなったのではないが、世に対する姿勢も、もっと生々しい、人間同士の露骨な感情のぶつかり合いが目立つのである。もしかしたら、これら神風連の新世代――その何人かはかつて太田黒に「先生はいつ私共を死なせて下さいますか」と迫った若者たちのはずだ――は、もはや神との交感にさえ絶望して、ひたすら死に急いでいたのではないか。

〽かくばかり穢れ果てたる世の中になに永らへて身を尽くせとや（福岡応彦）

福岡は桜園門下の領袖の一人。歩兵営の乱戦の中で死んだ。享年三十六。この一首にも顕著に見られるように、この世代の意識の底には、神が姿を隠した後の世界にいつまでも生き長らえていることへの汚辱感、神学的な厭世《えんせい》感が棲息しているようだ。

〽君恥《はぢ》しは臣は死ぬるが常なるにかく永らゆる事の恥づかし（山田彦七郎）

こういう辞世を残した山田は享年二十五であり、決起失敗の後、いったん島原へ落ち延びたが、再挙は不可能と見て十一月八日に、自刃した。また、歩兵営で戦死した時、二十三歳だった今村健次郎に至っては、外国人に対する憎悪感ばかりが先立っているように見える。稚気愛すべき慷慨歌である。

〽夷《えみし》らをみな生け捕りて牛の糞食はせて後ぞ打ち殺すべき

〽大釜を百もたきたてことごとく醜《しこ》のえみしを茹《ゆ》で殺してむ

四

さて、戦っている間に日付が替わって十月二十五日になった午前二時頃、歩兵営で勝敗が逆転し、太田黒・加屋の両巨魁を失って指揮系統が混乱した神風連の残党は、戦闘終結の後、藤崎八幡宮に引き揚げて軍議を開いた。当夜、決起に加わった神風連の徒党百七十三名（渡辺京二『神風連とその時代』）のうち、戦死二十八名、自決八十七名は当然別として、兵営の戦闘に生き残った人々は軍議を開き、その席では、再び城中に進撃して斬り死にするか、それともいったん萩・秋月に出て再挙を図るかの二者択一をめぐって深刻な対立と論争が生じた。論議が行き詰まり、一同はこんな緊急事のさなかにあっていかにも神風連らしく神慮を伺うことにした。参謀の石原運四郎が事に当たった。神慮は「進撃」であった。進撃すれば、全員城を枕に討死にするに決まっている。太田黒はそう言い残して死んだはずだった。

だがこの時、学校党の一部に敬神党を支援しようという動きが出、神風連の玉砕方針にいっとき水をさすことになった。学校党はその夜の変事を聞くや否や、旧藩主細川家の幼君や子女を守るために北岡邸（のち熊本大学の北岡文庫が置かれた）に参集した。学校党にも新政府に不満を持つ勢力があったので、鳥居数恵《かずえ》と貫角次《ぬきかくじ》の二人が戦況視察のために藤崎八幡宮へ出向いたのである。

『血史熊本敬神党』は、「敗余混乱の際、殺気満々の間ありしかば、双方の意思疎通を欠き、互いに誤謬《ごびゅう》ありしは勿論《もちろん》なるべし。されど貫・鳥居の二人が何らかの好答辞を与へ、以て敬神党をして諸郷党（学校党――注、引用者）の応援を信ぜしめたるだけは争ひ難き事実なるべし（戦闘に敗れて混乱しているさなか、双方が殺気だっていて、まともな意思疎通ができず、おたがいに誤解があったのはもちろんだろう。しかし、貫と鳥居の両名がなんらかのかたちで色よい言《げん》質《ち》を与え、その結果、敬神党側は学校党から応援があるものと信じたことだけは争いがたい事実である）」といっている。しかも、鳥居数恵が翌年の西南戦争に「党薩熊本隊」の一員として参加している（貫角次は未確認）のを見れば、このことはいかにもありそうに思われる。再進撃＝総斬死を指示したウケイの神言は逡巡《しゅんじゅん》猶予《ゆうよ》というかたちで無視された。

ウケイは無条件に即時実行されなければならぬ何ものかなのである。かつて林桜園の耳に聞こえた奇しい神楽《かぐら》の音《ね》――

〽たのみある神の社《やしろ》の暁《あかつき》に神楽の音ぞゆたかなりける（夜、藤崎にて）

しかし、今はもう八幡宮の社では、霊妙な楽の音は聞こえなかった。聞こえるのは、ウケイに示された神意を問い直そうとする、その限りで神を全面的には信じない、追いつめられた人間たちの血走った叫び声だけだった。幸か不幸か、この方針は学校党で多数意見にならず、佐々友房や桜田惣四郎の制止で事態静観に決した。「名分のない戦争には荷担できない」というのが支援拒絶の理由であった。激昂した神風連と学校党の間に一触即発の危機が生じたのも当然である。

衝突は回避されたが、学校党一部の実らなかった申し出から生じた一縷《いちる》の望みに引かされてためらっている間に、再進撃＝総斬死の機は失われてしまった。

残存メンバー五十数名の間では、もはや統制もなくなりかけていた。阿部景器・鬼丸競はしきりに斬死を主張したが、リアリストの領袖小林恒太郎《つねたろう》に一喝されて再挙に集議一決した。萩・秋月には相次いで士族反乱に蜂起するはずの同志がいた。ゆくゆくはその地をめざして、まず有明海をへだてた島原へ渡る予定だった。

一同は西に向かって歩き出した。さきほどまでの昂揚した戦意とひきかえに、まるで敗走する気分だった。熊本の西の高橋（現熊本市西区高橋町）に着く。熊本を白川と並んで貫流する坪井川《つぼいがわ》の河口に近い地点である。一同はそこから舟を仕立てて島原に渡るつもりだった。ところがあいにくの干潮で舟が出せない。仕方なく方向を転じ、ひとまず金峰山に登って、今後の方針を占うことにした。

ここで神風連の伝説と深い結びつきがある金峰山について一言しておこう。

金峰山は、熊本の西約六・五キロの地点にある海抜六百六十五メートルの小さな休火山である。カルデラ式火山であり、あたりには二の嶽・三の嶽・荒尾山などの諸峰があるが、その一の嶽を「金峰山」という。東には肥沃な肥後平野を控えて雄大な阿蘇の連山がつらなり、西に目を転ずれば、有明海を越えて雲仙岳が間近に聳《そび》えている。古くから修験道の山であり、「一之嶽の雷山」として信仰を集めた。山上には蔵王権現《ざおうごんげん》の祠《やしろ》がある。

十月二十五日に金峰山に登った同志は、阿部景器、石原運四郎、鬼丸競、小林恒太郎、古田十郎、鶴田伍一郎、加々見重郎、福原秀久、浦楯記、田代儀太郎、沼沢広太その他四十六名という人数だった。実際には藤崎八幡宮から移動する際に脱落者も出て、だいぶ目減りしていたのであるが、この数は偶然赤穂義士と同数（泉岳寺の点呼に居なかった寺坂吉右衛門を除く）だということから評判になった。世に四十七人と伝わった起こりは、山に登った同志の一人である田代儀太郎の言に「赤穂義士と同数になった」とあるのが原因だとされる（福本日南『清教徒神風連』）。

神風連の悲劇の最終幕はこの金峰山頂上の場面がハイライトである。だが、ありようは、この数は神風連の集団活動の最後のピークであった。残存メンバーの中には、林桜園とか太田黒伴雄とかのレベルで神と交感できる人物はいなかった。みな思い思いにこれから何をなすべきかを論じ合うだけだった。いくら神人合一を呼号する神風連の集団でも、最後の局面では人間的な弱さが表面に滲み出てきたのであった。

そもそも神風連の決起は、明治七年（一八七四）の佐賀の乱から明治十年（一八七七）の西南戦争までの四年間に発生した大小さまざまの士族反乱のうち、その独自な性格で他から区別される。神風連の乱だけは士族反乱一般の部類では片づけきれぬ特異な要素があるとさえいわれている。その宗教的性格である。政教社の社主で国民主義を唱えた史論家の福本日南は、この集団を西洋のピューリタニズムになぞらえて「清教徒」と呼んでいる（『清教徒神風連』）し、徳富蘇峰も「地下にありて天上の清浄界に入らん」とする点で清教徒よりも脱世間的であるとして、「一種の神秘的秘密結社」に近いと見ているくらいだ（田中鉄軒宛書簡）。

山上の四十六人はここでもう一度神慮を伺う。石原運四郎は背負って来た弓矢八幡の軍神を樹間に奉安し、大祓《おおはらえ》の祝詞《のりと》をあげて祈念を凝らし、神籤を探る。またしても、神意は「斬入り」であった。一同は、今夜全員が敵営に斬り込んで玉砕しようと軍議を定めた。

ところが、野口満雄が十七、八歳の少年を指差し、「こんな子供たちを一緒に戦死させるのはあまりにも無残ではないか」という意見を述べた。他の同志たちも賛同した。かえって少年たちが「それでは誓書にそむくから、どうか一緒に死なせて下さい」と懇願する始末。神風連の内部に突然ヒューマニスティックな《良識》が芽生えたのである。明らかに、神人冥合《みょうごう》の原理――不条理でも信じて疑わない心性――からの後退であった。「神」本位主義から「人」本位主義への退化であったといって差仕えない。

集議一決して、四十八歳の長老鶴田伍一郎が少年たちを引率して下山することになった。残る成人同志も夕方になるのを待って山を下りる。その夜敵営に斬り込む決心だったが、麓《ふもと》まで下りて偵察させてみると、要所々々はどこも歩哨《ほしょう》が立ち、巡邏《じゅんら》隊がめぐり、熊本城内は至るところ篝火《かがりび》を赤々と焚いて、蟻《あり》の這い出る隙間もないほど厳重に警固されているということだった。これでは、みすみす鎮台兵の銃弾の的になるだけだ。そこでまた神慮を伺う。これから方向を転じ、山路をたどり、有明海に面する近江津《ちこうづ》（現熊本市西区松尾町近津《ちこうづ》）に出て、島原へ向かおうという方針に決した。

ところが海岸へ出てみると、官憲はすでに舟止めの使令を発し、島原への舟路を封鎖していたので、もう集団としての行動は不可能と知った。幹部連は、これからは各自分散潜行して、めいめいがどうにか萩や秋月に行きつき、各地の戦闘に参加して死のうという方針が固まった。もう十月二十六日の未明になっていた。神風連の決起はこれをもって終了し、以後、四十六名はいくつかのグループに細分化されて行動することになる。

もし一同が、金峰山の山頂で無益な軍議を開いて時間を無駄にし、太田黒伴雄のウケイでとうに示されている神意を再三確かめ直したりせず、十月二十六日の日の出を迎えて、全員揃って一斉に切腹したならば、先師桜園の昇天秘説が説く通り、天の柱、天の浮橋はおのずから目の前に出現し、高天原に登る道筋を指し示したに違いない。だが、神風連の生き残りたちは、師の言葉を充分には信じなかったと見える。その代わりめいめいに、あるいは自刃し、あるいは自訴して生き延び、時期を待つことを選ばせたのであった。二度目三度目の神籤となると、これを神慮伺い、ましてやウケイと呼ぶことはさすがに憚られる。これはもう、決断を神意任せにする《判断中止》の態度に近いのではないか。

地元にはいまだに神風連に対する畏怖の念が強いのか、そしてそのせいで一種のタブー視でもなされているのか、神風連の物語は、美々しい義烈譚《たん》にされがちであり、あった通りの栄光と悲惨のバラードとしては語られることは少ない。しかし現実に、近江津で解散してバラバラになってからの一党の運命はかなり悲痛なものであった。萩や秋月に行き着けた同志は一人もいなかった。みな追いつめられて数人単位の孤独な結末をたどった。

「神風連のその後を記すことは一連の自決物語を書くことである」と、『神風連とその時代』の中で渡辺京二は書いている。荒木精之の『神風連実記』は地元紙熊本新聞の報道記事にもとづいて自決のニュースを時間的に配列している。ここでは一同の最後の様子をいくつかのグループに分けてみよう。

①解散後ほどなく、自宅あるいは友人宅で自刃したグループ。

②金峰山から遠くあるいは近い山地で人知れず切腹したグループ。中でも松井正幹・植野《うえの》常備《じょうび》・古田孫市・吉村義節の四人は壮絶である。しばらく金峰山下に潜伏していたが、鎮台再襲撃は不可能とわかって自刃と心に決しあった。死に場所はとある山畑の中、十月二十

六日の未明。まず松井・植野・古田の三人が割腹したが死にきれず、せがまれるままに吉村が三人を介錯《かいしゃく》した。が、二十四日深夜の激戦に続く山中彷徨の疲労と飢渇がどっと襲って来て今度は自分が死にそこない、意識朦朧となっているところを手縄を打たれ、県庁に護送された。

③立島駿太の場合のように、首尾よく久留米に出て、筑後（福岡県）に入り、宝満山《ほうまんざん》（標高八百二十九・六メートル）に潜伏したが、秋月も萩も敗れたと聞いて、餓死することにしたケースもある。まだ生きているうちに御笠《みかさ》郡の警察署に運ばれたが、ついに飲まず食わずで絶命したという。日付不明。

④雅楽に長じた加々見重郎は、古田十郎、田代儀太郎、同儀五郎、坂本重孝、森下照義の五人と共に宇土《うと》半島の大見嶽《おおみだけ》（現熊本県宇城《うき》市）に登り、熊本の方を眺めていたが、十月二十九日、包囲網が狭《せば》まってついに進退谷《きわ》まり、咽喉を突いて死んだ。辞世の歌がある。

へやまとなる神のみかげにながらへて今日より登る天の浮橋

所こそ違え、桜園の遺志がもっともよく反映した歌かもしれない。

⑤金峰山で神慮を伺った石原運四郎はその後しばらく行方不明になり、金峰山中に潜伏していると人々は信じていたが、じつは山本郡鐙田《あぶみだ》の杵築宮に難を逃れていたのだった。阿部景器、鬼丸競、小林恒太郎、浦楯記、野口満雄も一緒だった。杵築宮の神慮は「自宅に戻って待機。機を見て脱出。再挙を図る」というものだったので、石原・阿部は熊本に潜入

した。ところが官憲の探索は厳しく、両家を取り囲んでとても近づけない。やむなく石原は監視の目を盗んで阿部家へ入り、十月三十日、阿部景器ともども皇太神宮の軸の前で切腹した。阿部の妻以幾子《いきこ》も殉死した。

⑥十月二十七日、緒方小太郎・高津運記・木庭保久《こばやすひさ》の三人は神籤の告げるところに従って、打ち揃って自訴した。このうち、事件後長く生き延びた緒方小太郎には独自の物語がある。

五

参謀の一人だった緒方小太郎は敗走の途中、高津運記・木庭保久の二人と邂逅《かいこう》し、三人で金峰山麓の山路に踏み入るうちに十月二十五日の朝がほのぼのと明け放れた。それから鬼丸競の留守宅で休養したり、近くの知人梅村作太郎宅に潜伏したりしていたが、官憲の包囲網が厳しく、脱出できる見込みはなかったので、三人は最後の処決を相談する他なくなった。この時、緒方・高津は即時切腹を唱え、木庭は「しばらく生きて法廷に出、同志の精神を天下に顕彰しよう」と主張し、たがいに論争して決せず、どうしても意見の一致を見なかった。

こういう場合、神風連の人々が取る決疑論的解決の方法は常にウケイによって神慮を伺うことであった。三人は「割腹・自首・潜伏」の三箇条を定めて神慮を伺ったところ、示されたのは「自首」という答であったので、三人は神慮のままに自首することにした。十月二十六日の夕方になっていた。時に、高津運記が詠ずるには——

〜ともかくも神のよさしにそむかぬはますら武男《たけを》の道にぞありける

ここでいう「よさし」とは「寄さし・依さし」であり、神の「委任」あるいは「依託」を意味する。ウケイによって開示された神慮は、とりもなおさず人間に課された任務であるが、幕末国学にあっては、それがすべて人に対する神の「依託」と意識されるのだ。長瀬真幸のもとで林桜園と同門だった中島広足《なかじまひろたり》は、嘉永五年（一八五二）の『敏鎌《とがま》』で、「皇統の大根本は、天地無窮《むきゆう》、さらに動かせ給はねば、今こゝにして、古学を唱へずば、又いつをか、待つべき（皇統の根本は天地と共に不朽で不動なのだから、いまここで古学を主張しなかったらいつの日があろうか）」といっている。広足はじめ幕末の国学者には「まさかの時」「一大事の時」というたぐいの強調が多く、この時代に特有の時間感覚を示しているのだが、それにはまだ時局的な切迫感が欠けている。それはまだ抽象的な、あるいは将来もしかしたら来るかもしれない仮想の《非常時》への待機でしかないのである。幕末国学史は、こうした「待機」の感覚がしだいに現実味を帯びる過程であったといえる。

しかし、みずから《非常時》を招き寄せた神風連にとっては、「いまここ」はのっぴきならぬ目の前の事態であった。そうした特別の時間意識が冴えわたる「今」の貴重さは、まだ年若い、ほとんど無名の平隊士の歌に詠じられている。いずれも蜂起に出で立つ前の作である。

〽大君の御先《みさき》仕へて大丈夫《ますらお》が名をし立つべき時は来にけり（猿渡唯夫《さわたりただお》）

〽今日までは草木と共に埋もれし名をば揚ぐべき時は来にけり（上野継緒《つぐお》）

猿渡唯夫は、まだ十六歳の少年だった。年少につき同志と同じ運命をたどる必要はないと慰撫されたが、いったん死を誓言したからには二言はないといって聞かず、腹を割《さ》き、咽喉を突いて死んだという。

そして今、緒方・高津・木庭の三人は、もはや時間に余裕はなく、切腹か自首か潜伏行かを選ばなければならなかった。十月二十七日に巡査屯所に自首した三人は手錠、足鎖《あしぐさり》で県庁に引き渡され、厳重な審問を受けた末、決起当日種田少将を手に懸けたことを率直に口供《こうきょう》した高津は死刑、緒方と木庭は終身懲役に処された。

緒方小太郎は獄中にあってもたくさんの秀歌を残しているが、その本領は、やはり散文の記録について見た方がよいだろう。緒方が獄中で書いた『獄《ひとや》の憂草《うきくさ》』と『神焔稗史端書《しんえんはいしはしがき》』とは、どちらも、神風連の乱という密度の濃い体験を通じて、《人間の全身的誠意に対する神の沈黙》という不条理劇すれすれの状況をとことん考えつめているのである。

さばかり大御神《おおみかみ》の大御心を心としてうち出たる事の、思ひきや嵐のさそふ花のごとくうるはしきまめ人どもも、一夜の躯《から》に散り失せ、露霜《つゆじも》のはかなくなりにたるはいともうれたく、悲しき事の極みになむ。されば愚かなる心よりは、いかなればかゝるらんと且《か》つは怪しく恨めしうさへ思ふものから、これやがて神定めなるべし。あるやうこそあらめとぞ思ひなる。（『獄の憂草』）
（大神の御心に叶うと信じて始めたことが、思いがけなく失敗に終わり、心美しく誠実な人々が、多く、嵐に吹き散る花のように、一夜であえなくなり、はかないことになってしまったのは、腹立たしく悲しいことの極みである。だから心愚かなままに、どうしてこんな目に遭うのだろうと不思議にも恨めしくも思いさえするものの、これはとりもなおさず、「神定め」、神が予定したことであろう。深い御配慮があってのことに違いない、と思うようになった）

人間が一心不乱になって、精魂込めて、全身全霊で、命と引き替えに、しかも神意に叶うと信じてしたことがすべて無に帰し、後には死臭紛々たる惨状だけが突き付けられる。こういう酸鼻《さんび》な体験の末に、緒方は、おそらく国学的な神義論というべきものの近傍にいたのである。神よ、もしあなたが正義をなさるのであったら、なぜこんな不正義の跳梁《ちょうりょう》をお許しになるのか。なぜかくも健気な若人たちの血の祭儀をムダに費消《ひしょう》されるのか。悲しみの祈りはおのずと怨嗟《えんさ》のトーンを帯びずにはいない。しかし、国学の神はただ沈黙するだけで何も答えない。

しばしの黙考の後で緒方も思いを返す。いや、神を問責するまい。そんなことは人間の分を越えている。自分が間違っていた。これは、なぜそうなのかを問うことを人間には許されていない「神定め」なのだ。歴史上のあらゆる出来事は、暗黙の約束事として、神の深い御配慮によって、あらかじめ定められているのだ。

終身懲役を宣告され、大分の監獄に収容された緒方は、神事について思弁する身分から一転して「室内の不潔名状すべからず」（同）という環境に置かれることになった。

それから味わう牢内の日常は、囚徒たちが「娑婆《しゃば》」と呼ぶ一般の世間とはまるで異なっていた。牢名主の権柄《けんぺい》にはみな従い、寝るのも起きるのもその頤使《いし》（顎で人を使う）に甘んじなくてはならない。眠る時も牢内が狭いので一人一人が勝手に動くことを許されず、五人も十人もが号令一下揃って寝返りを打つ有様は、ちょうど串の魚を火にあぶるような具合だった。

夏はとにかく暑い。極熱《ごくねつ》のためシラミのわく数がおびただしく、肌を掻くたびに二匹も三匹も爪にかかってくるのを枕の上で押しつぶすと血が川のように流れる。水無月《みなづき》（旧暦六月）の夕刻など、西日が格子の隙間から差し入ると、その暑さといったら、炎の林を分け歩くような心地がする。それに、牢舎の中で糞溜りから糞尿が沸きかえる臭気ときたら、何ともたとえようがない。

〽まりためし糞も尿《ゆまり》も沸きかへる醜《しこ》の獄舎《ひとや》の夏の苦しさ

獄中の神風連の青年は、朝夕汚物を外に持ち出して堀に捨てる仕事を買って出た。囚徒たちはみんなでわれ遅れじと糞尿箱を差し出す。あまりの臭気に、日頃は勇猛な壮士らも鼻を掩《おお》って身を縮めるさまは何ともいえずおかしかった。

とはいえ、獄舎はよく「この世の地獄」などと世人に忌まれるけれども、自分が一年ばかり実際に暮らしてみると、いつのまにか慣れてしまうものだった。毎日毎日が食べては排泄し、排泄しては食べの繰り返しで、これでは地獄どころか、生計の苦労もなく、暦日もない「安楽国」ではないか。時には、囚人たちの活劇を見ることもあった。一人が突然飛び出して木枕で牢番の頭を一撃。番所にある数本の棍棒をかっさらい、仲間に分け与え、破獄をそそのかして大暴れした。結局この四人は捕えられて半死半生にされるのであるが、緒方の耳に残ったのは、この兇徒が呼ばわった「国事犯の人々も皆々この破獄に同意だぞ」という教唆煽動《きようさせんどう》の言葉だった。「国事」に尽くす神風連も、こうした連中にとっては、せいぜい利用可能なグループでしかないのだ。

緒方は別に意識してはいないが、これほど神風連の徒党と下層社会の兇徒がたがいに風馬《ふうば》牛《ぎゅう》であることを如実に示す挿話はないであろう。何しろ当人は、入獄している盗賊たちが、土蔵破りをした話だの、少女を誘拐してさんざん慰んだが邪魔になったので道に捨てて来た話だの、人妻をナニしちゃった話だのを自慢そうに談笑するのを耳にして、こんなにも悪いことができるものかと感心している始末なのである。反面、神風連の面々は、獄中でもいまだに穀断ちや断食をするのが日常なのだ。

しかし、全体としての神風連は生き残った緒方小太郎とは違って、他の社会階層との接点はまったくなかった。緒方はその後明治十四年（一八八一）、恩赦で出獄して八代宮宮司《やつしろぐうぐうじ》に迎えられ、はるか後年の明治二十二年（一八八九）に熊本で開かれた「条約改正反対集会」の実行委員に名を連ねているという（渡辺京二『神風連とその時代』）。つまり、よくある明治の国権ナショナリストに担がれているわけで、神にしか問いかけないかたくなな純粋さに比べてずいぶん軟化している。

⑥が少し長くなったが、以上六つのケースは神風連メンバーの自己処断の数々のほんのわずかな例であり、決起の一夜を生き延びた人々に、十二月三日、熊本の臨時裁判所で下された処分は次の通りである。——死罪三人、終身懲役四人、懲役十年八人、同五年一人、同三年一人、同二年二十二人、同一年六人、同百日三人、同七十日一人、同四十日一人、無罪十二人。計六十二人（数字は『神風連実記』による）。

六

たしかに、神風連のその後を語ることは「一連の自決物語」を書くことになる、のではあるが、中にはその後をもちゃっかり生き続けようとして成功した人間も失敗した例もあることを小早川秀雄の『血史熊本敬神党』は見逃していない。一人は福原秀久。蘭学の素養があり、測量技術をもって官仕していたが、神風連が挙兵するとこれに馳せ参じた。もっとも当初から敗北を予想し、妻にあらかじめ後事を託して出陣したそうである。

事敗れて金峰山に退いた一同に加わっていたが、大いに実務能力を発揮して食糧を調達するなど同志の飢渇を救った。それから単独で逃れて潜伏し、名前を替えて某村で寺子屋教育をして暮らしていたところ、あいにく西南戦争が始まった。福原自身は西郷挙兵の主義は敬神党とは違うとして別に反応しなかったのだが、明治政府は怪しいと見た。鎮台から兵士が七人やって来て、無理矢理拘引《こういん》しようとしたのに抵抗して、福原は銃剣で刺し殺されたという。

もう一人の吉井鹿飛児《しかひこ》の場合はもっと傑作だ。武士ではなくて町人だった。ある時、敬神党にひょっこりやって来て、「戦争には金銭も必要だ。自分は経済の道では諸君よりすこし明るいから、お仲間に入って力をお貸ししたい」といった。党中は、吉井の真意を測りかね、その筋の探偵ではないかと疑ったりもしたが、しまいには疑惑も晴れて挙兵の夜は同志の一員に加えられた。敗北後は金峰山へも同行し、解散と共に一人で家に帰り、誰にも顔を知られていないので当局の嫌疑も受けず、何喰わぬ顔をして元の町人に戻り、その後誰にも気づかれず、無事に余生を送ったということだ。

裁判にはかけられたが、無罪放免になった事件関係者の一人に森脇常雄というどこでもあるような男がいた。熊本洋学校で行われた臨時裁判の間は下獄《げごく》して人並みに縄目の恥辱は受けたものの、無罪判決が下され、自由の身となってから日が経つにつれて、神風連に加わって蜂起の夜を体験したことも特別刺激の強い夢でも見たようにぼんやりした記憶になってゆくのだった。

熊本の町には、神風連の乱の時、きびしい戒厳状態が敷かれた。鎮台兵は鉄砲に銃剣を付けて町々を巡回し、地雷火を埋めたり、木の柵を結んだり、二十四日夜の狼狽を埋め合わせようと躍起になっていた。

翌年は、西郷軍が熊本城を包囲して始まった西南戦争の兵乱でいったん焼野原になる。何しろ、西郷軍も城兵も共に視界清掃と称して双方から戦闘区域の民家を焼き払い、町々は阿《あ》鼻叫喚《びきようかん》の巷《ちまた》と化し、家財道具を運び出そうとする避難民でごったがえした。社会不安は二月十九日の熊本城炎上でピークに達した。城では非常を告げる号砲が鳴り続けて止まなかった。道に土下座して念仏を唱える老人もあった。庶民にとっては、神風連も西郷軍も変わりのない、世の末の姿であった。

しかし明治十一年になると西郷軍は鎮定され、熊本にも平穏がよみがえった。十二年、十三年とだんだん秩序が戻るにつれて、むしろその戦火を奇貨とした新市街の建設が進み、旧藩時代の城下町の表情は消失していった。かつての御用商人に代わって県庁・鎮台に出入りする新興商人が活気づいた。官員や軍人が幅を利かす町になった。明治政府は旧士族に金禄公債を交付し、それを活用させるために銀行の設立が奨励される。明治十二年（一八七九）までに第九、第百五十一の国立銀行が創立された（『熊本電報百年史』）。

こんな風に日に日に開化期の都市らしい粧いを凝らしてゆく熊本の日常の暮らしの中で、常雄は幸い県庁の小使に雇われ、知らず知らずのうちに平凡な毎日の生活に溶け込んでいた。神風連の挙に投じた信念を忘れたわけではないが、あの夜ほど思いつめた心情がわれながら信じられず、今はすっかり目立たぬ人間になりきって生きているのだった。

珍しいことではない。明治の熊本での手記『城下の人』の著者である石光《いしみつ》真清《まきよ》も自分の父親は、熊本細川藩の産物方頭取という役職を勤めた武士だったが、いち早く世の行末を見定めて、武士的な心情をなお保ちつつも、息子より先にザンギリ頭になったと書いているし、真清の兄弟同士もどんな教育を受けたかによって神風連を支持するか否かが違い、それが原因で喧嘩しているくらいなのである。

ある時、明治何年何月何日ともはっきりしないある日のこと、常雄は夜の眠りの中で、ふと誰かに自分の名を呼ばれたような気がして目を醒ました。床に起き直って耳を澄ますと、今度は明らかにトーン、トーンと間遠《まどお》だが規則正しい間隔で鳴っている太鼓の音だった。どこか物なつかしい響きに、なおも耳を凝らすと、それは能の舞台で何者かの登場をうながす「早鼓」の調子に似てテンポを早めたり、またもとのゆるやかな調子に戻ったりして鳴り止まなかった。

常雄はふらふらと立ち上がり、その不思議な囃子に誘い出されたように戸外へ出た。夜気の中でいっそう明瞭に聞こえる囃子の音は、何だか熊本の西の方から聞こえて来るようだった。気のせいか、その物音は金峰山の方角からしているようだった。西郷軍が城を囲んで周囲の町々を占領し、段山《だにやま》の台地で城兵と血みどろの格闘戦を演じ、井芹川《いせりがわ》と坪井川を堰き止めて熊本城を水攻めにしようとこころみるなど戦局が緊迫した時でさえ、西郷軍は城から二・五キロほど離れた花岡山《はなおかやま》に大砲陣地を築いたくらいで、そのさらに四キロ西方にある金峰山は戦闘地域から外れたのである。

常雄は、古びた提灯を手に、暗い夜道を懸命にたどった。民家は時ならぬ囃子の鳴物に気が付いた様子もなく平穏に寝静まっていた。町外れの水田や芋畑や小川のわずかな水面が星明かりに鈍く光っていた。花岡山を通り過ぎた。井芹川も橋を探して渡った。もうそろそろ金峰山麓にかかる場所だった。神風連決起の直後には連日のようにあった山狩りも最近は行われなくなり、矢来《やらい》も木柵などの警戒線も取り払われていた。なぜか疲れを感じなかった。常雄はいよいよはっきり聞こえる囃子の拍子をたよりにだんだん勾配《こうばい》のきつくなる山道を音のする方へ登って行った。

この登りは身体にこたえた。一歩踏み出すごとに、足の筋肉がこわばるのが感じられた。それでも常雄はこんなに労力を費やしながら、どれだけ道のりをはかどらせたのか確信がなかった。

登りに登って、やがて木立のまばらな、見晴らしのよい空き地に出る。そこに一群の人影を見出した時、常雄は疲労感が酬われたと感じた。誰が自分にここまで来いとあの不思議な信号を発したのかわかったと思ったのだ。

やっぱりあの人々だった。見覚えのある顔だちが四、五十人ばかり、のびのびした姿勢で憩っていた。

人々は幣《しで》を垂らした注連縄を張りめぐらし、三々五々屯《たむろ》していて、近づく常雄に歯を見せてにっこり笑いかける。みんな白衣を着込み、白い袴を着けていた。腰のあたりにうっすらと血が滲んでいるようにも見えたが、それとて殺伐なところはなく、全員が満ち足りた、柔和な表情を浮かべていて、みな思い思いの場所を占めて、何かの到来を待っている最中と見えた。

気が付けば、一同は金峰山の頂上近い東に開けた斜面にある、平坦な一角に集まっていた。眼下には夜明けの肥後平野が一望のもとに見渡され、その中央に熊本の市街地が広がり、さらにその中心に熊本城の天守閣が見えている。あの夜、みんなで死闘を展開した藤崎八幡宮の森も小さく見える。その彼方には、なだらかな肥後台地が連なり、その展望は地平を画する雄大な阿蘇外輪山《がいりんざん》に遮られる。明け方の東の空は、阿蘇の噴煙と混じり合って、まだ薄黒い雲の襞々《ひだひだ》に誕生の予感を漂わせながら、光を孕《はら》んで静まりかえっていた。

と見る間に、一条の真紅の征矢《そや》が朝霧を射て空をつらぬき、暁の雲の蕾《つぼみ》を押し開くように金峰山の東面を鮮やかな花の色に染めた。桜園先生が予見した通りの天の柱、天の浮橋が、今否定しようのない実在として目の当たりに現じたのだ。すると一団の人々はやにわに前をくつろげ、手にしたきらきら輝くものを腹に突き立てた。が、そこには鮮血が滴るかわりに、あたりは日の出の薔薇色に美しく染め上げられた。人々の間から一人、ひときわ鼻が大きく異相の人物が白無垢《しろむく》の裃《かみしも》に身を包んで、昇る朝日にぬかづき、すがすがしい声で和歌を朗唱するのが聞こえた。

〽海山《うみやま》も何か障《さわ》らん久方の天津御空《あまつみそら》を飛びかける身は

空の朝雲から金峰山の頂きに向かって一条の光の輻《や》がさしかける。その内側に、洞《うろ》のような、通路のような、回廊のような、人界にはありえない凹空間《おうくうかん》が伸び、澄明で白い飛翔体が嬉々として天翔《あまがけ》って行った。

草むらに平伏した常雄は、自分の袖口からぬっと出る腕の皮膚の不細工に赤らんだ肌の色を情けなく感じ、しかしそこに顕著な暮らしの垢の凡愚さがまんざら嫌いでもないのだと思い返しながら、その場の不思議な安息感に浸っていた。

城山の軍楽隊

一

江戸／東京人の西郷隆盛に対する反応は複雑である。

だいたい上野公園に筒袖の着物姿で犬を連れた西郷さんの銅像が建っているのが曲者なのだ。いかにも朴訥《ぼくとつ》な村夫子然《そんぷうしぜん》としたその風采に誰もが警戒心を解いてしまう。だんだん人々になじみができて、待ち合わせ場所としても有名になった。最近の若者は、西郷さんが連れている犬を忠犬ハチ公だと思っているという話を聞いたが、その真偽はともかく、上野駅には「西郷口」という公園方面の出入口があるほどだ。

東京ではいつしかこんな冗談が作られた。誰か漫才師が言い始めたのだと思う。「きみ、山手線の終点がどこか知ってるかい?」「さあ」「上野だよ」「どうして?」「だって、上野のサイゴさんというじゃないか」

銅像の除幕式が行われたのは、明治三十一年（一八九八）十二月十八日だった。参会者は八百余名。主立った顔ぶれには、山県有朋・西郷従道《つぐみち》（隆盛の弟）・大山巌《いわお》・黒田清隆・勝海舟などの著名な華族、大臣、軍人が綺羅星《きらほし》のごとく連なっていた。これら人士の大部分は、二十年ほど前の西南戦争のみぎり、鎮圧のため官軍を全力投入して西郷隆盛を敗死させた人間たちである。なるほど西郷は明治二十二年（一八八九）に憲法発布の恩赦によって賊名を除かれ、正三位《しょうさんみ》を追贈されてはいるが、さらにその十年後、改めて銅像の除幕式に参列していることは、何だか、この連中が死せる西郷への罪滅ぼしのために、あるいは西郷の御霊を封じ込めるために参集しているかのような気がするのである。

そして当日会場では、除幕委員長の川村純義《すみよし》（西南戦争時には海軍参軍、当時枢密《すうみつ》顧問官）が演説して、西郷の徳を讃えた。特に勝海舟の和歌〽咲く花の雲の上野に百伝《ももつた》う勲《いさお》の形見建ちし今日かな、を朗読し、「むかし江戸百万の市民が兵禍《へいか》に罹《かか》るのを免れしめたのは、まったく両雄（西郷隆盛と勝海舟）の力である。今日、幽明処《ゆうめいところ》を異にしていても、両雄はこの会場で会している。勝伯爵の心は深く察すべきである」と述べたのは印象的であった。

つまり、薩摩人西郷隆盛を明治三十一年の東京市民に抵抗なく受け入れさせるためには、いやが上にも、かつて官軍の江戸総攻撃の前夜、西郷と勝とのぎりぎりの談判が成功して、江戸が戦火で炎上するのが回避された功績が改めて強調されているのである。

そしてこの西郷恩人論は勝海舟に対する賞讃とセットになって広まったらしい。たとえば右の除幕式の翌三十二年一月に勝海舟が世を去った後、世には「東京人は勝伯を祭るべし」といった論調が盛んに行われた。筆者は自由民権家で、茨城日日新聞の社長を務めた人物であるが、『風俗画報』第百八十二号（同年二月十日発行）冒頭の「論説」で、「江戸の嘗《かつ》て荒野と化せず、改まりて東京《とうけい》と称し、全国の首府となり、現今繁華の源を明治の初年に養いたるものは果して誰が功なるか。また誰が恩なるか」と激越に問いかけ、みずから「西郷の像は儼《げん》として上野三王台にあり。伯の銅像を建つるも好《よ》し。東京人はなおその祠廟《しびょう》（ほこら）

を建て、毎年三月十五日（江戸無血開城の日）をもって勝伯の祭を致すもまた功恩に酬ゆるゆえんにあらずや」と主張している。

このように勝と西郷の「腹芸」で江戸無血開城が実現し、江戸が火の海にならずに済んだという話は広く喧伝されて、やがて一つの伝説になり、それと共に西郷隆盛の印象も江戸のいわば「恩人」として植え付けられることになった。江戸が東京に変わってからも市民の間で西郷贔屓《びいき》の感情が根強いのには、この評判が大きくあずかっている。

人生万事塞翁《さいおう》が馬という諺《ことわざ》があるが、歴史にもまた同じことがいえる。一つの歴史的選択の意義は決して永遠不変ではない。江戸を戦火から救ったことにしても、なるほどこの時首都決戦は避けられたが、その七十七年後、米軍の空爆で東京は炎上したから、せっかくの苦心も無駄になったともいえばいえないことはない。無血開城の方針を取ったのは幕府側では勝海舟らの路線であるが、これに反対して「徹底抗戦」を主張する小栗上野介《こうずけのすけ》などの意見も強かった。これには、たんなる負け惜しみとは言い切れぬ真実感が籠っている。もし江戸決戦をやっていたら、局面が変わっていたかもしれない。少なくとも、その時薩長藩閥独裁を許した無原則的な妥協が、後世にその場しのぎの政治慣行を成立させたことだけは食い止められたかもしれない。

どうしても気持ちが納まらない直参《じきさん》旗本の一部は、上野彰義隊を作って抵抗し、しきりに官軍を悩ましたが、五月十五日、わずか一日の戦闘で壊滅した。八月十九日、榎本武揚《えのもとたけあき》の旧幕府艦隊は江戸を脱走して北へ走った。戊辰戦争が始まる。戦闘意欲に満ち、「朝敵」を討伐しなければやまぬ維新諸藩のエネルギーは、スケープゴートにされた会津藩に向かって集中されていった。慶喜は助命され、徳川家も七十万石の一大名に転落しながらも生き残った。江戸だけは燃やすまいと思う一心が成功させた無血開城は、その代償として周辺に流血をばらまいた。最後の最後まで江戸を戦場にしない方針は、東北諸藩を犠牲として達成されたのであった。

明治維新という政治革命は、旧権力の打倒に関する限り、全面決戦なしの中途半端な終わり方をしたといえなくもない。炎上を免れ、やがてすぐ東京《とうけい》と改名したこの日本の首都は、それから七十七年経った昭和二十年三月、アメリカ軍の空爆で火の海と化した。日本の歴史には、先送りの思想が破局を招き寄せ、そうなると一かバチかの勝負に出てすべてを失う一発主義の繰り返しが多い。もしもあの折、江戸を焦土にしてでも徹底抗戦していたなら、第二次世界大戦時の災害を招かなかったような気がしてならない。

とはいえ、勝海舟の相棒として収拾のために動いた西郷隆盛の実物を東京市民は実際には見ていない。西郷は上野山に立て籠った彰義隊の鎮圧――それとても作戦の主導権は大村益次郎に握られていた――を済ませた後、奥羽地方に派遣され、出羽庄内藩の戦後処理に尽力して多くの心酔者を得ている。今でも文庫本で市販されている『西郷南洲遺訓』が編纂されたのも旧庄内藩士の手によってである。隆盛の思想として有名になった「敬天愛人」というモラルもこれを通じて広まった。
だが明治元年（一八六八）十一月に鹿児島に帰国してしまっている。翌二年二月には藩の参政になり、明治四年（一八七一）四月に東京に出て来て新政府の参議に迎えられるまでずっと地元に滞在しているのである。江戸／東京人は西郷の実像をよく知らない。伝わっているのは噂だけである。

徳川幕府瓦解のきっかけを作った鳥羽伏見の戦いを引き起す導火線に火を点じたのは、慶応三年（一八六七）の歳末に江戸で盛んに攪乱工作を行った討幕派浪人隊の挑発戦術であった。その黒幕にいた人物こそ、西郷隆盛その人であった。破壊活動の中心にいた薩摩藩士の益満《ますみつ》休《きゅう》之助《のすけ》と伊牟田《いむた》尚平《しょうへい》は、京都で西郷から「江戸に出て、浪士等と雑《ま》ぜ返して来い」（市来《いちき》四郎談、『史談会速記録』第十二輯《しゅう》）と指示されていた。果たして十一月の中頃から、江戸市中の治安がやたらに悪くなった。浪人が豪商の店に押し入り、勤王活動費と称して大金を略奪する御用金強盗が続発した。押込み・略奪・強請《ゆすり》もあちこちで起きた。いずれも薩邸浪人の仕業だった。十二月二十二日、芝赤羽橋にあった庄内藩の警備屯所に銃弾が撃ち込まれた。翌二十三日には三田同朋町《どうぼうちょう》の屯所が銃撃され、居合わせた二人の町人が流れ弾で死に、発砲者は近くの薩摩屋敷に逃げ込んだ。十二月二十三日、江戸城二の丸が出火・炎上した。犯人は伊牟田尚平であった。

こうした内幕はもちろん当時は伏せられていた。また薩摩側も長いこと西郷隆盛の関与を秘密にしていた。大西郷の盛名に傷を付けまいとする配慮であった。真相が明るみに出たのは、明治二十五年（一八九二）に創刊された『史談会速記録』で当時を知る人々がいろいろ事実を語り始めるようになってからのことである。

といったような事情から、本当の西郷隆盛はその顔かたちさえ知られていないのである。西郷さんの顔は、映画やテレビによく出てくるから誰でもよく知っている気になっている。歴史の本を見ても、かならず「顔写真」が載っている。実は、あの顔は写真ではなくて、肖像画なのである。それも西郷の死後、よく似た顔立ちの人物をモデルにしてイタリア人の銅版画家キヨソネが描いたものといわれる。あの太い眉と大きな眼の容貌がいつのまにか肖像写真と思い込まれて世に広まってしまった。西郷隆盛が写真を撮らせなかった理由は、志士時代、密偵に顔を知られないようにしていた用心が身に付いていたからであるとされるが真実は不明。ともかく、みんな素顔を知らずにめいめい勝手に想像を膨らませていたのだ。

ところで、今まで無造作に「江戸／東京人」と呼んできた人々をここらで一度はっきり定義しておいた方がよいだろう。

江戸の人口は、幕末には百万から百三十万を数えたが、名前が東京《とうけい》と変わった明治二年（一八六九）には五十万三千七百人に激減している。大名の参勤交代がなくなり、武士人口が希薄になって、武家奉公人が姿を消したからである。江戸の都市インフラや日常業務をになっていた尨大《ぼうだい》なその日稼ぎ層も生活が難儀になった。こそ泥や掻っ払い、押込み・追い剥ぎも増え、治安はいっぺんに悪くなった。身投げや首くくりもはやった。徳川直参の大部分は前将軍と共に静岡へ去り、残った人々は、没落しても意地を張り続けた旗本御家人、士族の商法の失敗者、気力と勇みを喪失した職人と若い衆――一口にいえば、かつて日本橋で育った谷崎潤一郎が「敗残の江戸っ児」（『当世鹿もどき』）と呼んだ一世代であった。これが明治二年の約五十万の人口の実態である。

それから年一年と、東京の人口は統計上は着実に回復し、西南戦争前年の明治九年（一八七六）には百十二万千八百八十三人まで戻っているが、実はこの時、統計数字には表れないところで、東京の住人の大部分は入れ替わっているのではなかろうか。わずか十年のうちに「敗残の江戸っ児」が全部死に絶えたとは思えないが、新たに東京に移住して来たのは、官途志望者の、立身出世型の、風雲に便乗して都で一旗組の、上昇志向だけがやたらに強い、薩長土肥を中心とする地方出身者の一群であった。本作でいう「江戸／東京人」とは、右のような入れ替え以前の、いわば江戸原住民およびその末裔の種属を意味している。明治初年代の東京は、荒々しい野心の炎と陰々と燃えさかる燐火《りんか》の双方が照らし出す凄まじい渾沌《こんとん》のさなかにあったのである。

それから十年。薩南で西郷起《た》つの報が東京に届いた時、起こった反応はやはり昔の江戸だった所だけに特別なものがあった。好きな相手に刃《やいば》を加えるような、愛憎こもごもの屈折した感情である。鎮圧する兵力の不足に悩んだ政府は、壮兵の募集に踏み切った。これに対して各地に生じたのは、おおむね反乱呼応か従軍参加かという二様の動向だった。東京では、反乱に呼応する動きは見られなかった。呼応すべき不平士族は大部分が静岡にあり、徳川慶喜ともども沈黙を守っていた。目立ったのは、警視庁抜刀隊《ばっとうたい》への参加であった。

白兵戦《はくへい》に長じた西郷軍に対抗するため、剣技を得意とする士族で構成した壮丁《そうてい》部隊を作ったわけであるが、その際、徴兵令に違犯しないように巡査として募集されたのである。これには戊辰戦争で薩摩に恨みを含む東北諸藩、なかんずく会津藩の士族が勇んで応募したことはよく知られている。明治初年代における江戸／東京の士族にも似たような心情が深かった。理屈ではない。一人でも叩っ斬って昔の腹癒《はらい》せをしたいの一語に尽きる。

幸いここに西南戦争を鎮圧する側で従軍参加した東京の一巡査兵士の記録が残されている。講談社学術文庫の一冊として刊行された喜多平四郎『征西《せいせい》従軍日誌――一巡査の西南戦争』（佐々木克《すぐる》監修、二〇〇一）である。

著者の喜多平四郎は、旧幕時代には川越藩士だったが、維新後は警察畑に入り、警視庁第四方面第二分署本郷区森川町に巡査勤務をしていた三十五歳の男である。父は高松藩士だったが、祖父は川越藩士だったからその縁で川越藩籍になったらしい。高松と川越のどちらの藩主も松平姓であり、徳川慶喜の縁者であるから、どちらにしても佐幕派にならざるを得ない運命にあった。明治の東京で巡査になるというのも佐幕派の士族によくあるパターンであった。

が、もともと巡査をしていた喜多が西南戦争へ派遣されることになったのか、それとも九州へ行くために巡査新募に応じたのかは、実のところ判然としない。ただわかっているのは、喜多が、東京で召集された巡査二百名、そのうち同じ第二分署からは二十五名の一員として、明治十年（一八七七）二月十一日、勇躍、九州に向かう汽船神奈川丸の船上の人になってからの日々である。乗船に先立って、大警視川路利良《としよし》の内諭《ないゆ》が伝えられた。「巡査においてはもとよりことごとく士族の者である。他兵に劣らず奮励努力せよ」という主旨であった。

士族であるということがわざわざ強調されたことには、この度の巡査隊派遣の意義が暗々裏に語られている。陸軍の軍規によって、兵卒《へいそつ》は帯刀できない。射撃に徹底させるためである。白兵兵器はわずかに銃剣《じゆうけん》（銃の先に取り付ける短い剣）のみ。それは近代軍隊の長所であると共に西南戦争当時の政府軍の弱点でもあった。距離の取れる銃撃戦には強いが、近接白兵戦にはからきし弱いのである。特に薩摩士族の得意とする示現《じげん》流の剣法——初太刀から全身の力を籠める斬撃《ざんげき》——を恐怖した。兵士ではなく、したがって帯刀も自由な巡査隊が必要とされたゆえんである。

巡査隊の徴用が政策的だったことは、岩倉具視が三条実美・木戸孝允宛の意見書にこう書いていることからも裏付けられる。いわく、「兵員不足を告ぐるときは已《や》むを得ざる儀につき、東京において強壮の輩《やから》人撰、三、四千名も巡査に徴集し、これを操練せしめ、出発せしめては如何《いかん》」（『岩倉具視関係文書』七）と。

こうして九州に到着した二百名の巡査隊（「警視隊」と称した）は、二月十八日、さっそく熊本に派遣されることになった。現地から電報が相次いで「西郷隆盛が大兵を率い、肥後国水俣《みなまた》に出張した」と急を告げてきたからである。「出張」とは現代語と意味が違い、戦場に出て陣を張ること。全員に緊張が走った。憎悪しても余りある薩摩兵を蹴散らすことと、古今無双の英雄として名高い西郷さんを敵に回すこととはちょっと訳が違う。身うちがキュンと引きしまる思いだった。

折から、ちょうど喜多ら一同が熊本に向かう船上にあった二月十九日、熊本城が炎上した。出火原因は今日に至っても不明である。当時も失火説、自焼説がいろいろ入り乱れて混乱した。おおむね「鎮台の失火」「軍略のための鎮台自焼」「党薩熊本士族の謀略放火」の三説のどれかに帰着する（山下郁夫『研究西南の役』）。第三説の「党薩」とは「薩摩に党《くみ》する」という意味であり、肥後藩士のうち池辺吉十郎《きちじゆうろう》・桜田惣四郎《そうしろう》・佐々《さつさ》知房《ともふさ》など西郷の挙兵に呼応した一派のこと。この派の者が西郷軍の便宜のために城に放火したとする説である。

その時熊本南郊の川尻（現熊本市南区川尻）まで迫っていた西郷は部下に出火の原因をたずねたが、城兵がみずから放火したらしいという説明を聞いて首をかしげ、「それならばこの城は容易には落ちるまい」といったと伝えられる。彼我の臨戦気分はいやが上にも高まっていった。

これ以後喜多は、熊本城の外郭を守る部隊に配属されて城を包囲した西郷軍と戦う。戦闘範囲はこの部署に限定されているので、記録も限定されていて、西南戦争史上有名な田原坂《たばるざか》の戦闘も直接には出てこない。そのかわり、熊本城の西北にあたる段山《だにやま》という場所を戦場として戦われた「段山の戦闘」の詳細が記述されている。

段山は、谷一つを挟んで熊本城外郭の藤崎台（現藤崎台球場）と向かい合う丘陵地であり、その争奪をめぐって両軍の間に激しい砲戦、銃戦、双方の塹壕《ざんごう》線が接近すると凄絶な白兵戦が展開された。けっきょく政府軍は接戦の末段山陣地を奪取するのであるが、喜多自身は、三月十二日、戦闘中に負傷し、城内の病院に入院する身になった。敵弾は胸郭《きょうかく》を貫通し、「呼吸はずみ口鼻より吐血する事甚だし」という重傷だったが、不思議に倒れなかったのである。傷口の治療にはいっさい麻酔薬が用いられていない。この日の戦闘では籠城《ろうじょう》兵側に戦死二十余名、負傷者八十余名を出し、敵軍の遺棄死体は六十二を数えたという。

それから一ヶ月間ほど病院生活を送る。この間、前線から離れていてもいろいろなことがわかる。第一に、西郷軍は遠慮会釈なく、病院に向けて破裂弾を撃ち込んでくる。日本の赤十字運動の始まりは、まさしくこの西南戦争からであるとされ、この時負傷者救護に従事した佐野常民《つねたみ》や大給恒《おぎゅうゆずる》らが設立した救護団体が母胎であり、一八八七年（明治二十年）に日本が万国赤十字条約に加盟して日本赤十字社と改称するのであるが、この熊本城包囲戦の段階では赤十字精神もヘチマもなく、今日の目から見ればずいぶん非人道的なことが公然と行われていたのである。

第二には、巡査隊に向けられた明らかな差別待遇であった。三月十四日、籠城軍総指揮官の谷干城《たてき》は、前日の激戦における政府軍の勇猛な奮闘に対する感状を発した。「十四連隊迂《う》回《かい》兵の勇進、十三連隊及び巡査連戦不屈、ついに険塞《けんさい》を抜き取り候儀、……深く感服の事候」というまあ型通りの文言なのだが、病院にいる喜多はこれに「及び巡査とは何事ぞ！」（傍点引用者）とむかっ腹を立てる。警視隊は正規兵のたんなる添物か！　というわけである。

政府の方針は急造の鎮台兵（全部が非士族の徴募兵）の戦闘力に危惧を抱きながらも、これを育成するしかなかった。巡査の名目で集めた士族の壮丁兵はきわめて微妙な位置にあったのである。

この時は喜多が巡査兵の不満をなだめる側に回った。この一事からも知られるように、喜多は士族兵としては柔軟な考え方の持ち主であった。兵卒の帯剣についてもちゃんと一家言を持っている。


余はここに異説あり。銃に剣あり足れりとす。しかるをまた刀を帯《お》ぶ。砲戦（銃戦）に臨む時は、必ず障害となりて進退自由を妨《さまた》ぐべきものと思考せり。よって余はすなわち刀を帯びずという。

（自分には異説がある。銃に剣が付いている――銃剣がある――のだから、それで充分ではないか。その上さらに帯刀したらどうなるか。実際に銃撃戦が始まったら、腰の刀はかえって進退動作の邪魔になるだろう。だから自分は、兵卒に刀は無用だというのである）

また、一つの伝説になっている熊本城の水攻めも事実だったとわかる。熊本城は坪井川《つぼいがわ》と井芹川《いせりがわ》の両川に囲まれたような地形に位置していた。かつては、坪井川（熊本城内濠にも利用されていた）は白川《しらかわ》の分流だったが、加藤清正が改修して井芹川と合流し、白川と分離するように河道を変更した。現在、井芹川は熊本市西区で坪井川に合流し、有明海に注ぐ。両川とも二級河川。喜多はその光景を見てこんな感想を記す。

賊、川を堰《せ》き水を城に注ぐ。これが為に西北《ママ》（南？）の方位城際《しろぎわ》より花岡山《はなおかやま》の下、牧崎までの田畑、ことごとく水底に没し、ここに大湖を出現せり。眺望甚だ絶景なり。城は素《もと》より高岳にして水をもって浸すべからず。これ水をもって城を攻めるものにあらず。賊兵本道植木口後詰《ごづ》めの官軍を拒《ふせ》ぐに、急にして城を囲むの環守線の兵充分ならざるが故、城兵討って出でざらしむるの策と思察する所なり。

（西郷軍は川を堰き止め、水を城に逆流させた。このため、城の西南方は、城際から花岡山——熊本城から約二・五キロの距離、標高百三十二メートル——麓一帯の田畑は全部水底に沈み、大きな湖のようになった。たいへん眺めはよい。が、城は高台にあるから水没するはずはない。してみれば、これは元来城攻めの作戦ではなく、西郷軍が北方植木口から攻めてくる政府軍を防ぐために城をぐるりと囲んで急造した防禦線《ぼうぎょ》の兵数が足りないので、城兵が討って出ないようにする作戦であろう）

この読みはおそらく当たっていた。西郷軍は、この水攻めの結果生じた兵員の余力は田原坂方面に回せたが、その反面、西郷軍の方も城に近づけなくなった。熊本城はほとんど飢餓状態に近いところまで追い込まれたが、そのうちに政府軍の別働隊が衝背軍《しょうはい》として八代《やつしろ》に上陸、熊本に北上して西郷包囲軍の背後を衝く形になった。政府軍別働隊が四月十日、城兵と連絡を取る。これで熊本攻略の望みを失った西郷隆盛は、城の囲みを解き、熊本の東南四里（約十六キロ）にある御船《みふね》に転陣した。

二

しかし、喜多の日記は、前半が四月十五日をもっていったん中断して「前篇」とされる。四月十六日に退院してからの「後篇」は、そのまま元の巡査隊に復帰し、警視兵第三旅団に属して、諸方に転戦する西郷軍の追討戦に明け暮れる日々の記録が綴られる。が、それを逐一たどることは本作のテーマではない。ただ、その記述の紙背《しはい》にある西郷隆盛観だけは特筆に価《あたい》しよう。というのは、それまでの喜多に見られた隆盛を特別視する態度とはどこか違う見方が現れているように思われるからである。
今までは鬼神を相手にして戦っているような空恐ろしさを覚えていたのだが、戦況が政府軍有利に展開するにつれて、惻隠《そくいん》の気持ちというか、敵をいたわる思いが芽生えてきたようなのである。というより、喜多の内部には政府軍の立場も西郷軍の立場も公平に見られる醒めた客観性が生まれてきたのかもしれなかった。『征西従軍日誌』「後篇」の序文にあたる箇所で喜多はこう書いている。

それ陸軍大将・西郷隆盛在官にして、今日賊となる。同少将・桐野利秋《としあき》、同少将・篠原国幹《くにもと》等これに次ぐ。ああ、時勢の已むを得ずしてしからしむる所といえども、賊に在官ならしむる、また懼《おそ》るべきの魁《さきがけ》にあらずや。

この一文のポイントはどこにあるのだろうか。
喜多は官軍に属しているから、当然戦っている敵は「賊軍」のはずである。しかるに敵将西郷は、明治十年二月二十五日に正三位の官位は褫奪《ちだつ》（剥奪）されてはいるが、いまだに陸軍大将のままであり、その限りで官界に身を置いている。西郷は《在官の賊》なのである。『朝野新聞《ちょうや》』には、西南戦争当時「賊魁《ぞくかい》西郷隆盛は陸軍大将の大礼服を着し美々《びび》しく粧《よそお》いたりとの説あり」（明治十年三月二日）という記事が載っている。これでは国家の側が常に占有しておくべき正義がどちらにあるか疑わしくなるではないか。少なくとも、正義と不正との所在が相対的にならざるを得ない。一つには、茫洋《ぼうよう》としてつきとめがたい西郷の性格が、ひとたび決起すれば常人に及ばない偉業を遂行するに違いないという期待を民衆に持たせたこともある。この人物が政権を掌握したら、たちまち正統性の源泉になるのは疑いなかった。まさしく「懼るべきの魁」なのであった。

だがそれもすべて西南戦争初期までの話である。熊本城包囲作戦に失敗し、武運つたなく、その後諸地を転進する間に、西郷軍はだんだん目減りしていった。副将クラスのうち、篠原国幹は早くも田原坂近くの戦闘で狙撃弾に斃《たお》れている。四月二十二日、よく肥った男（西郷？）が駕篭《かご》に乗り、八人の人夫に担がれ、兵二千人余りを引き連れて人吉《ひとよし》に向かったのが目撃されている。薩摩軍は人吉を拠点にして反攻を試みるつもりらしかった（旧参謀本部編『維新・西南戦争』）。

人吉からさらに宮崎、延岡《のべおか》と敗走を重ねる頃には西郷軍は約一千人に減少していた。この小人数で奇蹟的に、八月十八日、延岡北方の可愛嶽《えのだけ》を突破し、九州山地を縦断して、九月一日に鹿児島を急襲するまでの経過を語ることも本作の目的ではない。

また、西郷軍が大略右のような経過をたどる一方、この間政府軍が、西郷の留守宅というべき鹿児島に海軍軍艦を常時碇泊させ、本拠地の占領政策を進めていたことを語るのも本来の目的ではない。

ただ、薩摩に一矢《いっし》報わんがために警視庁巡査隊に応募した喜多平四郎が心に思い描いていた西郷像をできるだけ正確に再現してみるのが目論見なのである。

明治十年五月二日、西郷に荷担したとして三月に更迭された大山綱良《つなよし》に代わる新県令岩村通俊《みちとし》が赴任した。五月四日には曽我祐準《そがすけのり》の第四旅団が鹿児島に上陸した。総力七千。六月二十五日には大警視、川路利良《としよし》率いる別働第三旅団が都城《みやこのじょう》方面から陸路鹿児島に突入した。政府軍はこうして海陸両路から敵の本拠地を攻略したのである。

在来の第三旅団は六月二十六日、鹿児島城下に入り、喜多の所属する第四大隊は加治木町（現鹿児島県始良《あいら》市）に宿営した。城下町を占拠した政府軍陸軍がわずか数日のうちに建造した防禦線は目を驚かすほどだった。城下の北方上ノ町（現鹿児島市伊敷《いしき》附近？）を焼き払って海岸から線を引き、土俵を積んで胸壁を築き、竹柵を二重三重に構えて城山の麓まで伸びている。城山は北から西南に延びて旧城跡の背後にそばだち、城下町の背景をなしている。その城山の山手方面の所々に西郷軍の留守番部隊が屯集して抵抗を続けていた。

東の海上一里（約四キロ）ばかりの距離に桜島がある。海上には政府軍の軍艦や輸送船が十数艘、並んで浮かび、南北に連なっている。城下にはこんなに厳重な防備がなされているので、日向路の西郷軍本隊はなかなか鹿児島へ入って来られなかった。

六月二十七日、鹿児島港の新波止場で陸軍が花火大会を挙行した。喜多の日記には、「湾にはすなわち官軍軍艦送船十余艘を泛《うか》べ、その点燈《てんとう》、海面に星の降るが如し。また桜島に数個の燈火あって海水に輝き映じ、その景況美麗なること実に絶景なり。縦覧の衆、火技《かぎ》（花火）揚がるごとに讃声・怒鯨（どよめき？）を驚かしむ。陸にはすなわち陸軍楽隊、楽を奏せり」とその盛挙を伝えている。

だが遺憾ながら、喜多自身は七月一日に第三旅団第四大隊に帰還命令が出て、同三日に鹿児島を離れることになった。だから、その後思いかけず、九月一日に西郷の軍団が政府軍の意表を突いて鹿児島へ突入したことを知らない。

西郷軍は、鹿児島を占領していた政府軍の一部を追い払って城山と私学校に立て籠る。もはやここを死に場所と心に定めたのである。西郷軍といっても、もはやその数は寥々《りょうりょう》たるものであった。城山から逃げてきた捕虜の情報では、「薩摩勢は七百人ぐらい。銃を持っているのは半分もいない」ということだ。

そんな戦況を東京へ帰還してしまった喜多が知る由もない。喜多はもちろん西郷隆盛の実物をまったく知らなかったし、相見える機会はついに訪れなかった。とはいえ、西郷の真姿をつきとめたいという念願は変わることがなかったらしい。

だが幸い、その願いの一端は思いがけない形で叶うことになった。喜多は、西南戦争終結後、一人の元政府軍兵士の口から西郷の最期の現場の目撃談を聞くことができたのである。『征西従軍日誌』の末尾に「付録」として載せられている文章は、この元兵士の直筆ではないが、その口述および手帳の控えに従って、喜多がリライトしたものと思われる。

幸いなるかな、芸《ひろしま》の遊撃隊の一兵丁《へいてい》の説く所を聞くを得《う》。該丁《がいてい》（この兵士）は八月十九日、下堀川口にて衝賊《しようぞく》等に捕らわれ、たまたまその惨手を免がれ、帯従せられて、九月二十四日に及ぶまでを目視せりと。

（幸いにも、自分は、広島から遊撃隊として参戦した一兵士から話を聞くことができた。この兵士は、八月十九日に延岡北方の下堀川口で西郷軍の捕虜になったが命は助けられ、その後ずっと連れ回された。その結果、九月二十四日すなわち城山陥落の日まで、一部始終の出来事を目撃したのである）

遊撃隊というのは、政府軍の編成のうち、主力になった師団兵、特に募集した巡査兵とは別に、旧諸藩から志願した兵士たちで組織した兵団である。八月十九日の戦闘では、可愛岳の一峰長井山（山麓にあるのが長井村、現北川村、下堀川口はそのあたりの地名か）も戦場になり、遊撃隊は第八旅団第一中隊の援軍として戦った（『征西戦記稿』巻六十「可愛岳戦記」）。山岳戦のこととて前線は犬牙錯綜《けんがさくそう》（ぎざぎざに入り組む）していたから混戦のうちにこの兵士の他はみな戦死し、当人は逃げ損なって捕らえられたのである。

この兵士の名前はわからない。以下これを「虜丁《りよてい》」と呼ぶことにしよう。虜丁は殺気だった薩摩兵に危うく斬られるところだったが、池上四郎《いけのうえ》のお声がかりで助命された。「逃げないな？」「逃げません」「では助けてやろう。その代わり、官軍の様子をありていに申せ」というと池上は殺したくてうずうずしている薩摩兵を制して、虜丁の縄を解かせてくれた。

池上四郎は、薩摩藩士で鳥羽伏見の戦にも従軍、のち鹿児島常備隊の幹部となり、明治四年、親兵隊を率いて上京し、近衛少佐に任じられた。明治六年、西郷と共に下野、鹿児島で私学校の設立に尽力する。西南戦争では薩軍の五番大隊長を務め、戦争末期には本営の軍議に参加する。虜丁が出会って助けられたのはこの時期の池上であろう。この後、池上は城山で戦死する。年齢三十六歳。

翌二十日朝、虜丁は本営に連れて行かれた。ちょうど軍議が開かれていて、席上には西郷隆盛以下、桐野利秋、辺見十郎太《じゅうろうた》、村田新八《しんぱち》、別府晋介《しんすけ》、桂久武《ひさたけ》、池上四郎がいた（全員たしかにこの時存命だったが、西郷はともかく、他の人々の顔がどうして見分けられたのか不審）。西郷は肘枕で頤《おとがい》を支え、あの大きな眼で虜丁を睨《ね》め付けながら、何県から徴募されてきたかなどと訊問《じんもん》した。が、たいして怪しまれずもせず、決して逃亡しないと約束させられた上で、西郷軍に随従することを許された。

それから十日間ほど、わずか四百名ほどの西郷軍は追撃する政府軍の意表を衝いて九州山地の難路を強行踏破した。「一百里程塁壁の間」と詩に吟じられたこのコースは現在の宮崎・熊本の両県境、宮崎・鹿児島の両県境にまたがり、高千穂から霧島連山までの二点を結ぶ山陵上の数多い尾根道と谷道の連なりであり、所々に築かれた政府軍陣地の突破であった。可愛岳脱出作戦の後、西郷軍が足跡を残した地名は、三田井《みたい》（高千穂）、米良《めら》（東米良は現在西都市《さいとし》に編入、西米良村《にしめらそん》は宮崎県児湯郡《こゆぐん》）、小林（現宮崎県小林市、霧島山北東部）、蒲生《かもう》（鹿児島県始良郡蒲生町）とたどられる。そして九月一日、故郷の鹿児島に復帰し、岩村県令を逃走させて城山を占拠した。

虜丁は、それから二十四日間、九月二十四日の城山陥落に至るまでを西郷とその配下――むしろ西郷師弟――と共に過ごすことになる。日一日と政府軍の猛攻に追いつめられ、敗色濃厚になってゆく経過をつぶさに目撃したわけである。

虜丁は西郷をことさらに賊将視せず、いっそ淡々と、客観的に、じっと事態を観察している気配である。そしてこの場合、虜丁のその観察を読者に紹介する喜多平四郎の態度にも注目しておく必要があろう。

そもそも『征西従軍日誌』の付録にこの記録を編入したからには、喜多はこの記録に記されている事柄にある程度の信を置いていたはずである。ここに書かれているのは西郷の最期に関するかなり驚天動地の「事実」であるが、喜多はこれを特に「異説」であるとは意識せず、どこまでも世に伝えられる諸説の一つとして提示されている印象である。もちろん、虜丁は目撃談をしているのだから、そこに真偽の論が入り込む余地はない。喜多は虜丁の話を別に疑う様子はなく、むろんこれを荒唐無稽と斥けたりはせず、この話を西郷の最期をめぐって存在する複数の説、あるいは諸伝説の一つとして紹介している塩梅なのである。

西郷隆盛の敗死の現場については、「西南戦争に関する最も詳密な記録、一等史料的価値がある」（『国史大辞典』）と太鼓判を押した黒竜会編『西南記伝』の中巻二（明治四十二年刊）の記述が長らく《定説》として語り伝えられている。記述の詳細は後述するが、要点をいえば、西郷は銃弾が命中して倒れた後、部下の手で介錯されて死ぬのであるが、介錯した部下は、定説では別府晋介とされており、諸書はこれまで竹崎桜岳《おうがく》の『肚之西郷《はらのさいごう》』（昭和十六年）を唯一の例外としてこれを踏襲している。山下郁夫の『研究西南の役』（昭和五十二年）も、「西郷は切腹しなかった。別府晋介の介錯によって斬首されたのである」としている。

ところが、今この『征西従軍日誌』はいともあっさりと別府晋介説を否定している。否定するというより、そんなことは初めから問題にもせず、ごく当たり前のことのように、西郷の首を斬り落としたのは桐野利秋だとしているのである。それも定説に対して異説を唱えるという感じではない。しごくありきたりの事をそのまま記すといった調子で、自分の目で見た通りを語っているのである。

このことはいったい何を意味しているのだろうか。

講談社学術文庫の『征西従軍日誌』は平成十三年（二〇〇一）の刊行だから比較的新しい発見に属する。そのため新たに異説を提唱したように感じられようが、実際にはこれは黒竜会の『西南記伝』によって《定説》が形成される過程で淘汰された数多の西郷伝説の一つであり、その意味で『西南記伝』以前の伝承だったのではないか。

念のために『西南記伝』の記述を確認してみると、同書は「西郷が、銃丸に中《あた》って歩する能わざるや、別府がその首を斬り、これを埋匿《まいとく》せしめたるは事実にして、各文書の記する所、皆一致する」（傍点引用者）と断言している。一方、その首を埋めた場所については各文書に異同があるとして、九つの説を併記している。その内訳は、①『征討軍団記事』、②『征西戦記稿』、③『西南征討志』、④『丁丑乱概《ていちゆうらんがい》』、⑤『市来《いちき》四郎日記』、⑥『城山悲風余響』、⑦『加治木常樹《かじきつねき》城山籠城調査筆記』、⑧『大野義行実話』、⑨『城山落城談』であるが、諸説紛々として一定しない。けっきょく『西南記伝』は、埋匿された西郷の首を入手した政府軍の情報を是認して薩摩士族折田正助の門前に埋めたとする説に従っている。しかし、それにもかかわらず首を斬ったのは別府晋介であるとする点では、上記九つの文書はみな一致している。

『征西従軍日誌』を公刊した歴史学者（京都大学名誉教授）の佐々木克は、同書の解説で、「おそらく政府側の人間が見た唯一の、西郷最期の目撃記録である」と評価しながらも、その証言の信憑性については「早朝のことでよく見えなかったために、別府と桐野を間違えたのであろうか」と注意深く断定を避けている。

　別府と桐野を取違えたことは、実はこれが初めてではない。前述九文書のうち『城山悲風余響』には、「西郷殿は、歩し行く途中、島津要氏の宅前にて、弾丸に中り倒れたるを桐野（別府の誤）見て首を刎ね……」とあり、原文では桐野説だったのを、わざわざ割注で訂正したことがわかる。この割注を付けたのは原著者か『西南記伝』の編者かは判然としないが、いずれにせよオリジナルが桐野説だったことは確実である。つまり、『西南記伝』が定説を打ち立て、他説を淘汰する以前には、桐野説もかなり有力だったことを物語る。

そしてここですこぶる暗示的なのは、虜丁が目撃談として語る桐野介錯説を、喜多平四郎が特に異を唱えることなく自分の記録の付録として受け入れていることである。西郷の首を斬り落としたのが桐野であったという記述は、喜多がそれまで思い描いていた西郷像、あるいは西郷を中心とする人間群像についての先入観をなんら変更するものではなかったようなのである。あたかも、はるか東京から特別の人間的関心をもって西郷を眺めていた喜多にとって、虜丁が目撃したような西郷の終焉はアア、コレデヨカッタノダと納得できる感慨として、ある程度予想されていたとでもいうかのように。

三

この西郷最期の光景は、西南戦争の大詰《おおづめ》、城山陥落の舞台に嵌《は》め込んで見なければ正確な焦点深度をもって立体的には現れてこない。だから以下しばらく、いよいよ政府軍による城山総攻撃が開始される九月十二日あたりから両軍の激しい攻防を再現することにしよう。

それより先、政府軍は九月五日頃から鹿児島に侵入していたが、さきに可愛岳でまんまと西郷軍主力に脱出されたのに懲りた参軍（参謀長に相当）山県有朋はひどく慎重に兵を進め、決して攻撃を急がず、重囲をもって敵を城山に封じ込め、じりじりと包囲の輪を狭めてゆく戦法を取った。要害の地に高塁を築き、深坑を掘り、鹿柴《ろくさい》（さかもぎ）を結び、竹矢来をめぐらし、釘板を敷き、落とし穴をうがち、トンネルを通して味方の往来の便利をよくし、歩《ほ》哨《しょう》を配置するといった厳重な警戒ぶりである。

このような攻囲戦が城山の周囲に二重三重に張りめぐらされた。城山は鹿児島市の中央部、甲突川《こうつきがわ》の河口近い左岸にある標高百八メートルの丘陵（シラス台地）であり、隆起部の尾根線と凹部の谷の切れ込みが複雑に入り組んでいる。最後の攻防の主戦場になったのは、その最南端にある尾根で鹿児島市街地に南面し、山麓に島津斉彬《なりあきら》を祀った照國《てるくに》神社が建てられている。城山尾根を東南の底辺とする台地がほぼ正五角形をなして西北方向に延びている。そして上から下に一、三、二という配分で六つの峰が隆起し、それぞれの山峡《やまかい》に谷筋を刻んでいる。この五角形をした高台の東北は冷水谷《ひやみずだに》、西北は草牟田《そうむた》地区の田畑、西は甲突川の河流に画され、東の山麓には私学校の建物がある。そしてこの城山尾根が東に延びる北側に深く入り込んでいる谷こそ、西郷隆盛の終焉の地となった岩崎谷《いわさきだに》に他ならない（「城山付近図①」参照。海軍省編『西南征討志』附図〈青潮社〉より）。

九月五日段階における政府軍の配置は、なお遠巻きに城山周辺を取り囲み、第一～第四旅団・別働第一旅団・新撰旅団、都合五万から七万を張り付けてゆっくりジワジワと敵陣に迫る勢いであった。

城山付近図①

一方、これを迎え撃つ西郷軍は、軍夫などがしだいに散佚《さんいつ》してしまい、残る人数は非戦闘員を合わせて三百五十余人に減っていた。使える銃もわずかに百五十挺ぐらいしかなかった。少ない人数に対応させて兵員を九つの小隊に編成し、岩崎谷を根拠地として私学校方面、照國神社方面、城山頂上などの要所に堡塁《ほうるい》を築いて政府軍の襲来に備えた。

岩崎谷は、地形の名称であると同時に、薩摩藩の高身家臣クラスの邸宅が集まる居住区でもあった。西郷は九月六日から十日までこの地区にある野村義高宅の後ろの洞窟に身を潜め、十日から十三日まで馬場の鹿柴に米粟の俵を積み、その上に杉葉を葺《ふ》いて雨露を凌いでいたが、十三日から十九日まで再び野村宅後の洞窟に戻り、十九日にはまた新たに一洞を掘ってその中に入った（『薩南血涙史』）。洞窟に身を潜めたのは、政府軍が連日岩崎谷を目がけて一日七百発もの砲弾を撃ち込んだので、家屋の内部にはとても居たたまれず、洞内に避難するに至ったからである。

洞窟は奥行二間（約三・六メートル）、間口一間（約一・八メートル）ぐらい。他にも数洞があり、第二洞は辺見、第四洞は国分十介《こくぶじゅうすけ》、第五洞は桐野と坂田諸潔《もろきよ》（評議所を兼ねる）、第六洞は別府その他、第七洞は村田その他が入っていた。第三洞は弾丸製造所だった（『鹿児島籠城記』）。

ちょうどこの二旬くらいの期間のことを『征西従軍日誌』はこうコンパクトに圧縮して記している。

九月一日朝、（西郷軍は）鹿児島に衝入《しょうにゅう》し、急に兵を募る。本夜は市中に宿す。しかして海軍の放（砲）弾続々射攻するをもって、翌二日、賊、みな岩崎谷に入る。衝帰兵（鹿児島へ帰還した西郷軍）と募兵合せて凡《およ》そ七百人。なお近郷の募りに応ずる者千人に及ぶ。然れども官軍連絡の密なるをもって谷に入ること能わず。海弾（海軍の砲弾）また進んで谷を射る。賊ついに鑿窟《さっくつ》の挙あり。窟を鑿ること十四箇所、皆これに潜む。

西郷軍は鹿児島に侵入すると、すぐ兵士を徴募した。これに応ずる者は千人に達したのだが、政府軍の包囲網が前述のようにきわめて緊密だったので、一兵も城下町へ近づくことができなかった。西郷軍の兵員が増さなかったゆえんである。鹿児島に侵入した日だけは町中に宿営したが、海軍軍艦の艦砲射撃の砲弾が落下し始めたので、堪らずみな岩崎谷に入った。

海軍軍艦十余艘が碇泊していた桜島沖から城山一帯への距離はちょうど撃ちごろの四キロぐらいだった。艦砲射撃は恐るべき正確さで目標に照準を合わせ、狙いを定めて砲弾を発射してくる。岩崎谷の家屋はたちまち破壊された。とても屋内に住めたものではなかった。西郷とその側近が洞窟に身を潜めたのも無理はなかった。太平洋戦争末期の沖縄戦で、米軍に追いつめられた日本陸軍の将兵や民間人がガマとよばれる自然洞窟に籠ったことを連想させる。政府軍の砲撃はこの洞窟さえも脅かしたのである。

城山の包囲は鉄壁の備えだった。西郷軍は弾薬が不足するばかりでなく、兵糧も尽き始めていた。当初は五十日くらい持ちこたえるつもりだったが、どうしても続かず、前線に出る者だけに握り飯が支給され、その他は粥だけという状態だった。醤油と塩も欠乏した。それでも山県参軍は別に急がない。ただ可愛岳の包囲を突破されたワダチを踏むまいと、防備線にいっそう厳重な警戒を固めよと神経質に繰り返すばかりである。このまま兵糧攻めで敵をつぶす気かと思えるほどだった。山県は慎重すぎるという声まで出た。

城山の西郷軍が二進《につち》も三進《さつち》も行かぬ苦境に陥っているさなか、西郷陣営には二通りの反応が現れた。一つは、桐野利秋と池上四郎の意見であり、「もはや糧食は五十日を支えられるだけになった。今日なすべき急務は隙を見て官軍の重囲を破り、人吉・八代方面に血路を開くべし」という強硬意見である。もう一つは、最初、前線に配置された隊長クラスの諸将から出され、やがて側近の一部にも賛同者を得た西郷助命嘆願論である。西郷軍投降の議といってもよい。

この論は初め砲隊半隊長の讃良清蔵《さわらせいぞう》(城山で戦死)が言い出したものである。讃良は本営メンバーの野村忍介《おしすけ》(投降)・中島健彦《なかじまたけひこ》(戦死)・辺見十郎太(戦死)に語っていわく、「今やわが軍は窮境にある。われらの命は惜しむに足らないが、西郷先生の一死は国家の盛衰に関わる。よって、われら一同が切腹して西郷先生を救い、国家百年の計を立てようと思うがどうか」と。この意見にやはり本営メンバーの坂田諸潔が賛成し、元評論新聞記者で西郷軍に投じていた山田享次《こうじ》が文章にして、諸将を本営に集め、西郷に申し入れると、西郷はただ「開戦以来何人の人が死んだと思うか」とだけいった。そこへ桐野利秋が遅れて来て、「卑怯な発議をした者がいるそうだが、誰だ?」と一座を睥睨《へいげい》（にらみつける）したので、この論は中止になった。

坂田はなおも意見を変えず、今度は別府九郎《くろう》（夏陰《なつかげ》方面半隊長、別府晋介の兄、城山で負傷・投降）に働きかけ、捕虜となって西郷軍に同行していた薩摩藩軍吏細野済《わたる》を介して政府軍に話を通じようとしたが、細野は出たきり帰って来なかった。坂田も桐野に「今日に至って、卑怯な行動はあるべからず」と押し留められた。細野という男は政府軍に属しながら、西郷軍の捕虜になってから炊飯夫として使われていた（こんな人間がいたことは本作の虜丁の話に一根拠を与えよう。なお記録文書『鹿児島籠城記』には、捕虜として政府軍伍長一名、兵卒一名、巡査四名、人足三十余名がいたとある。が、この虜丁への言及はない）。

これら二度の動きはいつ行われたのか、記録に記載はない。しかし三度目のこころみは九月十八日と日付がはっきりしている。

辺見十郎太は敵の砲丸落下がどんどん激しくなるのを見て大勢はもう挽回できないと悟り、河野主一郎《こうのしゅいちろう》（岩崎谷本道方面の小隊長、城山で投降、のち自由民権運動家）に相談し、「西郷先生の生死は国家の興廃に関わる。われらは敵の軍門に降り、参軍川村純義《すみよし》に面会し、西郷先生の助命を実現させた後に従容《しようよう》として死に就こう」と意気投合した。

河野はさらに村田新八・池上四郎の賛同を得、諸隊長をも集めて同意を取り付けた。但し桐野とは謁見しなかった（『薩南血涙史』）。『西南記伝』では、桐野は合議の席上で「投降は後世に対する醜辱だ。今はただ一死あるのみ」とあくまでもこれに反対したとある。ともかく西郷自身はただ莞爾《かんじ》（にっこり）として「よしよし」といっただけだったので、河野は同行者に山野田一輔《かずすけ》（照國神社方面の小隊長、のち戦死）を選んで、軍使になり、政府軍の川村参軍に面会したが、「時期遅し」として、ほとんどまともに相手にされなかった。

河野はそのまま拘留され、山野田は九月二十三日、城山に帰されたが、その時、一通の封書を託されて持ち帰った。これこそ西郷隆盛に宛てられた山県有朋の有名な私信である。この手紙は翌二十四日、西郷の死後、政府軍兵士が西郷のいた洞窟で発見して初めてその存在が知られ、敵味方の立場を超えた武人同士の情の述懐としてよく話題にされる。しかし、長文に美辞と惹句《じやつく》をたっぷり使った本書簡の眼目はどこまでも「願わくは君早く自ら《みずか》図り、一はこの挙の君が素志《そし》に非ざる（本意ではないこと）を証し、一は彼我《ひが》の死傷を明日に救ふ（明日の戦闘を回避して、敵味方の死傷者が出ないようにする）の計を為《な》せよ」という一文にある。要するに、たくみに遠回しな表現ながら、西郷に自決せよと暗に勧めているのである。

もちろん、そんなことは西郷には先刻わかっていた。二人の軍使が敵陣に出かけている間に、城山では西郷が自分の名義で籠城各隊に最後の檄《げき》を飛ばしていた。日付は九月二十二日である。

今般、河野主一郎・山野田一輔の両士を敵陣に遣《つかわ》し候儀、全く味方の決死を知らしめ、かつ、義挙の趣意をもって大義名分を貫徹し、法廷において斃れ候つもりに候あいだ（であるから）、一統安堵し、この城を枕にして決戦致すべく候につき、今一層奮発し、後世に恥辱を残さざるよう、覚悟肝要にこれあるべく候なり。

西郷は自分が投降しても助命される可能性など塵《ちり》ほどもないこと、両軍使の講和工作が幻想にすぎないことを知悉《ちしつ》していたから、この檄文で最後の決意を表明したのである。また、明二十四日の午前四時に攻撃を開始するから、もし降伏するなら二十三日の午後五時までに西郷が単身出頭せよという最後通告は「回答の必要なし」と突っぱねた。

これは、西郷が最後の最後に桐野の玉砕案に乗ったことに他ならなかった。現に桐野は、送り返されて来た山野田を「帰って来るには及ばなかった」（『薩南血涙史』）と冷たくあしらったといわれている。それもそのはず、檄文の日付は二十二日であり、山野田の帰還は二十三日である。「従容として死に就こう」などといって敵陣に赴いた人間に、いくら伝言を言いつかったとはいえ、おめおめと帰って来られては、桐野にとって迷惑千万なのだ。

桐野とは反対の動きもあった。その夜、佐藤三二《さんじ》（私学校方面隊長、城山で戦死）、河野四郎左衛門（上《うえ》の平方《ひら》面隊長、投降）、野村忍介（前述）、別府九郎（前述）、神宮司《じんぐうじ》助左衛門（投降）、伊東直二（植木の戦いの時、第四大隊第三小隊長）といった面々がひそかに合議し、「しばらく恥を忍んで法廷に立ち、従容として義挙の趣旨を明らかにした上で、甘んじて俎上《そじょう》（マナイタの上）の肉になろう」と申し合わせた（『薩南血涙史』）。いずれも桐野の西郷隆盛独占には批判的な隊長クラスの人士であった。その信念のためには生き残るべきだったが、何人かは城山で戦死している。桐野はいかにも桐野流儀に西郷を愛していた。西郷のイメージを傷つけず、その生涯を美々しく完結させるためには英雄的な死を遂げてもらうしかないから、西郷には切腹してもらい、自分も殉死するつもりだったのである。その意味では西郷は、後に勝海舟が歯に衣着せぬ言葉で喝破したように「部下に担がれて情死した」（『海舟座談』）ともいえるだろう。

こうして西郷助命工作が三度目には側近グループの中でも多数派になったことが示すように、桐野の西郷独占欲はむしろ孤立していたと見るべきである。このいっこくな薩摩武士にとってはだいじなだいじな西郷先生を俗論家たちに奪われることはどうしても許せなかったに違いない。一方、大切な西郷先生の命だけは何とかして救いたいと努力している側近たちも劣らず真剣だった。しかし、生き延びた西郷に何を期待するかについては決して一様ではなかったように思われる。

来たるべき清国との戦争に役立つべき人材として生きていてもらいたいという希望のよう

な黒竜会（大日本生産党の前身）風の大アジア主義的な幻想などは、後世からの歴史の逆投影にすぎない。また、『中津隊始末』の伝えるところによれば、一部には西郷隆盛を擁して琉球に渡り、独立政権を樹立しようという意見があったという。九年前に榎本武揚が北の箱館五稜郭でやったことを南で実行しようというのである。西郷にそこまでの意志があったかどうかは知らない。だがこの亡命政権の夢は、日本史のみならず世界史の大きな変わり目であった明治初年にあって、可能態としてあり得たもう一つのアジアへの幻想をいざなってやまない。南方熊楠《みなかたくまぐす》は、明治十年九月二十四日の城山陥落の後、兵卒が大勢帰郷し、みんなが「りきゅうとかご島と地つづきならば」という唄を覚えてきて盛んに唄ったと回想している（『男色談義――岩田準一往復書簡』）。この唄は後に「琉球節」となって俗曲化され、花柳界を中心に流行して今日もインターネットで聞くことができるが、それはもう後の時代の趣味や好尚《こうしょう》でどんどん変化してしまい、元の形ではない。熊楠の耳朶《じだ》に残っているのは、今はもう忘れられた西南戦争当時の歌詞なのである。

泉鏡花の『草迷宮《くさめいきゅう》』（明治四十一年）という小説には、幼時に聞いた記憶は残っているが、今はどうしても思い出せないなつかしい子守歌を探し求めて全国を漂泊する青年が登場する。熊楠のいう原「琉球節」も後世からは二度と復原できない、一瞬だけ歴史に出現して消えた美しい幻の歌曲だったのだろう。西郷の琉球亡命政権構想も、今となっては雲の通い路《じ》のように閉じてしまっている、あるべかりし歴史の可能態の一つであった。歴史は科学であるか文学であるかは永遠に新しい論題に属するが、少なくとも、歴史があった通りの史実の総和ではないことだけは確実である。この亡命政権の夢想は、西郷の死後すぐに民衆の間に湧き起こり、それからも間歇的《かんけつ》（一定の時間を隔てて起きる）に日本に復活した西郷生存伝説と地続きである。

西郷星が天空に出現した。

明治十年の九月三日には、火星が光度二・五等という明るさで不気味な輝きを発していた。たまたま地球へ異常接近する周期に当たっていたのである。

ちょうど西南戦争が終わりかけている時期であった。民衆の間に一つの噂が広まった。火星の赤い光の中に陸軍大将の正装をした西郷隆盛の姿が見えるというのである。世人はこれを「西郷星」と呼び、錦絵《にしきえ》（色刷りの浮世絵版画）が売られ、新聞でも報道された。「去る三日の大阪日報に、この節二時頃、辰巳《たつみ》（東南）の方に現れる赫《あか》色の星を望遠鏡でよく見ると、西郷隆盛が陸軍大将の官服を着ている体《てい》に見ゆると、何人か妄説をいい出したのを語り伝えて、物干《ものほし》に夜を更《ふ》かす人もある由けしからぬと記《か》いてありましたから、なるほどまだ不開化な人も多くあるものだと思っていると、一昨夜、銀座通りでも日本橋近傍でも二、三人ずつ寄りあっては空を仰いで、へエーあの星ですか、いかさま光が別段ですとか囁《ささや》いているのを聞きました」（明治十年八月十六日、『東京絵入新聞』）。

宮竹外骨も『奇態流行史』に「西郷星の出現」と題した文章を載せ、同じ天文現象のことを紹介している。

明治十年、西郷隆盛が薩州城山で兵を挙げた際、国民の多数は西郷に同情して、彼を反逆者とは見なかった。それで同年八月上旬より毎夜東方に現われた一つの星を「西郷星」と呼んだ。それが一枚絵にもなって「毎夜八時頃より大なる一星光々として顕わる。夜更《ふく》るに随い、明らかなること鏡の如し。識者これを見んと千里鏡（望遠鏡）をもって写せしが、その形人にして大礼服を着し、右手には新政厚徳の旗を携《たずさ》え、儼然《げんぜん》として馬上にあり。衆人拝して西郷星と称し、信心する者少からず」とある。

文中にある「新政厚徳」とは、挙兵して鹿児島から熊本へ軍を進めた西郷軍が高々と掲げた旗印に大書した語句である。民衆はもし西郷が生きていたらという期待の念を籠めて西郷星をふり仰いだのである。だから、西郷生存説と西郷生存待望説は同じようなものだ。早くも明治十一年七月十三日、『朝野新聞』のコラムに「西郷隆盛は死せずして、この節洋行しているという者がたくさんあるには驚く」（圏点《けんてん》原文）という短文記事が出ている。西郷魔王伝説も生まれた。「西郷星より思い起こせしものか、このごろ画草紙《えぞうし》屋の表（店先）には、西郷隆盛天に昇り、魔王となりし板行《はんこう》（版画）がぶら下がってありける由」（十月十六日、『大阪日報』）とあるのがそうである。

それから三年後の明治十四年（一八八一）十一月十九日、「西郷隆盛死せず」の見出しが『郵便報知新聞』の紙面を飾った。

西郷隆盛が討死せしとは世間の空言、実は印度の一島に姿を隠しいたりしが、今度貴顕の招きに応じ、再び政府の要路に立ち、多年の宿志を達するに至るの顚末が事明細と、印行の冊子数十部を携え、大坂市街を大声に売り歩く者あり。

さらに、そのまた十年後の明治二十四年（一八九一）四月五日、「西郷隆盛翁《おう》は十年の役《えき》に戦死せずして露国に遁《のが》れ、今度露国皇太子と共に帰朝する」（『東京日日新聞』）旨の風聞が各新聞紙面を賑わわせた。その出どころをせんさくする記事も現れ、それによると『日本』『国会』といった国粋主義的傾向の諸紙である。ロシア皇太子が遭難する大津事件（訪日中のロシア皇太子を津田巡査が負傷させた事件）が起きるのは五月十一日だから、この風聞はまだその以前である。皇太子ニコライ（後のニコライ二世）の来日（長崎上陸）は四月二十七日だ。西郷ロシア生存説の報道は来日に先立っている。また、大津事件が西郷生存のデマの原因なのではない。むしろ西郷生存説がこの事件の背景にあると見るべきで、それには傷害犯津田巡査が西郷の帰国によって西南戦争での軍功を取り消されるという不安感も一因になっていたのである。

流行にさとい浮世絵師もこれに便乗して、『露国皇太子上陸之図』なる錦絵を売り出し、たちまち売り切れたという。図柄は、港に着岸したロシア軍艦をバックに、整列したロシア水兵の前で西郷隆盛・ロシア皇太子・桐野利秋・村田新八らがずらりと並び、出迎えに来た日本の政府高官に答礼しているものだ。一番端で軍帽を掲げた陸軍大将服の人物は、銅像で見慣れたあの西郷さんの風貌に紛れはないし、名壺《なつぼ》にもちゃんと「西郷隆盛」と明記されている。

現実政治にコミットする人間は、たとえいくら究極には正しいことを行っても、不可避的な「悪」に手を染めざるを得ず、その限りで暮らしの垢を身に付けなくてはならない。西郷隆盛という人間は、不思議に政治悪とは無縁な、いつも《高邁な人格と至誠の力》だけが輝いているような人物としての印象ばかりが残っている。もっぱら西郷の人間的魅力が語られるのである。その政略的なミス（たとえば、江戸の彰義隊鎮圧に手間取る）さえも《情にもろい》性格のあたたかさと好意的に受け取られ、直情径行の危うさ（安政大獄のみぎり、僧月《げっ》照《しょう》との入水心中未遂）も果断な決断力の現れと解される。西郷の政治的行動全般が何でもプラスに評価されることになっているのだ。

なぜこんな特別待遇が可能になったのだろうか。その最大の理由は、薩長藩閥を中心に新たな支配層にのし上がったグループが、人々の批判を超越した《聖域》を必要とし、そのための例外的処遇にはうってつけの人材だったからである。西郷は目の前に立ちはだかる課題にその都度常に《全力投球》する人間だった。この男に事をゆだねたら必ずやってのけてくれるだろうという期待感を安心して持てる人物だった。たとえ成就しなくても精一杯やってもらえたという満足感をもたらしてくれた。要するに、あの大きな黒い目でじっと見つめられて頼み事をされたら、とてもことわれないお人だったのである。三百五十人余りの人々が落城寸前の城山に籠り、西郷どんのためなら死んでも構わないという気持ちになったのも、西郷のこうした玲瓏《れいろう》玉のような人柄のゆえだった。

だが、これらはすべて西郷の死後の話である。本作の現在は、まだ明治十年九月二十三日、城山総攻撃の前夜である。西郷は生きている。生涯最後の二十数時間を生き急いでいる最中である。

四

政府軍は城山攻略のために四囲包囲の総攻撃を予定していたが、決行が迫った段階で、さらに目標を絞った攻撃命令を下していた。その苛烈をきわめた軍令の骨子は次の通りである。

①この攻撃は各軍団から特に攻撃隊を選抜してこれに担任させる。
②攻撃兵は各個自任し、いかなる場合も後軍の応援を当てにしてはならない。
③攻撃兵は一人百五十乃至《ないし》二百発の弾薬しか携帯することを許されない。

④攻撃兵が退却し、敵兵がこれに追尾してきた場合には、合囲《ごうい》兵は彼我を分かたず銃撃する。

⑤攻撃兵が応援を乞うことがあっても、軍団の号令がない限り、合囲兵はこれを支援してはならない。

見られる通り、攻撃兵は万一敵塁が抜けず敗退したら、見殺しにされるどころか敵味方の区別なく射たれるという壮絶な運命が待ち受けているのである。何が何でも勝つしかなかった。

弾薬の携帯量が限られているといっても、政府軍が装備しているのは、後装式のスナイドル銃（一分間に六発発射）やスペンサー連発銃など性能のよい小銃だけでも約一万挺あり、対する西郷軍は旧式のエンピール銃（前装式、一分一発）を主力とし、同様に旧式のスナイドル銃、火縄銃を携行している有様だった（『薩南血涙史』解説）。

政府軍の本営は鹿児島の北方、海岸に近い多賀山《たがやま》に設けられていた。この山上からは城山が一望できる。また右手には砲兵陣地を作った浄光明寺《じょうこうみょうじ》（現鹿児島市上竜尾町《かみたつおちょう》南洲公園内）もよく見えた。この寺は冷水谷を挟んで城山尾根と対峙するもう一つの尾根筋の山裾にあり、幕末まで時宗の寺として有名で、明治初年の廃仏毀釈《はいぶつきしゃく》で廃寺になったが、明治九年に復活。翌年の西南戦争当時、政府軍はこの高台に攻城砲をずらりと並べ、城山に向けて間断なく砲弾の雨を降らせていた。大砲の装備は政府軍が格段にすぐれ、砲弾七万三千発を消費している。しかも砲器の種類も戊辰戦争時に活躍したアームストロング砲よりも性能のよいクルップ砲を備え、二十八糎《センチ》攻城《こうじょう》榴弾《りゅうだん》砲までも投入された（「城山付近図②」参照）。

浄光明寺の砲台ばかりではない。攻囲戦上の高所はすべて砲撃に利用され、従来使用していた山砲を四斤《よんきん》野砲《やほう》や二十拇《ドイム》（センチに同じ）臼砲《きゅうほう》に換えて城山を轟撃《ごうげき》した。野砲は運搬できる山砲と違って固定式であるが、もっと重い砲弾を飛ばすのに適しているし、臼砲は焼玉を撃ち込むためだろう。さらに、海軍の砲兵がその砲座を丸岡山（冷水谷北方）に据え、アームストロング砲およびクルップ砲を艦内から移して、ここからも昼夜敵塁に射撃を加えた。岩崎谷の西郷らをついに洞窟に追い込んだのもこれら砲兵隊の働きだったのである。

九月二十三日午後十二時、あるいは二十四日午前零時、間断なく続いていた砲撃はぴたりと止んだ。その直前まで、城山に浴びせられる砲弾の勢いは凄まじかった。炸裂する砲弾の破片が樹木の枝を断ち切り、塁壁の木材をずたずたに切り裂き、爆風が立っているものを何でも吹き飛ばした。さしも勇猛な西郷軍の士卒も洞窟から一歩も動けないほどの風圧だった。


砲撃が静まったので気が付いたら、今夜は名月だった。新暦の九月二十三日はあたかも旧暦の十七夜にあたっている。参謀本部編の『征西戦記稿』には「この夜、海軍楽隊をして楽を大明神山に奏せしめ、また煙火戯《はなび》を演ず」とある。『海軍軍楽隊沿革史』では、この演奏のことを「西南の役の勝敗既に決す。官軍は明日をもっていよいよ最後の総攻撃を行うと云

城山付近図②

海軍省編『西南征討志』附図（青潮社）より

う九月二十三日の夜、あたかも冲天《ちゅうてん》には明鏡一基《めいきょういっき》が皎々《こうこう》と冴《さ》え」とドラマティックに記した後、こう続けている。

屍累々《しかばねるいるい》として横たわり、鮮紅《せんこう》の河をなして凄惨たる戦場を照らし、万籟《ばんらい》（物音）寂として声なき陣営は、死のようなる静寂さに支配されていると思わるゝ頃、官軍陣地の最高所である大明神山の頂上より突然、あまりにも突然、喨々《りょうりょう》として勇ましき軍楽が響いて来た。

半歳以上、血腥《ちなまぐさ》い硝煙弾雨の中で闘い、疲憊《ひはい》した魂を抱きいるつはもの共の精神に、敵味方共に、如何に清新な、そして甘美な鎮魂曲とはなったことであろうか。こは官軍の計画で、明治維新の大忠臣であり、陸軍建設の恩人である前陸軍大将近衛都督兼参議の要職にあった西郷隆盛に対し敬意を表し、武士道の礼儀をつくして最後の惜別奏楽を行う事にして鹿児島に回航していた軍艦からわざわざ戦場に招致して奏楽せしめたるものであって、官軍本営の山県参軍を始め諸将兵士これを聴いて戎衣《じゅうい》（軍服）の袖を絞ったという事である。

いかにも感動的で、抒情《じょじょう》的かつ叙景的な場面であるが、よく読んでみると、これはかなり計算ずくに演出された場面であったことがわかる。まず第一に、この奏楽が「官軍の計画」だったことが明記されている。第二に、楽士のメンバーは「鹿児島に回航していた軍艦からわざわざ戦場に招致」した面々であることも明言されている。海軍省編の『西南征討志』付録には回航した軍艦中の一隻「高雄丸」に乗り組んでいた軍楽隊員の氏名が記録されている。

しかし、『征西戦記稿』ならびに『海軍軍楽隊沿革史』には明白な記載があるにもかかわらず、陸上自衛隊北熊本修親会編の『新編西南戦史』は、この海軍軍楽隊の奏楽の日付を九月二十日としている。また、奏楽が行われた「大明神山」が地図上いかなる地点に対応するかについても定見がなく、いくつかの地名が候補として挙げられるうちで、この時演奏された曲が何であったかにこだわる横田庄一郎の『西郷隆盛惜別譜《せきべつふ》』は、これを武《たけ》大明神（現鹿児島市武《たけ》）のあった山に比定している。

この「惜別奏楽」はこれを聴いて「戎衣の袖を絞った」山県参軍を血も涙もある軍人として描くためにいかにも美談に仕立てられているが、その裏にはすでに勝敗の大勢が決まった西南戦争を有終の美で飾ろうと仕組む冷酷な計算があったことを見るのはたやすい。

大会戦の前夜に軍楽隊の演奏がなされたためしはすでにアメリカの南北戦争の戦史に見出される。上層部が敵軍の意気を阻喪《そそう》させようと企図し、下部の兵卒が音楽の調べにただただ涙するという構図も同じである。

一八六二年の十二月三十日の夜、テネシー州ナッシュビルから南下したローズクランズ指揮下の北軍四万二千は、同州マーフリーズボロ附近で、ブラッグ将軍の率いる三万六千の南軍を前にして野営した。その夜、両軍の軍楽隊が「ディクシー」と「ヤンキー・ドゥードゥル」の演奏を交換し、最後にどちらか一方が奏でた「ホーム・スイート・ホーム」の調べと共に両軍の兵士が涙で頬を濡らしながら声を合わせて歌った。

しかし翌十二月三十一日、南軍は猛烈な攻撃を仕掛け、北軍は危ないところを持ちこたえた。翌々一八六三年一月二日、南軍は再度攻勢に出たがこれにも失敗した。ブラッグはついにあきらめ、三十五マイル（約五十六キロ）南の防衛線に後退したが、このマーフリーズボロの戦いでは両軍の損害が甚だしく、死傷率は北軍三十一パーセント、南軍三十三パーセントに達した（『世界の戦争』8、猿谷要編「アメリカの戦争」）。

何も山県がこの先例にならって城山の海軍軍楽隊に演奏をさせたというのではない。しかしこの奏楽が決して純粋に英雄を鎮魂し、これと惜別するためのものではなく、音楽の力で西郷軍の最後の抵抗を軟化させようとする意図から出ていることは明白だろう。西郷軍の側では先方の下心はよくわかっていた。それが証拠に、西郷軍はただ静かに大明神山からの「勇ましき軍楽」に聞き入ったりはしなかった。まるでその音楽攻勢を拒否するかのように野村義高宅に諸将を招いて（『鹿児島籠城記』）、自前の「訣別《けつべつ》の宴」を開いたのであった。『大西郷終焉悲史』にはその情景がまるで見てきたように書いてある。なお鹿児島側の史料の多くは、軍楽隊の演奏のことをおそらくは故意に黙殺している。

優将猛士等は、一盃々々と、長鯨の百川を吸うかのごとく、痛飲淋漓《つういんりんり》、興旺酣酔《こうおうかんすい》（よっぱらって盛り上がる）して、輿丁《よてい》（かごかき）益森《ますもり》三四郎のごときは、美声朗々と馬方節《うまかたぶし》を謡い、果ては手振りおかしく馬方踊りを演じて、燭光《ひかり》淡き洞内にも、洋々の春は湧き、あたかも死生を忘るゝかのごとき有様であった。而《しか》して大西郷は洞の正面の支え柱に座布団を巻いたのに、背を凭《もた》せて悠揚《ゆうよう》と胡座《あぐら》をかき、その豊頬《ほうきょう》に笑みを湛えつゝ、さも愉快そうに皆の酔興《すいきょう》を眺めていた。

そちらが洋楽ならこちらは邦楽だというわけではあるまいが、籠城側は、政府軍の物量的な音楽攻勢を向こうに回しては、自前の人間の咽喉で対抗する他はなかった。薩摩琵琶の撥《ばち》音《おと》もこれに加わった。圧倒的音量の文明開化的コスモポリタニズムに対する、これは追いつめられた鹿児島ナショナリズムの抵抗であった。

とはいえ、陥落寸前の城山には薩摩人があまり聞き慣れていない珍奇な西洋楽器の音が鳴ってもいた。アコーディオンである。ふさふさと顎鬚を生やし、フロックコートを着込んだ一人の容貌魁偉な日本人が、無骨な手で可憐な鍵盤楽器を器用に操っていた。村田新八である。村田新八は、かつて明治六年岩倉使節団に同行して欧米を旅行し、欧州で買ってきたアコーディオンを大事にしていた。『西南記伝』にも、「新八、平生美術を愛し、また音楽を好む。その家にあるや、常に風琴を携え、容易に手を離さゞりしと云う」(『二番隊士伝』)と記しているほどだ。城山の戦いの日々も肌身離さず愛翫《あいがん》していたはずである。

「村田どん、一曲所望じゃ。何か耳新しいのをやってくれんか」

新八はにっこりすると黙ったまま膝に抱えた楽器の鍵盤に指を走らせた。軽やかな、人好きのする旋律がほんの二、三小節鳴り響いた。聞き慣れない節回しだった。人々の怪訝《けげん》そうな表情でそれと察したのか、新八はすぐに曲を弾きさして、ぽつりといった。

「これ、パリで流行《はや》っていた唄なんだ」

その場にいた誰も、それが『桜んぼの実る頃』というシャンソンであることを知らなかった。このアコーディオンは城山陥落を前にして新八みずから焼いたという。

午前零時から総攻撃開始の午前四時まで、四時間の砲撃停止時間は、しかし、政府軍にとっては戦闘の休止ではなかった。不意に訪れたこの静寂を利用し、各軍団は隠密のうちに城山侵攻作戦を展開していた。

山県参軍は多賀山の軍団本営から城山方面を一望していた。号砲三発。あたりに轟《とどろ》いたその残響が耳に残っている間に、城山を包囲する各戦線から次々と火光が揚がるのが見られた。それなのに城山の東端、東北方向に突出した堡塁の前面だけはまだ何の動きもなく黒々と静まりかえっていた。というのも、ここ城山正面の攻撃を担当した別働第二旅団の兵士たちが息を殺し、一発たりとも射ってはならぬという命令を忠実に守って、張りめぐらされた竹矢来を一つ一つ押し破りつつ敵塁近くにじり寄っていたからである。

突撃開始の号砲が鳴るや否や、攻撃隊はいっきょにどっと敵塁に突っ込んだ。塁壁は山の急斜面を利用して作られていたので、兵士たちは岩塊を飛び越え、木の根を攀《よ》じ、蔦《つた》に縋《すが》って敵に迫った。塁内の敵は銃口を揃えて乱射する。が、弾丸に乏しいのかすぐに銃を捨てて抜刀する。こちらも銃剣で応戦する。たちまち壮烈な攻防戦になった。

空が白んで来た頃、山県参軍は浄光明寺山へ前進し、東北突出堡塁附近の戦線を観察した。しばらくして銃火が突出堡塁の上に閃《ひらめ》くのが見えた。攻撃当初、第二旅団および別働第二旅団は突出堡塁を急襲するという企図を秘匿して前進し、いっきょに銃剣突撃を行い、それから発砲したので、この方面の銃火が見えなかったのである。

すでに早くから、「岩崎谷をもって真の攻撃点となす」というのが政府軍の作戦目標であった。そして軍団本営に次々ともたらされる戦闘報告では、戦況はすべて作戦通りに運んでいるようだった。城山一帯の要所々々に設けられていた西郷軍陣地はことごとく陥落し、守備兵は全滅するか投降するかした。第二旅団のごときは岩崎谷南側の稜線を押さえたので、高所から敵陣地を瞰射《かんしや》（見下ろして射つ）することができた。

さて、これからはいよいよ西郷隆盛の終焉の場面になる。本作の眼目はどこまでも喜多平四郎という一江戸／東京人が、西南戦争の一捕虜の目撃談を通じて語る西郷の死をめぐる一つの異伝を紹介することにあるのであり、日本近代史上あまりにも有名なこの場面を再説するのは決して本意ではないのだが、参考のためにその《正伝》を知っておかねばならない。世に数多い西郷隆盛の伝記の中で、この人物の死の真相について、正伝の折紙が付けられているのは『西南記伝』第十二編第二章十一「城山陥落と薩軍」の次のような一節である。

　二十四日払暁《ふつぎょう》、官軍の城山に乱入するや、西郷、桐野、村田、池上、別府等を始めとし、四十余名の将士、洞前に整列し、岩崎谷に向かいしに（中略）いよいよ進めば、銃丸いよいよ急なり。桂四郎、たちまち流丸に中りて斃る。弾雨啾々《しゅうしゅう》（ひゅうひゅう飛来する）の下、薩将の斃るゝもの相踵《あいつ》ぐ。別府晋介、辺見十郎太、西郷の左右にありしが、辺見、勢《いきおい》急なるを見、西郷に謂《い》いていわく、「最早此処にて可ならん《モーユハゴワンスメーカ》」西郷いわく、「未だし《マダマダ》。本道に進みて潔よく戦死せんのみ《ホンドーニデテ、ジンジヨウニタオレヌト、ホントーデハナイゾ》」と。また行くこと丁余、四面より集注せる銃丸、驟《しゅう》雨《う》の注ぐに異ならざりき。辺見また西郷に迫りしに西郷またいわく、「未だ《マダ》し、未だ《マダ》し」と。ついに進みて島津応吉《まさよし》邸の門前に至りしに、乱弾たちまち西郷の股部と腹部とを傷つく。西郷、別府を顧みていわく、「晋殿《シンドン》、晋殿《シンドン》、最早此処に斃るゝも可ならん《モーココデヨカロー》」と。（中略）（別府は）その言を聞いていわく、「果して然る乎《ソーデゴワンスカイ》」と。すぐに輿《かご》より下り、西郷に向かいていわく、「請う我が罪を恕せよ《ゴメンナッタモンシ》」と。すなわち起《た》ちてその首を斬る。

右の文中に出て来る人名の主は全員この直後に戦死しているから、この場面は目撃談ではない。『西南記伝』も西郷軍の生存者の証言、死体検案などをいろいろ聞き集めて右に引用したような情景にまとめたのであろう。だから、西郷終焉の時間もただ「二十四日払暁」とあるだけで、何時頃とは特定していない。西郷の第一洞の前に整列した「四十余名」が何のために岩崎谷に向かったのかも判然としない。

この場面を客観的に記述した『征西戦記稿』は、この時、政府軍に追い込まれた西郷軍の中核が、活路を求めて動き出した状況をこう書いている。

（第四旅団の）攻撃およそ一時《いっとき》（約二時間）にして山上の数塁を抜く。時に天漸《ようや》く明けんとして烟靄《えんあい》四塞（もやが四方にたちこめた）。既にして（そのうちに）賊、岩崎谷の道を下り走る。両翼の隊、各若干の兵員を山上に留め、合同して尾撃す。坂元少佐これを指揮す。賊なお一塁を保つ。援隊の森林中にある者これを包撃す。賊ますます窮す。この際西郷隆盛の屍《しかばね》頭顋なき《もの》を路上に得たり。この時、賊、四囲の攻撃を受け、敗兵ことごとく谷口の一塁に聚《あつま》り、抗戦す。

この記述は、『西南記伝』で西郷および将士の四十余名が岩崎谷に向かって歩き出したと書いていることと時間的に符合する。政府軍の銃撃が集中する。西郷が被弾して介錯を依頼するのもこの時である。『征西戦記稿』はこの場面を描かず、たんに路上に西郷の首のない死体があったと書くばかりである。つまり、誰某《だれそれ》と固有名詞を記すほど信憑性のある目撃者は介在していないのである。

ここでふたたび『大西郷終焉悲史』を参照する。同書は昭和十八年（一九四三）の刊行に係り、日米開戦時特有の国粋主義的色彩で西郷を塗り潰した感のある著作であるが、「自ら西南丁丑《ていちゅう》の戦役に従軍せられし、官軍及び薩軍の勇将等より、著者が親しく聴聞したる談話の記録を基礎とし」ている点に特色があり、西郷終焉の場面にもいわゆる《見てきたような》ディテールが加わっている。問題の情景はこうである。ここでは第四旅団の浅田中尉、古荘《ふるしょう》中尉の談話が生かされていると思われる。浅田中尉は奪取したばかりの岩崎山の山巓《さんてん》から、眼下の岩崎谷の本道を俯瞰《ふかん》していた。

するとまもなく谷道の屈曲した個所から、突然二十七八名の薩兵が銃を提げ、天飈《てんぴょう》（空を吹く大風）のごとく馳せ下って来た。続いて白刃を閃かせる四五十名の薩兵が、同じく岩崎谷口に向かって疾風のごとく駈けて行くのを見た。殊に異様に感じたのは一行の中央に、一丁の肩輿《かご》のあることで、あたかも肩輿の周囲にいる者らは、正しく輿中《よちゅう》の人を護《まも》るがごとき体《てい》であった。

駕篭の中の人物が西郷隆盛であったことは間違いない。おそらく、と『大西郷終焉悲史』

の著者は推定する。西郷はあわよくば可愛岳の再現をやってのけ、政府軍の厳しい包囲を斬り破って、どこかへ突き抜けるつもりだったろう、と。あるいは少なくとも、「窮余の一策として、最後の突撃戦を遂行し、策もし成らずんば、花々しく討死にをしよう」という覚悟を決めての突出であったろう。そうとでも考えなければ説明がつかないほど、この突出は作戦的には無意味なのである。

浅田は駕篭の主を西郷と確信して銃撃を命じたが、高所からの射撃は死角を生じて思うに任せない。そこで岩崎谷口の古荘中尉に伝令を急派し、近づいて行く駕篭に一斉射撃を浴びせさせた。西郷に再起不能の重傷を負わせたのもこの猛射だったらしい。

浅田は伝令を送ってから自分も岩崎谷へ駈け下り、味方の射つ弾から身を躱《かわ》しつつ谷口近くへ進むと、さっきの駕篭が横転しており、その傍らに和服を着流した肉付きのよい死骸が転がっているのを見た。その死骸には首がなかった。が、わずか百メートルほど先方の岩崎谷口の大堡塁では桐野、村田、辺見、別府らの精鋭がここを先途《せんど》と死闘を繰り広げていたので、浅田は今見た死骸のことを忘れ、そちらの修羅場へ疾駆《しつく》して行った。

ざっと以上が、脚色の多い『大西郷終焉悲史』も含めて、西郷の死についての《正伝》系伝承のあらましである。この今度は失敗した脱出行は、よくも悪しくも可愛岳突破作戦の二の舞であった。西郷の駕篭の周囲を桐野、辺見、池上らで固めたことも同じである。

五

ところが、西郷の死についてはすでに西南戦争当時から強力で系統的な異伝があった。西郷の首を落としたのは、いや、そうではなくて、そもそもその生命を奪ったのは桐野利秋であったとする伝承である。

その伝承を記した『肚之西郷』は、昭和十六年（一九四一）夏、日米開戦の直前に、「新体制の翼賛運動」に寄与するために出版され、時の陸軍・海軍大臣その他の巻頭言をずらりと並べるなどかなり時局色の強い本であるが、著者竹崎桜岳は、父竹崎一二《かずじ》――私学校の生き残りが作った三州社の社長――が集めた西郷の逸話を随所で生かしているので、伝記の一史料としては役に立つと思う。

その桜岳は、次のように西郷終焉前後のシーンを記述している。九月二十四日の朝まだき、曙光《しょこう》が西郷と桐野がいる洞窟に差し掛けた頃、草牟田口が破れたという報告がもたらされた。

この報告を聞いた桐野利秋は、いとも悲壮な語調で、西郷に向かい、

「吉つぁん、もはやこれまででごわした。腹を切って下さい。私が介錯しもすから」と。

その時、西郷は一言も答えず、静かに座を立ち傍らにありし小刀を腰に打ち込み、洞窟

を出で、歩き出したのである。桐野利秋は負傷せる別府晋介等を伴い、西郷について歩いたが二、三丁（二、三百メートル）も来た頃、桐野は西郷が敵軍に降る意志である事を察知したから、西郷を敵に渡してなるものかと思う矢先、城山の護摩所《ごましょ》の高台から警視庁の巡査隊を引率する石神《いしがみ》矢次郎（後日、図崎助監と称し監《ママ》〔警か？〕視庁参議となる）の一隊が射撃したから、桐野も今はこれまでと覚悟をきめ、桐野は西郷の後姿に黙礼し、心に罪を謝しつゝ涙を呑んで西郷を鉄砲で射《う》ったのである。

これが桜岳語るところの西郷終焉の《真相》である。この話が必ずしも一回的なものではなく、地元で根強く言い伝えられていたことは、昭和も五十二年（一九七七）になってから片岡八郎の「西郷は桐野利秋に射殺された」（『横目で見た郷土史』所収）という説が話題になったことからも知られよう。前述した『中津隊始末』（一九七四）にも、岩崎谷の第九洞の奥にまぎれ込んでいた一中津隊士の耳に、薩将たちが西郷の助命を相談していたという記述がある。城山の陥落が近づくにつれて、西郷と共に花と散ろうとする桐野の立場はだんだん孤立していったように思われるのである。

こうして西郷終焉伝承の系譜をたどって見ると、喜多平四郎の『征西従軍日誌』が占めている独特な位置がわかる。第一に、これは地元の水面下で囁かれている桐野加害者説とルートが同じではない。第二に、直接の目撃者の言として西郷の死の現場を語っている。

まずはその原文を眺めてみよう。虜丁は政府軍の総攻撃が始まり、銃火が身に迫って来たので、皆が狼狽して洞窟を出たと書いている。急のことで人手も集まらず、さきに負傷していた辺見十郎太と別府晋介だけをわずかに駕篭に乗せて洞窟を出るのがやっとだった。

余（残りの者）は皆徒歩して走る。けだし（思うに）皆まさに私学校に往《おもむ》き、会して自決する所あらんとす。しかして官軍繞《めぐ》り接す。弾飛んで雨のごとし。学校距離わずかに一丁（約百九メートル）余、ついに進むことを得ず。唯《ただ》見る、西郷徐々、地に跪《ひざまず》くの状をなす。桐野、剣を抜きて進む。時に天漸く明けんとす。目を注して弁ずべし。従卒《じゅうそつ》地に伏して覗《うかが》い望む。皆曰《い》う、桐公また例の切り込みをなすかと。たちまち桐野剣一閃《いっせん》、西郷の首を斬り、従者に命じて隠埋《いんまい》せしむ。衆卒驚愕、相告げていわく、桐公、先生を斬れりと。皆狂奔、返りて窟に投ず。官軍進んでこれを殲《ほろぼ》す。

この文中には西郷が駕篭に乗っていたという記述がない。一読すると、西郷も他の同志と一緒に徒歩で走ったかのようだが、この欠落は、目撃者の虜丁が別の洞窟にいてそこで駕篭に乗せられたところを見ていなかったと解すれば説明が付く。そして西郷一行は私学校に行こうとしていたとされるが、これも虜丁の目にはそう見えたと解すれば問題ない。そこへ政府軍の銃弾が雨飛《うひ》して来たのである。虜丁の目には、ただ西郷がだんだん身体を低くして地面にうずくまるような姿勢を取ったことだけだった。あるいはもう被弾して駕篭から降りていたのかもしれない。その西郷のところへ抜刀した桐野が近づいて行くのが見えたのである。

その場にいた西郷の従卒たちも何が起ころうとしているのかわからなかった。だいたい夜明けの薄光の中ではよほど目を凝らさなければ物の形もよく弁別できなかったのでる。視界がすべて朦朧《もうろう》としている中で、居合わせた全員が驚き騒いでいる中で、何か重大なことが起きていた。桐野が斬り落とした首を埋めて隠すように指示しているのが聞こえた。みな狂ったように道を走って元の洞窟に逃げ戻った。政府軍兵士が進んで来てこれを殲滅《せんめつ》した。

虜丁はどうして生命が助かったのだろうか。自談によれば、銃剣で突きまくりながら進撃してくる兵士たちに必死で哀願し、自分が政府軍に属していた時の隊号を呼ばわり、やっと信じられて、危ない所で首がつながったのである。本文には「他《ほか》賊将戦死の状はまたここに縷述《るじゅつ》せず」という一文もあるから、どうやらこの虜丁は西郷軍の残党が最後に集まって立て籠り、政府軍と死闘を展開した谷口の一塁で目にしたことには口を噤《つぐ》んでいたかったらしい。桐野利秋、別府晋介、池上四郎、辺見十郎太などは皆ここで戦死した。戊辰戦争以来積もりに積もっていた怨念をいっぺんに吐き出し、報復に燃えた政府軍兵士は憎悪を剥き出しにして西郷軍の残兵を容赦なく殺戮《さつりく》した。

奇蹟的にこの殲滅をまぬがれたこの虜丁が味わったのは、極限体験などとはいうもおろか、計器の針が吹っ飛ぶほど苛烈な体験だったので、見た光景は後々思い返すと夢ともうつつともつかぬ曖昧な輪郭しか持っていないのだった。一番はっきり印象に止まったのは、西郷軍と共に何十日か過ごした洞窟にみなぎっていた一種清澄《せいちょう》な雰囲気だった。もとより多人数が起居する洞窟の空気は濁っていたし、些細な言葉の行き違いから感情的な対立が起きることはあったが、根本のところにはどこか生死を超越した《平常心》のようなものが支配していた。皆が一緒に死のうと心を一にしているように思われた。

中には何人もまだ年の若い少年もまじっていて、いくら桐野利秋に早く立ち退いて生き延びろといわれても、かたくなに洞窟を去ろうとしなかった。少年たちはまっすぐな尊敬と心服の眼差しを西郷や桐野に向け、役に立ちたがり、時折、じっと目を見つめあった少年同士が手をつないで洞窟の奥に消えて行き、やがてさっぱりした表情で現れては共に死ぬ信義の念をたしかめ合うのだった。

しかし城山落城の日、この束の間の《死の共同体《トーデスゲマインシャフト》》、薩摩弁のアルカディア（牧歌的楽園）――『鹿児島籠城記』には「一種の仙郷窟《せんきょうくつ》かと疑わしむる」と記されている――はむごたらしく蹂躙《じゅうりん》された。西郷軍の生き残りを谷口の一塁に追いつめたと聞き付けた城山じゅうの政府軍兵士たちが我も我もと岩崎谷に詰めかけて来ていた。

政府軍兵士は異様に殺気立っていた。この殺伐な気分は、すでに五月二十日、岩倉具視が三条実美に宛てた書簡で、「薩・日・隅（薩摩・日向・大隅――現鹿児島・宮崎両県全域）三国、男子はもちろん女子に至るまで頑固きわまり、ことごとく殺し尽くすに非ざれば止まざるの勢いにつき、已むを得ず殺伐を主とするの外これなき見込み」（『岩倉具視関係文書』七）という上層部の方針としてお墨付きを与えられてもいたのである。

最後の堡塁に襲いかかった兵士たちは薩摩人の血に渇いていた。しかも司令部からは殺しのライセンスをもらっていた。それと殺戮との間に境界はなかった。最後の守兵が篭もった堡塁は、三日月形をしていて広さ約二十畳敷ぐらい、無論天井はなく、雨除けと日除けをかねて戸板を一面に並べて蔽いにしていた。その狭いスペースに八十余人の猛士が密集していたのである（『大西郷終焉悲史』）。

それを包囲した第四旅団の古荘隊はまず岩崎山麓から猛射を浴びせ、息継ぐ暇もなく、銃剣突撃を敢行した。凄惨な肉弾戦になった。それでも政府兵は歩兵の基本を忘れない。まず一人を五、六人で囲んで射つ。間合を詰めてから銃剣で突くのだ。接戦するうちに支柱が倒され、戸板がバラバラ崩れて落下した。さすがの猛士連もこれで身動き取れなくなった。兵士たちはここぞとばかりドッと駆け寄って戸板越しに銃剣を突き立てる。

そこに現出した鮮血淋漓《りんり》の修羅場の光景を最も如実に再現しているのは、無機的な戦争写真よりも、直後の時期江湖《こうこ》に出回った西南戦争錦絵の《無残絵》趣味であろう。城山戦争を題材にしたものには、周延《ちかのぶ》の『鹿児島城激戦之図』、芳年《よしとし》の『西郷隆盛一代記』、貞信《さだのぶ》・小信《このぶ》の『城山西郷討死之図』（いずれも『綿絵 幕末明治の歴史』⑧「西南戦争」、小西四郎編、講談社、一九七七所収）などがあるが、これらはみな画風の個体差を超えて共通の特色を具《そな》えている。画中の人物たちの表情である。西郷隆盛の切断された首は虚空に舞い、桐野利秋は官兵の銃剣に脾腹《ひばら》を刺されて血を吐き、名前が無表記の一薩摩軍兵卒は刀で咽喉を突き通すといった具合に画面はおよそ残虐きわまるのであるが、ここには超人的な苦悶によってのみ到達できる陶酔の表情が刻まれている。一種性的なエクスタシーに似た恍惚死さえ感じさせるものがある。

この殺戮戦は正視するに忍びない様相を呈したといわれる。明治政府側の戦史は官軍の残虐行為を語るのを避け、鹿児島側の戦記は被害者の名誉をおもんぱかって、どちらもあまりはっきり書こうとしないが、昭和十八年の『大西郷終焉悲史』だけはもう時効と考えたのか、やりきれないまでに悲惨な戦闘現場を描写している。

戸を擡《もた》げるものあれば、突き刺された銃剣にしがみつくもあり、怒号する者、叱咤する者、または戸板の下から白刃を閃めかして突き返す者、死の間際に至るまで反抗をやめなかった。されどもついに抵抗する力もつき果てて、あわれことごとく銃剣の錆《さび》と化してしまった。

血に塗《まみ》れたる八十余人の屍体は、あたかも沢庵桶《たくあんおけ》の蓋《ふた》を開けたかのようで、早くに戦死した者は、渕《ふち》のごとく淀める碧血《へきけつ》の下漬《したづけ》となって、上から上へと段々に積み重なる屍体の幾層、美事《みごと》腹十文字に掻《か》き割《さ》いたもあれば、自刎《じふん》（みずから首をはねる）するもあり、刺し違えるもあり、打ち俯《ふ》すもの、横たわるもの、虚空を掴むもの、目をむくもの、舌を噛むもの、見るも無惨な屍体は累々《るいるい》として、一寸の透間《すきま》もなく、赭黝《あかぐろ》く淀める濃血中に斃れている。

屍体はどれもどろどろした血にまみれていて、相好もひどく変わり果てていたので、検屍もむずかしかったが、桐野の勇壮な死骸を始めとして村田、別府、辺見らの遺体が次々と確認されて本営に運ばれた。例の首のない肥満した男の死体も身体的特徴から西郷隆盛と同定された。その特徴について、『西南記伝』は遠慮して「右腕の刀傷」しか挙げていないが、『悲史』は、あけすけに、西郷の肥大した睾丸が「一目にそれと知らる、特徴」だったと言っている。

政府軍は戦死者に対する敬意とか武士の情けとかいう感情を持ち合わせていなかったようである。病院に押し入って傷病兵を皆殺しにしたし、投降した薩軍兵卒を即座に処刑したし、死体の着衣を剥ぎ取り、陰茎を切り取って口に咥《くわ》えさせたりした。

しかし、そもそもが武士ではなく庶民である鎮台兵に武士の情を期待するのは無理な相談ではないのか。初めて人を殺すか自分が殺されるかという「二つ二つの場」（『葉隠』）に身を置くことは、本来庶民のモラルにはない。民衆のモラルは、ただ感じやすさにしか現れない。感じやすさは、時には涙もろさであり、また怒りっぽさだ。戦場で虫のように殺される兵隊さんは、相手を虫のように扱って鬱憤を晴らす。敵に勝つことで生き抜いてきた兵士は、勝ち残った今、抵抗できない死体となった相手を陵辱することでのみ、現に生きていることの悲しい充足感に達することができる。生血と体液の異臭、残酷なエロチシズムを径路《けいろ》にして自己の存在感に触れる。残虐行為を働いている政府軍兵士にも涙をぽろぽろ流していた者もいたはずである。一人になってオイオイ泣いたかもしれない。相手がかわいそうだからではない。限りなく大切なものを自分の手で殺してしまったという根源的な悲しみ。何か崇高なものから自分は切り離され、相手の死体を切り刻むことでしかそれを垣間見られないことへの悲哀感。

明治十年九月二十四日午前九時、沛然《はいぜん》たる驟雨《しゅうう》が城山の新戦場に降り注いだ。それはあたかも今の今までここで殺し合っていた彼我《ひが》の兵士たちを弔うために天が涙したかのようだった。激しい雨しぶきは、水甕《みずがめ》を傾けたように、人々の荒れた肌から、血と硝煙の匂いを洗い流した。

本書は全編書き下ろしです。

著者略歴――――
野口武彦　のぐち・たけひこ
1937年、東京生まれ。文芸評論家。早稲田大学文学部卒業。東京大学大学院博士過程中退。神戸大学文学部教授を退官後、著述業に専念する。日本文学・日本思想史専攻。1973年、『谷崎潤一郎論』（中央公論社）で亀井勝一郎賞、1980年、『江戸の歴史家――歴史という名の毒』（ちくま学芸文庫）でサントリー学芸賞、1986年、『「源氏物語」を江戸から読む』（講談社学術文庫）で芸術選奨文部大臣賞、1992年、『江戸の兵学思想』（中公文庫）で和辻哲郎文化賞、2003年、『幕末気分』（講談社文庫）で読売文学賞を受賞。著書多数。

幕末明治
不平士族ものがたり

2013年6月28日　　第1刷発行

著　者　野口武彦
装丁者　間村俊一
発行者　藤田　博
発行所　株式会社 草思社
〒160-0022　東京都新宿区新宿5-3-15
電話　営業 03(4580)7676　編集 03(4580)7680
振替　00170-9-23552

印　刷　中央精版印刷株式会社
製　本　加藤製本株式会社

ISBN978-4-7942-1985-5 Printed in Japan　検印省略

http://www.soshisha.com/